海峡两岸服务贸易协议百问

HǍIXIÁ LIǍNGÀN FÚWÙ MÀOYÌ XIÉYÌ BǍIWÈN

朱磊◎编著

九州出版社 JIUZHOUPRESS | 全国百佳图书出版单位

图书在版编目（CIP）数据

海峡两岸服务贸易协议百问 / 朱磊编著. -- 北京 : 九州出版社, 2014.9

ISBN 978-7-5108-3292-5

Ⅰ. ①海… Ⅱ. ①朱… Ⅲ. ①海峡两岸－服务贸易－问题解答 Ⅳ. ①F719-44

中国版本图书馆CIP数据核字(2014)第230252号

海峡两岸服务贸易协议百问

作　　者	朱 磊 编著
出版发行	九州出版社
出 版 人	黄宪华
责任编辑	邓金艳　习 欣　王海燕
地　　址	北京市西城区阜外大街甲 35 号 (100037)
发行电话	(010)68992190/3/5/6
网　　址	www.jiuzhoupress.com
电子信箱	jiuzhou@jiuzhoupress.com
印　　刷	北京京华虎彩印刷有限公司
开　　本	850 毫米 ×1168 毫米　32 开
印　　张	11.25
字　　数	300 千字
版　　次	2014 年 10 月第 1 版
印　　次	2014 年 10 月第 1 次印刷
书　　号	ISBN 978-7-5108-3292-5
定　　价	36.00 元

目录

序

2013年6月21日，两岸两会在上海市举行第九次高层会谈并签署《海峡两岸服务贸易协议》（Cross-Strait Service Trade Agreement，CSSTA），这是依据2010年6月29日海峡两岸签署的《海峡两岸经济合作框架协议》（Economic Cooperation Framework Agreement，ECFA）第四条“服务贸易”落实的相关协议。在ECFA签署后，原计划两会再签署5个ECFA后续协议，其中《海峡两岸投资保障和促进协议》及《海峡两岸海关合作协议》已于2012年签署，《海峡两岸服务贸易协议》也于2013年签署，《海峡两岸货物贸易协议》及《海峡两岸争端解决协议》目前还在商谈之中。

《海峡两岸服务贸易协议》第二十四条规定：“本协议签署后，双方应各自完成相关程序并以书面通知另一方。本协议自双方均收到对方通知后次日起生效。”但协议签署后，台湾方面的相关“立法”程序迟迟不能通过。2014年3月台湾发生了史上首次占领“立法机构”的“反服贸运动”，影响了ECFA后续协议的商谈。在岛内反服贸团体要求下，4月台湾“行政院”提出“台湾地区与大陆地区订定协议处理及监督条例”草案。由于“两岸协议监督条例”要先完成“立法”，加之目前“两岸协议监督条例”

多达9个版本，且民进党公开极力阻挡进程，近期内还看不到两岸《服贸协议》在岛内通过生效的可能。

很多人关心的是:《海峡两岸服务贸易协议》为什么重要？为什么说它是两岸经济关系发展进程中必须要签署的协议？该协议的具体内容是什么？它会给两岸相关从业人员及消费者带来哪些变化？为什么台湾岛内会为之爆发“反服贸运动”？大陆方面如何看待该协议？《海峡两岸服务贸易协议》不能生效会对两岸经济产生什么影响？两岸双方将如何处理该协议的未来发展？本书将为解答这些疑问提供尽可能细致的相关材料和说明。

一、两岸经贸处于大合作、大发展的难得历史机遇期

两岸经贸发展可远溯宋元，即使是在荷兰殖民台湾的38年和日本殖民台湾的50年间，两岸贸易仍未中断，而1949年以后的30年间，两岸经贸处于隔绝状态。1979年后两岸经贸发生翻天覆地的变化，大体有四个阶段：

第一阶段：恢复发展（1979—1986年）。1979年元旦，全国人民代表大会常务委员会发表了《告台湾同胞书》，首倡两岸“三通”，两岸隔绝的经济关系开始松动，两岸间接贸易大量出现。

第二阶段：快速发展（1987—1995年）。1987年台湾当局允许与大陆间接贸易，并开放民众赴大陆探亲，其时正值台湾全面实施自由化政策，台商投资大陆掀起热潮，加工出口产业向大陆大规模转移。

第三阶段：逆境发展（1996—2007年）。1996年李登辉推出“戒急用忍”政策和“南向政策”，2000年到2007年陈水扁执政期间对两岸经贸总体上采取“积极管理”政策，两岸经贸在台湾当局政策限制下凭借市场力量推动逆势发展，期间两岸先后加入

WTO 大有助益。

第四阶段：深化发展（2008 年至今）。2008 年国民党重新执政后，台湾当局对两岸经贸发展改采积极开放政策，大陆方面倡导了 30 年的两岸“三通”终于得以实现，两岸经济关系正常化、制度化、机制化取得长足进展，两岸经贸发展水平也显著提高，发展势头良好。

两岸贸易方面，据大陆海关统计，2013 年两岸贸易额 1,973 亿美元（占台湾外贸比重 34.3%），其中台湾对大陆的出口额、进口额分别为 1,566 亿美元（占台湾出口比重 39.7%）和 406 亿美元（占台湾进口比重 15%），台湾对大陆的贸易顺差高达 1,160 亿美元（占台湾顺差比重 326.8%，如无来自大陆顺差，台湾将由目前的顺差变为 805 亿美元逆差）。相较于大陆市场在台湾出口中的地位日益重要，台湾市场对大陆出口的影响就小得多，长期维持在 2% 左右。

两岸投资方面，据大陆统计，截至 2013 年年底，大陆累计吸收台湾直接投资 591.3 亿美元，按实际使用外资统计，台湾在大陆累计吸收外资中占 4.2%，排名第 5 位。自 2009 年两岸实现双向投资以来，大陆赴台投资也有显著进展，据台湾统计，截至 2013 年年底，累计实际到资额 3.5 亿美元，但仅占同期台湾吸引境外投资的 1.4%。累计大陆对台投资与大陆同期对外直接投资金额相比，仅约千分之一。

二、两岸经贸发展近两年出现动能不足的问题

随着全球经济格局深刻变革、两岸关系和平发展进入巩固深化时期，两岸经济关系向前发展近两年面临动能不足的问题。

一是需求层面，原有的以美欧市场为导向的两岸经济关系难

以为继。两岸经贸中，以“台湾接单—大陆生产—出口美欧”为特征的“三角贸易”比重一直很高，目前虽已大幅下降，仍占两岸贸易的50%左右。2008年以后，美欧市场因次贷危机和欧债危机迅速萎缩，以大陆市场为导向的方式在产品设计、品牌通路等方面还需要转型时间。

二是供给层面，原有的以制造业产品为主要动力的两岸经济关系急需转型。近年来，大陆制造业产业链日益完整且生产能力不断扩充，台湾制造业的优势已经不再明显，特别是台湾的面板、半导体等支柱产业已经开始将大陆厂商视为主要竞争对手。作为替代动力的服务业，却因生产性服务业台商规模有限、两岸服务市场开放及制度体制衔接不畅等因素，制约其对两岸经贸发展的带动效果。

三是政策层面，由于两岸政治互信不足，政策分歧扩大，影响两岸经济关系自由化的推动。近年来台当局推出一系列旨在分散对大陆经济依赖的政策，包括吸引台商回流、严审赴台投资陆企、建立两岸协议“国安审查机制”，都影响到两岸经济合作的深化。台湾在野党对两岸经济合作的部分抵制有所增强。经过2014年3月的“反服贸运动”，民进党不仅迫使执政党接受对两岸《服贸协议》“逐条审查”，而且还以“两岸协议监督条例”来制约其他两岸协议的商签，对两岸经济领域，特别是服务业领域的相互开放形成更多的障碍。

四是合作主体层面，两岸经济均处于经济转型、增长减速的背景下，两岸经贸增速也会受到限制。大陆经济将出现以中高速、优结构、新动力、多挑战为主要特征的新常态，年均经济增长率降至个位数。台湾当前所处的后工业化阶段决定其经济走势将呈现中低速增长态势。截至2013年，日本进入人均GDP 2万美元时代后27年，年均经济增长率为1.6%；英国进入人均GDP 2万美元时代后 19 年，年均经济增长率为 2.2%。同为海岛型经济的台湾自 2011 年起进入人均 GDP 2 万美元时代，如无特殊情况，年均经济增长率将很难超过 4%。

三、加强服务业合作是推动两岸经贸发展的新动力

增加两岸经济关系发展的新动能需要重视两岸服务业合作，服务业合作也是两岸经济关系转型升级的重要引擎。在新形势下，顺应两岸各自经济转型趋势，大力推动两岸服务业合作是台湾与大陆深化两岸经济合作、打造两岸经济关系“升级版”的重要战略选择。

一是开创两岸经济合作新模式。两岸服务业合作将极大地丰富两岸经济合作的内涵，为两岸经济合作创造新的利基。两岸服务业合作将改变过去制造业“面向欧美、两头在外”的合作模式，建构一个以大陆内需市场作为主要导向的新型合作模式。与制造业不同的是，两岸服务业合作不是简单地技术和产业的转移，而是经营模式的创造和复制，其主要服务目标是大陆消费者，并需要积累新经验和创造新模式。

二是增强两岸经济合作新动力。在台商对大陆制造业投资及两岸制造业合作进程放缓的背景下，两岸加强服务业合作将顺应两岸服务业的各自经济转型趋势，增强两岸经济合作的新动力。大陆大力发展服务业既是稳增长、保就业的重要举措，也是调整优化结构、打造中国经济升级版的战略选择。台湾推动服务业转型升级，是要改变目前以岛内内需市场为导向的发展模式，提升服务业的国际竞争力。加强两岸服务业合作对大陆而言既可形成开放竞争力极强的欧美服务业的缓冲期，也能发挥台湾服务业发展水平较高且与大陆“同文同种”的优势，刺激大陆服务业转型

升级；对台湾则可充分利用大陆服务业市场，为台湾服务业转型升级提供广阔空间。

三是带动两岸制造业转型升级。过去两岸制造业合作主要表现为台商利用大陆较廉价的劳动力、土地等生产要素，为欧美大厂代工。台商的代工生产方式由于不掌握通路，没有自己品牌、核心技术，易受外部冲击，如国际金融危机时期台湾厂商在上游海外客户去杠杆化产生流动性紧缩，以及上下游厂商的去库存化紧缩采购的过程中，订单锐减，产能利用率急剧下降。同时，随着国际竞争的日益激烈，以代工生产方式为主的台商也面临着利润率不断下降的困境。加强两岸服务业合作，特别是金融保险、物流、信息等生产性服务业的合作，一方面可以为两岸制造业合作提供配套产业支撑，为制造业转型升级创造良好的条件，另一方面也将加快两岸服务业与制造业的相互融合，促进制造业服务化，带动两岸制造业合作升级，延长两岸制造业合作的产业链，促进两岸制造业向“微笑曲线”的两端自有品牌、标准制定等领域延伸，提升两岸制造业在国际产业分工链中的地位，增强两岸制造业在世界市场中的核心竞争力。

四是巩固两岸关系和平发展社会基础。由于过去台湾当局限制大陆对台投资及两岸贸易，两岸经济关系长期处于不正常的局面，导致岛内外移企业无法在两岸间建立有效产业链，客观上阻碍了生产要素在两岸间的循环流动，加速台湾产业外移，使台湾对大陆的资本长期处于“失血”的境地。“台独”势力借此攻击台商“债留台湾、钱进大陆”，并为民进党执政时出台种种限制两岸经贸关系的政策提供借口。两岸服务业合作将对占台湾产值主体的服务业有望产生明显拉动效果，并惠及岛内绝大多数人口的就业。同时，由于服务业合作覆盖面广，两岸服务业合作将产生较制造业更大的外溢效果，从而可强化岛内认同与支持两岸关系和平发展的民意基础，带动两岸深层次融合。

四、《服务贸易协议》是两岸服务业合作的制度保障

两岸签署《海峡两岸服务贸易协议》经过12次正式商谈、3轮小范围沟通、60余场对口部门业务沟通，最终于2013年6月21日在上海由两岸两会签署，是两岸两会签署的19项协议中历时最长、涉及部门最多的协议。该协议中，双方尤其是大陆方面对开放服务业市场做了大量开放承诺，为双方推动新一波两岸服务业大合作奠定了有力的政策基础与制度保障。

《海峡两岸服务贸易协议》具有以下特点：一是开放水平高，涵盖面广。双方开放承诺共144条，涉及100多个服务行业。其中，大陆在加入WTO承诺的基础上进一步对台开放，一次性作出80条开放承诺，在大陆已签署的类似协议中并不多见。二是突出两岸特色。其一，双方着眼于两岸服务业发展的客观需要，就同步推进正常化和自由化作出合理安排。其二，大陆充分理解台湾经济和社会现状，未要求台湾对大陆开放专业领域，展现了大陆最大的诚意和善意。三是利用现有机制，持续推进相互开放。2011年两岸经济合作委员会（以下简称“经合会”）第一次例会成立了服务贸易工作小组。两年多来，在经合会服务贸易工作小组的努力下，双方积极推进《服贸协议》商谈，并成功签署《服贸协议》。根据《服贸协议》规定，未来双方可根据需求，继续通过服务贸易工作小组持续推进两岸相互开放，不断提升两岸服务业整体水平。

两岸《服贸协议》是一个互利双赢的好协议，而且是一个最大程度地照顾了台湾中小企业服务业者的协议。因为在大陆推出的80多项措施中，更多的是对台湾中小企业有利的。比如大陆

开放台湾的工程设计以及旅行社从事大陆境内旅游，台湾的相关行业都是以中小企业为主。大陆在福建开放台湾企业独资从事电子商务活动，台湾的电子商务网站也多为中小企业。至于印刷业、美容美发等行业，由于大陆市场的开放和提供的机遇，完全可以摆脱岛内激烈竞争来大陆寻求发展。

本书分理论、背景、大陆、台湾四个部分设计了各界人士最为关心的100个有关两岸《服贸协议》的问题，并做了尽可能明确的解答。水平有限，文责自负。相关资料的获取和某些问题的解答，得到多方帮助，在此向商务部台港澳司孙兆麟副司长、杨涛处长、马骁同志，国务院台办彭庆恩副局长、张黎宏副局长、孙升亮副局长、涂雄处长，中国社会科学院台湾研究所周志怀所长、朱卫东副所长、张冠华副所长、谢郁副所长、经济室同仁等领导与朋友一并表示感谢！

朱磊

2014年10月于北京

理论篇

1. 什么是服务贸易？和货物贸易有什么区别？

货物是有形商品，在生产、运输、通关、仓储、配销、交易的过程中都可以看得到而且摸得到，也因此相关货物的关税、贸易管理，以及贸易统计等，较易了解与掌握。而服务贸易的概念及其交易的特性则较为抽象。因为服务是无形商品，从服务的产出到交易的过程，无法像货物一样，让人看得到也摸得到，而且其贸易不需要有通关程序即可完成交易。例如境外的管理顾问公司可以通过电话、传真、电子邮件等方式，对大陆或台湾的客户提供咨询服务，并收取适当的顾问费。

服务的种类繁多，WTO 为了方便会员在相同的认知下规范服务贸易，采用联合国的中央产品分类 (United Nations Provisional Central Product Classification, CPC) 暂行版的分类，将服务业分为 12 大类及 155 个次部门。12 大类包括：1. 商业服务业；2. 通讯服务业；3. 营造及相关工程服务业；4. 配销服务业；5. 教育服务业；6. 环境服务业；7. 金融服务业；8. 健康与社会服务业；9. 观光及旅游服务业；10. 娱乐、文化及运动服务业；11. 运输服务业；12. 其他服务业。CPC 只是提供 WTO 会员参考的分类，WTO 会员仍可依其管理上的需要，采用自己的分类，但要在开放的承诺表中详细说明开放的范围。

2. 服务贸易协议和《服务贸易总协定》有什么区别?

《服务贸易总协定》(General Agreement on Trade in Service，GATS）是世界贸易组织（WTO）的条约，是乌拉圭回合谈判的成果，在 1995 年 1 月生效。早年签订的《关税与贸易总协定》为商品贸易提供多边贸易体制，而 GATS 则将多边贸易体制扩展至服务行业。所有世贸组织成员都签署《服务贸易总协定》。

世贸组织的乌拉圭回合谈判始于 1986 年。在此前，公共服务，如医疗保健、邮政服务、教育等不包括在国际贸易协定中。大多数这类服务通常被归类为国内活动，其贸易难以跨越国界。但事实上，以教育服务为例，只要大学向国际学生开放，已可视为服务贸易出口。一些服务行业，特别是国际金融和海运，实际上已开放了几个世纪。另一方面，其他主要行业近几十年来发生了根本性的技术和管理变化，进入这些行业的壁垒逐步降低，私营企业的参与不断增加。而信息技术和互联网的发展使更多服务可在国际间进行，包括各种商业活动，如医疗、远程教育、工程、建筑、广告和货运。

《服务贸易总协定》由三大部分组成：一是协定条款本身，又称为框架协定，二是部门协议，三是各成员的市场准入承诺单。《服务贸易总协定》本身条款由序言和 6 个部分 29 条组成。前 28 条为框架协议，规定了服务贸易自由化的原则和规则，第 29 条为附件（共有 8 个附件）。主要内容包括：范围和定义、一般义务和纪律、具体承诺、逐步自由化、机构条款、最后条款等，其核心是最惠国待遇、国民待遇、市场准入、透明度及支付的款项和转拨的资金的自由流动。《服务贸易总协定》适用于各成员采取的影响服务贸易的各项政策措施，包括中央政府、地区或地方政府和当局及其授权行使权力的非政府机构所采取的政策措施。

《服务贸易总协定》的宗旨是在透明度和逐步自由化的条件下，扩大全球服务贸易，并促进各成员的经济增长和发展中国家成员服务业的发展。协定考虑到各成员服务贸易发展的不平衡，允许各成员对服务贸易进行必要的管理，鼓励发展中国家成员通过提高其国内服务能力、效率和竞争力，更多地参与世界服务贸易。

虽然《服务贸易总协定》的目标是消除贸易壁垒，但成员可以自由选择哪些行业要逐步开放，某种行业将属于哪种模式，以及在特定时间内作何种程度的开放。成员的开放承诺如"运转的齿轮"，即承诺是单一方向的，承诺一出就不应退回。不过，协定第二十一条允许成员撤回承诺，美国和欧盟已经使用这个权利。

《服务贸易总协定》规定服务贸易具体包括四种方式：(1) 跨境交付（Cross-border Supply）；(2) 境外消费（Consumption Abroad）；(3) 商业存在（Commercial Presence）；(4) 自然人流动（Movement of Natural Persons）。《服务贸易总协定》列出服务行业包括以下 12 个部门：商业、通讯、建筑、销售、教育、环境、金融、卫生、旅游、娱乐、运输、其他，具体分为 160 多个分部门。协定规定了各成员必须遵守的普遍义务与原则，磋商和争端解决的措施步骤。

因此，服务贸易协议（Service Trade Agreement）是 WTO 成员之间在《服务贸易总协定》框架下就以上四种服务贸易方式所做的相互开放的承诺协议。换句话说，服务贸易协议是致力于推动服务贸易自由化的贸易协议。服贸协议签署后，就能在 12 个领域160多个行业实现资金自由流动、海外消费通畅、商业无障碍跨境运营、自然人流动便利、经济法规大同、技术进出口不受限制等，相当于统一市场。

3. 服务贸易的市场开放有什么特点？

货物贸易关税调降谈判达成协议后，在生效实施的当天即可发生效益，因为进口产品可立即享有关税调降的利益，进口商马上可以感受到成本下降的好处。

至于服务贸易的市场开放，则依4种模式（①跨境交付 ②境外消费 ③商业存在 ④自然人流动）而异。根据市场经验，服务贸易具有在地经营的特性，例如台湾的餐厅经营业者如果要对日本消费者提供餐饮服务，就需要到日本设立据点(即模式3设立商业据点)，才能做得到生意。相对于其他模式，大多数服务业均可通过模式3而获取贸易利益，是服务贸易谈判最受关注的项目。

虽然模式3的贸易利益颇具吸引力，但模式3的开放，通常不会产生立即的冲击，因为服务业者到海外投资，要考虑的因素太多了，除了投资当地国是否开放模式3外，还有业者本身的竞争力、当地市场的规模与接受度、相关设立登记、证照申请、税赋、健保等管理方面的规定、语言文化的差异、资金是否到位、当地员工的聘雇与训练，等等。

4.《服务贸易协议》和《海峡两岸经济合作框架协议》(ECFA) 有什么关系？

两岸《服务贸易协议》是《海峡两岸经济合作框架协

议》（ECFA）的四个后续协议之一，是落实ECFA的重要里程碑。2010年6月29日两岸签署《海峡两岸经济合作框架协议》（ECFA）后，立即进入对于该框架的四个支柱协议的谈判。2012年8月9日签署《海峡两岸投资保护和促进协议》，2013年6月21日签署《海峡两岸服务贸易协议》（由于在台湾审议受阻，一年后仍未生效）。《海峡两岸货物贸易协议》与《海峡两岸争端解决协议》已进行多轮商谈，尚未签署。

随着经济全球化和区域经济一体化的快速发展，特别是2008年5月以来，两岸关系实现历史性转折，中断近十年的两会协商得以恢复，两岸全面直接双向“三通”基本实现，两岸经贸交流与合作更加密切，两岸共同认识到，互为重要经贸伙伴的大陆与台湾，不应置身于全球区域经济合作的潮流之外，两岸同胞期盼建立制度化经济合作的愿望日益增强。在这个背景下，《海峡两岸经济合作框架协议》（Economic Cooperation Framework Agreement，ECFA）于2010年6月29日由两岸两会在重庆签署。2010年8月17日，台湾“立法”机构通过生效。

海峡两岸一致认为，签署《海峡两岸经济合作框架协议》有利于海峡两岸展开进一步的经济合作，有利于海峡两岸共同应对国际金融危机和国际经济激烈竞争的挑战，有利于建立具有海峡两岸特色的经济合作机制，有利于增进海峡两岸人民的福祉。《海峡两岸经济合作框架协议》的基本内容涵盖海峡两岸之间的主要经济活动，包括货物贸易和服务贸易的市场开放、原产地规则、早期收获计划、贸易救济、争端解决、投资和经济合作等；今后将按业务议题进行协商。海峡两岸还交换了税则和有关经济管理规定与统计数据等。海峡两岸同意，应本着先易后难、求同化异、循序渐进、积极稳妥和先经济后政治的原则，尽快推动签署《海峡两岸经济合作框架协议》进程。

两岸签署框架协议，旨在逐步减少或消除彼此间的贸易和投资障碍，创造公平的贸易与投资环境，进一步增进双方的贸易与投资关系，建立有利于两岸经济共同繁荣与发展的合作机制。与其他区域经济合作协议相比，框架协议有以下几个特点：

第一，框架协议是具有鲜明的两岸特色的经济合作协议。一是双方着眼于两岸全局利益，做到了搁置争议、求同存异、务实协商、合理安排；二是双方着眼于两岸经济发展的需要，充分考虑彼此关切，结合两岸产业互补性，达成了一个规模大、覆盖面广的早期收获计划，两岸民众得以尽早享受贸易自由化的利益；三是大陆方面充分理解台湾经济和社会的现状，着眼两岸经济长远发展，未涉及台湾弱势产业、农产品开放和大陆劳务人员输台等问题，体现了大陆方面最大的诚意和善意。

第二，框架协议是开放、渐进的经济合作协议。框架协议规定，两岸将在框架协议生效后继续商签货物贸易、服务贸易、投资等多个单项协议，逐步推进两岸间的进一步开放，最大限度实现两岸经济优势互补，互利双赢。

第三，框架协议是全面、综合的经济合作协议。框架协议的内容涵盖了两岸间的主要经济活动，确定了未来两岸经济合作的基本结构和发展规划。框架协议既关注协议签署后带来的即时的经济效益，关注两岸产业国际竞争力的提高，更关注两岸经济的长远发展，关注两岸人民的福祉。

框架协议的签署为两岸经济合作搭建了一个制度化的平台，但这只是两岸制度化合作的开始。今后，两会专家将根据框架协议的规定尽快完成各单项协议的协商，不断丰富和完善框架协议的内容，务实推动两岸在各领域建立相应的合作机制，让两岸人民全面感受到贸易投资更加自由、便利的好处。

在 ECFA 框架下签署两岸《服务贸易协议》，有利于推动两岸服务贸易正常化和自由化进程，相互开放服务业市场，促进共同发展。协议规定了两岸服务贸易的基本原则、双方的权利义务，未来合作发展方向及相关工作机制等内容。协议明确了两岸服务市场开放清单，在早期收获基础上更大范围地降低市场准入门槛，为两岸服务业合作提供更多优惠和便利的市场开放措施。大陆对台开放共 80 条，台湾对大陆开放共 64 条，双方市场开放涉及商业、通讯、建筑、分销、环境、健康和社会、旅游、娱乐文化和体育、运输、金融等行业。协议对两岸服务贸易市场的开放涉及了 WTO《服务贸易总协定》12 个服务部门中的 11 个。其中大陆方面出价均高于对 WTO 的承诺水平，一次性出价涵盖的行业类别之多、开放力度之大，在大陆已签署的类似协议中前所未有，可谓“两岸一家人”的最佳体现。

5.《服务贸易协议》和世界贸易组织（WTO）有什么关系?

两岸签署《服贸协议》是两个 WTO 成员（中国国家主体与台澎金马单独关税区）之间为推动服务贸易自由化而签署的贸易协议。

世界贸易组织是 1994 年 4 月 15 日在摩洛哥的马拉喀什市举行的关贸总协定乌拉圭回合部长会议决定成立更具全球性的世界贸易组织 ，以取代成立于 1947 年的关贸总协定。世界贸易组织是当代最重要的国际经济组织之一，目前拥有 159 个成员国，成员国贸易总额达到全球的 97%，有“经济联合国”之称。1995 年 1 月 1 日正式开始运作，该组织负责管理世界经济和贸易秩序，总部设在瑞士日内瓦。其基本原则是通过实施市场开放、非歧视和公平贸易等原则，来实现世界贸易自由化的目标。与关贸总协定相比，世贸组织涵盖货物贸易、服务贸易以及知识产权贸易，而关贸总协定只适用于商品货物贸易。

世界贸易组织的目标是建立一个完整的，包括货物、服务、与贸易有关的投资及知识产权等内容的，更具活力、更持久的多边贸易体系，使之可以包括关贸总协定贸易自由化的成果和乌拉圭回合多边贸易谈判的所有成果。世贸组织的宗旨包括：提高生活水平，保证充分就业和大幅度、稳步提高实际收入和有效需求；扩大货物和服务的生产与贸易；坚持走可持续发展之路，各成员方应促进对世界资源的最优利用、保护和维护环境，并以符合不同经济发展水平下各成员需要的方式，加强采取各种相应的措施；积极努力确保发展中国家，尤其是最不发达国家在国际贸易增长中获得与其经济发展水平相适应的份额和利益；建立一体化的多边贸易体制；通过实质性削减关税等措施，建立一个完整的、更具活力的、持久的多边贸易体制；以开放、平等、互惠的原则，逐步调降各会员国关税与非关税贸易障碍，并消除各会员国在国际贸易上的歧视待遇。

在处理该组织成员之间的贸易和经济事业的关系方面，以提高生活水平、保证充分就业、保障实际收入和有效需求的巨大持续增长，扩大世界资源的充分利用以及发展商品生产与交换为目的，努力达成互惠互利协议，大幅度削减关税及其他贸易障碍和政治国际贸易中的歧视待遇。

世贸组织的基本原则包括：

1. 互惠原则（Reciprocity），也叫对等原则，是 WTO 最为重要的原则之一，是指两成员方在国际贸易中相互给予对方贸易上的优惠待遇。它明确了成员方在关税与贸易谈判中必须采取的基本立场和相互之间必须建立一种什么样的贸易关系。世贸组织的互惠原则主要通过以下几种形式体现：

第一，通过举行多边贸易谈判进行关税或非关税措施的削减，对等地向其他成员开放本国市场，以获得本国产品或服务进入其他成员市场的机会，即所谓“投之以桃”、“报之以李”。

第二，当一国或地区申请加入世贸组织时，由于新成员可以享有所有老成员过去已达成的开放市场的优惠待遇，老成员就会一致地要求新成员必须按照世贸组织现行协定、协议的规定缴纳“入门费”——开放申请方商品或服务市场。

第三，互惠贸易是多边贸易谈判及一成员贸易自由化过程中与其他成员实现经贸合作的主要工具。关贸总协定及世贸组织的历史充分说明，多边贸易自由化给某一成员带来的利益要远大于一个国家自身单方面实行贸易自由化的利益。因为一国单方面自主决定进行关税、非关税的货物贸易自由化及服务市场开放时，所获得的利益主要取决于其他贸易伙伴对这种自由化改革的反应，如果反应是良好的，即对等地也给予减让，则获得的利益就大；反之，则较小。相反，在世贸组织体制下，由于一成员的贸易自由化是在获得现有成员开放市场承诺范围内进行的，自然这种贸易自由化改革带来的实际利益有世贸组织机制作保障，而不像单边或双边贸易自由化利益那么不确定。因此，多边贸易自由化要优于单边贸易自由化，尤其像中国这样的发展中大国。

2. 透明度原则（Transparency）。WTO 成员方应公布所制定和实施的贸易措施及其变化情况，没有公布的措施不得实施，同时还应将这些贸易措施及其变化情况通知世贸组织。此外，成员方所参加的有关影响国际贸易政策的国际协定，也应及时公布和通知 WTO。透明度原则是世贸组织的重要原则，它体现在世贸组织的主要协定、协议中。透明度原则规定各成员应公正、合理、统一地实施上述的有关法规、条例、判决和决定。统一性要求在成员领土范围内管理贸易的有关法规不应有差别待遇，即中央政府统一颁布有关政策法规，地方政府颁布的有关上述事项的法规不应与中央政府有任何抵触。但是，中央政府授权的特别行政区、地方政府除外。公正性和合理性要求成员对法规的实施履行非歧视原则。透明度原则还规定，鉴于对海关行政行为进行检查和纠正的必要，要求各成员应保留或尽快建立司法的或仲裁的或行政的机构和程序。这类法庭或程序独立于负责行政实施的机构之外。除进口商在所规定允许的上诉期内可向上级法庭或机构申诉外，其裁决一律由这些机构加以执行。透明度原则对公平贸易和竞争的实现起到了十分重要的作用。

3. 市场准入原则（Market Access）。它以要求各国开放市场为目的，有计划，有步骤，分阶段地实现最大限度的贸易自由化。市场准入原则的主要内容包括关税保护与减让，取消数量限制和透明度原则。世贸组织倡导最终取消一切贸易壁垒，包括关税和非关税壁垒，虽然关税壁垒仍然是世界贸易组织所允许的合法的保护手段，但是关税的水平必须是不断下降的。

4. 促进公平竞争原则。世界贸易组织不允许缔约国以不公正的贸易手段进行不公平竞争，特别禁止采取倾销和补贴的形式出口商品，对倾销和补贴都做了明确的规定，制定了具体而详细的实施办法，世界贸易组织主张采取公正的贸易手段进行公平的竞争。

5. 经济发展原则。也称鼓励经济发展与经济改革原则，该原则以帮助和促进发展中国家的经济迅速发展为目的，针对发展中国家和经济接轨国家而制定，是给予这些国家的特殊优惠待遇，如允许发展中国家在一定范围内实施进口数量限制或是提高关税的“政府对经济发展援助”条款，仅要求发达国家单方面承担义务而发展中国家无偿享有某些特定优惠的“贸易和发展条款”，以及确立了发达国家给予发展中国家和转型国家更长的过渡期待遇和普惠制待遇的合法性。

6. 非歧视性原则。这一原则包括两个方面，一个是最惠国待遇，另一个是国民待遇。成员一般不能在贸易伙伴之间实行歧视；给予一个成员的优惠，也应同样给予其他成员。这就是最惠国待遇。这个原则非常重要，在管理货物贸易的《关税与贸易总协定》中位居第一条，在《服务贸易总协定》中是第二条，在《与贸易有关的知识产权协议》中是第四条。因此，最惠国待遇适用于世贸组织所有三个贸易领域。国民待遇是指对外国的货物、服务以及知识产权应与本地的同等对待。最惠国待遇的根本目的是保证本国以外的其他缔约方能够在本国的市场上与其他国企业在平等的条件下进行公平竞争。非歧视性原则是世界贸易组织的基石，是避免贸易歧视和摩擦的重要手段，是实现各国间平等贸易的重要保证。

（1）最惠国待遇原则：一成员方将在货物贸易、服务贸易和知识产权领域给予任何其他国家的优惠待遇，立即和无条件的给予其他各成员方。要点：①自动性：立即和无条件；②同一性：受惠标的必须相同；③相互性：既是受惠方又是给惠方，承担义务同时享受权利；④普遍性：适用于全部进出口产品、服务贸易和各个部门和所有种类的知识产权所有者和持有者。例外：A. 以关税同盟和自由贸易区等形式出现的区域经济安排，在这些区域内部实行的比最惠国待遇更优惠的优惠，区域外世界贸易组织成员无权享受；B. 对发展中成员方实行的特殊和差别待遇，如普遍优惠制；C. 在边境贸易中对毗邻国家给于更多的贸易便利；D. 在知识产权领域允许成员方就一般司法协助国际协定中享有的权利等方面保留例外。

（2）国民待遇原则：对其他成员方的产品、服务和服务提供者及知识产权所有者和持有者所提供的待遇，不低于本国同类产品、服务和服务提供者及知识产权所有者和持有者所享有的待遇。

要点：①适用的对象是产品、服务和服务提供者及知识产权所有者和持有者，但因这些领域具体受惠对象不同，国民待遇条款的适用范围、具体规则和重要性有所不同；②只涉及其他成员方的产品、服务和服务提供者及知识产权所有者和持有者，在进口成员方境内所享有的待遇；③定义中不低于一词的含义是指，其他成员方的产品、服务和服务提供者及知识产权所有者和持有者应与进口成员方同类产品、相同服务和服务提供者及知识产权所有者和持有者享有同等待遇，若进口成员方给予前者更高的待遇，并不违反国民待遇原则。

2001 年 12 月 11 日，中国正式加入世界贸易组织。中国曾是世贸的前身关贸总协定（GATT，1945 年成立）的创建国之一，1949 年中华人民共和国成立，西方国家拒绝承认中华人民共和国，中国被迫放弃缔约国成员的身份，所以缔约国成员的一些特权是无权使用的。1995 年，关税暨贸易总协定改组为世界贸易组织，台湾以“台澎金马单独关税区”取得世贸组织观察员地位，同年 12 月申请加入，并于 2002 年 1 月 1 日起成为世贸组织会员。

6. 什么是现代服务业？现代服务业的发展情况？

大陆最早正式提出“现代服务业”的概念是在 1997 年中共十五大报告中，其中提到社会主义初级阶段就是迈向“包含现代农业和现代服务业的工业化国家的历史阶段”。2007 年，国务院发布了《关于加快发展服务业的若干意见》，对大陆加快发展现代服务业起到了政策指导和促进作用。到 2012 年 2 月 22 日国家科技部发布的第 70 号文件中，给出了现代服务业的明确定义，即“以现代科学技术特别是信息网络技术为主要支撑，建立在新的商业模式、服务方式和管理方法基础上的服务产业。它既包括随着技术发展而产生的新兴服务业态，也包括运用现代技术对传统服务业的改造和提升”。具体来说，现代服务业可以分为三大部分：生产性服务业包括金融、物流、批发、电子商务、农业支撑服务以及中介和咨询等专业服务；消费性服务业包括住宿、餐饮、文化娱乐、旅游、房地产、商品零售等；公共服务业包括政府的公共管理服务、基础教育、公共卫生、医疗以及公益性信息服务等。

服务业发展水平在国际上被公认为是一个国家与地区发展水平的重要标志之一，服务业产值超过工业则被视为是进入后工业化时代的象征，而占经济总量比重超过一半则是服务业社会来临的标志。现代服务业虽然发端于工业革命以后，到第二次世界大战期间正式成形，但正式确立仍是要到20世纪80年代西方发达国家进入后工业化社会后。它以现代化技术手段与技能为基础，特别是计算机信息技术的日新月异与突飞猛进后，现代服务业得以超越传统服务业，成为西方后工业化时代发展的主要推动力量，其中生产性服务业更是西方继续维持其领先全球的政治经济地位的法宝，也是其能实现高产出，低污染，建立消费性社会，维持社会高福利水平的保证。据世界银行统计，当前服务业产值占全球GDP比重平均已超过60%，其中现代服务业产值已超过服务业总产值的半数，现代服务经济已成为现阶段世界经济社会发展的核心力量。各项服务业中的技术创新中隐藏的高风险也随之日益升高。2007美国次贷危机、2008年金融海啸与2009年后的欧债危机，都暴露出现代服务业技术的狭隘性与局限性，虚拟经济盲目扩充的弊端实际上早就存在，在此后人们开始重新审视，强调服务业实体经济的内核。

7. 什么是《海峡两岸服务贸易协议》（简称《服贸协议》）？

《海峡两岸服务贸易协议》（Cross-Strait Service Trade Agreement, CSSTA）是海峡两岸依据《海峡两岸经济合作框架协议》（ECFA）第四条所签署的服务贸易协议。依 ECFA 第 4 条“服务贸易”规定，两岸同意在服务贸易早期收获基础上，于 ECFA 生效后六个月内就服务贸易协议展开磋商。2011 年 3 月，两岸的经贸业务主管部门开始展开服务贸易磋商并达成共识。2012 年 8 月 9 日举行的两岸两会第八次高层会谈上，双方同意在达成关于该协议文本和市场开放项目的共识后正式签署。2013 年 6 月 21 日，两岸两会在中国大陆上海市举行第九次高层会谈并签署该协议，也向外界公布了开放清单。

《服贸协议》包含文本和 2 个附件。文本包括序言和 4 章 24 条，4 章为：总则、义务与规范、具体承诺、其他条款；24 条为：目标、定义、范围、公平待遇、讯息公开与提供、管理规范、商业行为、紧急情况的磋商、支付和转移、确保对外收支平衡的限制、例外、合作、市场开放、其他承诺、具体承诺表、逐步减少服务贸易限制、承诺表的修改、联系机制、审议、争端解决、文书格式、附件、修正、生效；2 个附件为：服务贸易具体承诺表、关于服务提供者的具体规定。

根据《服贸协议》附件一“服务贸易具体承诺表”，双方开放承诺共 144 条，涉及 100 多个服务行业，范围涵盖了商业、通讯、建筑、分销、环境、健康和社会、旅游、娱乐文化和体育、运输、金融等。其中大陆方面开放承诺 80 条（非金融领域开放承诺 65 条，金融领域 15 条），是在大陆加入 WTO 承诺基础上的进一步开放；台湾方面开放承诺 64 条（非金融领域开放承诺 55 条，金融领域 9 条），是在台湾开放陆资入岛基础上的进一步开放。

8. 如何理解《服贸协议》总则的内容?

一、共计3条，包括目标、定义及范围。

二、第二条定义:“服务贸易”的定义参照WTO/GATS的4种模式：模式1称为“跨境交付”(台称“跨境提供服务”)，模式2称为“境外消费”，模式3称为“商业存在”(台称“商业据点呈现”)，模式4称为“自然人流动”(台称“自然人呈现”)。

模式1“跨境交付”：自一方内向另一方内提供服务。范例：如在台湾的设计业者通过网络、电话等方式提供在大陆的消费者设计服务。模式2“境外消费”：在一方内向另一方的服务消费者提供服务。范例：如在台湾的旅行社对到台湾观光的大陆人民提供服务。模式3“商业存在”：一方服务提供商通过在另一方内的“商业存在”提供服务。范例：这种模式也就是服务业的投资，如台湾的餐厅到大陆设立分店。模式4“自然人流动”：一方服务提供商通过在另一方内的自然人流动提供服务。范例：如大陆公司向台湾的公司进口一项机械，台湾依照两方销售契约，指派人员到大陆进行售后服务。

三、第三条范围:

(一)本条规范本协议适用于双方影响服务贸易的措施。例如陆资赴台投资须依循“大陆地区人民赴台投资许可办法”有关事前许可制的规定。此外，协议也规范不适用的范围，包括有关就业或居留的措施、政府采购、政府补贴或补助、两岸空运及海运协议相关措施等。

(二)在此条款中，第三款特别规定协议准用世界贸易组织《服务贸易总协定》(GATS)关于“自然人移动的附件”规定，是指不能影响双方劳动市场，所以如果大陆的餐厅派遣员工到台湾的分店担任经理人员，倘该员工在不担任分店经理时，即需返陆，不可以留在台湾找其他工作，也无法直接成为台湾居民。

（三）第四款规范双方各级业务主管部门及其授权的机构（如公协会）均应遵守本协议。

9. 第四条公平待遇什么意思？

公平待遇具体指“国民待遇”和“最惠国待遇”。两岸《服贸协议》要遵守WTO原则，但根据实际情况服务贸易开放需要循序渐进，台湾履行其入世承诺难以一步到位。因此既要承认现状，又要达成共识，即：WTO原则“不适用于一方现有的不符措施及其修改”，同时双方应逐步减少、消除不符合“国民待遇”的措施，逐步减少、消除不符合“最惠国待遇”的措施。

（一）第四条第一款规定双方对于彼此在WTO承诺、海峡两岸经济合作框架协议早收列表及本协议的服务业市场开放清单中所包括的服务部门，在符合各该承诺表中所列条件和资格前提下，相互给予国民待遇（即双方就市场开放承诺的范围对待来自对方的服务提供商及其所提供的服务，应与对待自己的服务提供商及其所提供的服务相同）。

（二）第四条第三款规定有关“根据本条第一款所作的特定承诺不得解释为要求任一方对于因相关的服务或服务提供者的非当地特性而产生的任何固有的竞争劣势作出补偿”一节，依据WTO提供的范例，例如一境内的视听服务提供者在外国服务提供商进入其市场前，即已获得全国性的传输频谱配置，导致外国服务提供商处于竞争劣势，但其不能因此要求补偿。

（三）第四条第五款规定彼此在“影响服务贸易的措施”上

应相互给予最惠国待遇(指双方对来自对方及其他WTO会员的服务提供商及其所提供的服务，都要给予相同的对待)。

(四)为应对两岸情况特殊，现行台湾针对大陆的一些限制仍可予以保留，但须逐步减少或消除，举例来说，现行台湾对于大陆订有“大陆地区人民赴台投资业别项目”规定，虽然目前仍有部分陆资赴台投资项目无法比照外资的开放程度，依照协议未来须逐步减少或消除限制，但是没有时程表。

10. 第六条管理规范什么意思?

(一)由于服务贸易常须经批准程序才能提供服务，本条主要规范双方在批准方式、条件及程序上应合理、客观、公正。

(二)第六条第五款规范一方可依其规定或其他经双方同意的方式，认许另一方服务提供商在该另一方已获得的实绩、经历、许可、证明或已满足的资格要求。依据台湾“台湾地区与大陆地区人民关系条例”规定，台湾没有允许大陆人民参加台湾的考试，亦即台湾并不存在认许大陆人士资格的规定，而目前大陆对台湾则有片面认许的规定，如认许台湾建筑师。

(三)第六条第六款规范已开放专业服务业(如会计师、建筑师)的一方应提供适当程序验证另一方专业人员的能力。本协议台湾未开放任何专业服务业，而大陆开放两项专业服务业，一为允许取得大陆会计师资格台湾会计师，在大陆设立据点从事代理记账业务，一为允许台湾建筑师或工程师在大陆以合资或合作形式设立建设工程设计企业。

11．第八条紧急情况磋商什么意思？

第八条紧急情况磋商是煞车机制条款，依规定，如果台湾因实施本协议，而对台湾某服务部门造成实质性负面影响，可要求与大陆磋商，积极寻求解决方案。这项机制有助于双方服务业因市场开放受到负面冲击时，可以通过磋商寻求救济。至于救济的方式，由于 WTO/GATS 并无规定，因此目前 WTO 会员多系保留未来协商的空间，未来可由两岸视个别案件发生之情形，随时磋商。

12．第十一条例外规定了什么内容？

第十一条例外，指本协议的任何规定不得解释为妨碍一方采取或维持与世界贸易组织《服务贸易总协定》(GATS) 规则相一致的例外措施。这里所指的例外是指 GATS 第十四条及第十四条之一的一般性例外规定及国家安全例外，即 GATS 允许 WTO 会员在有保护公共道德或秩序、保护人类之生命或健康及维护国家基本安全等需要时，采取例外措施。此外，协议在其他应遵守的原则方面，包括及时公布与服务贸易有关措施的内容 (第五条)；有义务确保能避免不公平竞争独占或联合垄断等商业行为 (第七条)；允许开放服务贸易交易资金移转 (第九条)；双方应本着互惠互利原则，加强服务业合作 (第十二条) 等。

13．怎样理解第三章特定承诺？

第三章特定承诺共计 5 条，包括市场开放、其他承诺、特定承诺表、逐步减少服务贸易限制及承诺表的修改。第十五条特定承诺表列在协议的附件中。要了解开了哪些服务部门，就要看这份市场开放清单。依本条规定，承诺表应列明：作出承诺的部门或次部门、市场开放承诺、协议第十四条所述其他承诺、双方同意列入的其他内容等 4 种项目。具体内容参考以下问题解答。

14. 什么是“作出承诺的部门或次部门”？

作出承诺的部门或次部门就是开放的行业。原则上部门的呈现方式是参照 WTO 及国际惯用的方式处理，说明如下：

1. 以正面表列呈现：写在承诺表上的才是开放项目。2. 承诺表上的 CPC 编号：指的是联合国临时中央产品分类 (United Nations Provisional Central Product Classification)，WTO 以 CPC 为基础制作《服务贸易总协定》的服务部门分类表，各国以这个分类表填写入会承诺表。本协议也是参考 WTO 部门分类方式填写承诺表，如果在承诺表写上 CPC 编号，则以 CPC 涵盖的部门为准。以台湾开放的“与计算机硬件安装有关之咨询服务 (CPC841)”为例，CPC 写的内容是“从事提供客户计算机硬件安装相关咨询的行业”，这就是台湾开放的部门。3. 如果承诺表的 CPC 编号右上角有双星号 (**)：这表示开放的范围比 CPC 编号的范围还要小。以台湾开放的“市场研究服务业 (CPC86401**，限于市场分析、消费者态度和偏好的分析）”为例，台湾并未就整个 CPC86401 的范围开放，仅开放“限于市场分析、消费者态度和偏好的分析”，对于 CPC86401 另外涵盖的“与销售产品无关联之经济与社会情报服务，如产业分析、计量经济学模型运用、人口统计分析”，则没有开放。4. 如果承诺表上没有 CPC 编号：应对服务业日新月异的发展模式，以及台湾的陆资开放行业没有参照 CPC 编号，有些行业无法完全对应到 CPC 编号时，则不叙明 CPC 号码，直接写出开放的部门。如台湾开放的“线上游戏业 - 限制作与研发服务”、大陆开放的“其他地方没有包括的服务 - 商标代理”。

15．什么是“市场开放承诺”？

市场开放承诺：就是开放的内容。在本协议第一章总则时已介绍服务贸易的 4 种模式，进一步补充说明如下：

1. 开放内容的呈现方式：(1) 这是承诺表的核心部分，在各种提供服务的模式写明开放内容，除检视“部门或次部门”这个字段外，必须搭配“市场开放承诺”及“其他承诺”两个栏位，始能了解开放的全貌。(2) 承诺表的写法有“没有限制”、“不作承诺”、“技术上不可行”(前 3 种多出现在模式 1 及模式 2)，以及条列各种开放条件 (此种多出现在模式 3 及模式 4)。

2. 承诺表的“没有限制”：表示开放这个行业以该模式提供服务。举例来说，台湾“计算机及其相关服务业”在模式 1(如通过网络服务)“没有限制”，即表示大陆业者可通过互联网或电话等电子方式向台湾提供计算机服务。

3. 承诺表的“不作承诺”：表示这个行业不同意用这种模式开放。

4. 承诺表的“技术上不可行”：表示这个行业无法以此种模式提供服务。通常会出现在模式 1，以台湾开放的“建筑物的一般建筑工作 (CPC512)”为例，由于无法通过互联网从事建筑工作，因此模式 1 为“技术上不可行”。

5. 承诺表的模式 3：本协议在模式 3 的开放方面，就已开放的部门或次部门，罗列开放内容。本协议双方的开放内容多属于设立据点的形式 (如台湾的计算机及其相关服务业)、持股比例

(如台湾的营造及相关工程服务业)、注册资本(如大陆的旅行社及旅游服务业)、家数(如台湾的旅行社及旅游服务业)、担任董事人比例(如台湾的医院服务业)及设立的资格要件(如大陆的房地产服务)等的进一步放宽。

6. 承诺表的模式 4：(1) 影响自然人入境及短期停留的承诺措施。主要有两项，一项是什么样的自然人可以入境，一项是入境后可以停留的时间。(2) 双方开放的类型说明如下：台湾的类型有 3 种：一是商业访客：进入台湾停留期间不得超过 3 个月。商业访客指为参加商务会议、商务谈判、筹建商业据点或其他类似活动，而在台湾停留的自然人，且停留期间未接受来自台湾方面支付的酬劳，也未对大众从事直接销售的活动。如大陆某计算机硬件安装公司想要赴台湾筹建商业据点，被指派赴台考察的人员即为商业访客。二是跨国企业内部调动人员：进入台湾初次停留期间为 3 年，可申请展延，每次不得逾 3 年，展延次数无限制。跨国企业内部调动人员指的是被其他世界贸易组织会员的法人雇用满 1 年，通过在台湾设立的分公司、子公司或分支机构，以负责人、高级经理人员或专家身份，短期进入台湾提供服务的自然人；负责人、高级经理人员、专家等均在承诺表有明确定义。此项所谓的“跨国企业”，指陆资企业以外的其他 WTO 会员的企业，这些 WTO 会员的企业若雇用大陆籍的高阶干部，并派遣该陆籍干部到其在台湾的分支据点工作时，该陆籍干部的入境与停留方适用本规定，至于陆资企业本身干部的调动，则不适用本规定，须依现行“台湾地区与大陆地区人民关系条例”相关规定办理。如美国某计算机硬件安装公司经考察后决定赴台设立分公司，并经台湾的程序核准后，指派总经理赴台湾管理这个分公司，不过这个总经理碰巧为中国大陆籍时，方为本条跨国企业内部调动人员所适用的范围。三是在台湾无商业据点的大陆企业所雇用的人员，赴台从事仅限于契约所定的服务行为(亦即履约人员)。每次停留的期间不得超过3个月或契约期间，以较短者为准，有效期间自核发的翌日起算为3个月至3年，在许可有效期间内可多次进入台湾。这类人员赴台的条件包括大陆企业已与在台湾从事商业活动的企业签订验货、售后服务、技术指导等服务契约；应符合前述“跨国企业内部调动人员”里所称“专家”定义；在台湾期间不得从事其他与服务契约无关的服务活动。台湾不会给予此类人员专业证照的资格。如台湾向中国大陆某公司进口一项机械，该公司依照两方销售契约，指派人员赴台进行售后服务，这个人员即属于此类。大陆的类型有3种：开放范围为中国大陆加入WTO的水平承诺内容，开放内容说明如下：一是商业访客：入境期限90天。二是跨国企业内部调动人员：入境首期停留3年。三是合同服务提供商：其实就是前述台湾承诺的第三项(履约人员)，与台湾不同的地方在于居留期限，大陆同意“在大陆停留期间每次可申请不超过两年多次有效来往大陆签注；如有需要可申请延期”。

16. 什么是“其他承诺”？

其他承诺在承诺表的最右边一栏，这栏主要是将不属于“市场开放承诺”那一栏的项目写出来，可能是资格、标准、许可事项等措施。1. 以台湾的承诺表为例，开放的“电影或录像带之营销服务业 - 进口大陆电影片(CPC96113)”，在“其他承诺”的开放条件为“根据大陆有关规定设立的制片单位所拍摄、符合台湾相关规定所定义之大陆电影片，经台湾主管机关审查通过后，每年以15部为限，可在台湾商业发行映演，并应符合大陆电影片进入台湾发行映演之相关规定”。因为这一项是规范大陆电影映演的数量，而不是规范“电影或录像带之营销服务业”的数量，所以写在“其他承诺”字段。2. 以大陆的承诺表为例，开放的“会计、审计和簿记服务 (CPC862)”，在“其他承诺”的开放条件为“对已持有大陆注册会计师执业资格并在大陆执业的台湾会计师 (包括合伙人) 每年在大陆的工作时间要求比照大陆注册会计师实行”。因为这里规范的是在大陆的工作时间，不是规范设立会计师事务所的开放程度，所以写在“其他承诺”字段。

17．如何理解“关于服务提供商的具体规定”？

第十五条第四款有关协议附件二的“关于服务提供者的具体规定”：

(一) 订定目的：避免外资企业搭便车，确保两岸服务业者享有《海峡两岸经济合作框架协议》(ECFA) 服务贸易协议超出 WTO 承诺的优惠待遇。

(二) 适用范围：ECFA 附件四“服务贸易早期收获部门及开放措施”及本协议附件一“服务贸易具体承诺表”中，超出台湾及大陆各自在 WTO 承诺的服务部门及开放措施。

(三) 适用对象：持有两岸身份证明文件的自然人，以及在两岸设立的法人实体。

(四) 法人特殊限制：1. 同业经营限制：台湾业者如拟至大陆提供服务时，应与其在台湾从事的服务业别相同。例如倘台湾业者拟至大陆投资提供计算机信息服务，须在台湾同样经营电脑信息业，才可享有优惠待遇。2. 实质商业经营限制：A. 需达一定经营年限 (金融业及建筑和相关工程服务业经营年限须为连续 5 年以上，其余服务业为连续 3 年以上)；B. 须缴纳所得税；C. 须拥有或租用经营场所。

（五）服务提供商证明书：1. 申请程序：符合资格的服务提供商，应备齐相关文件与资料后，向各自的业务主管部门或其委托机构提出核发证明书的申请，取得证明书后，服务提供商再检附该证明书及相关文件向另一方申请提供服务许可。2. 补正程序：倘台湾的服务提供商在本协议生效前，已在大陆从事服务业经营活动，也可以依前面所说的申请程序申请证明书，以享有 ECFA 及本协议中超出 WTO 承诺的优惠待遇。

18．怎样理解“第十六条逐步减少服务贸易限制”？

第十六条逐步减少服务贸易限制：未来双方可在互惠互利的基础上，就服务贸易的进一步市场开放展开磋商。

19．“第十七条承诺表的修改”什么意思？

第十七条承诺表的修改，是修改市场开放承诺表的程序性规定，在承诺实施之日起 3 年期满后，可以提出修改的要求，要求修改的一方应提出补偿性调整方案，倘双方无法就补偿方案达成协议，可根据争端解决规定处理。

20．如何理解“第四章其他条款”？

第四章其他条款共计 7 条，包括联系机制、检视、争端解决、文书格式、附件、修正及生效条款。该章是参照一般自由贸易协议及两岸协议体例，规定协议的生效、修正等程序性事项，包括由两岸经济合作委员会的服务贸易工作小组负责处理本协议相关事宜、本协议的解释与适用、本协议的生效、争端解决机制及文书格式商定。有关争端解决机制，是依据2010年签署的《海峡两岸经济合作框架协议》第十条处理，也就是双方目前正在磋商的争端解决协议完成后，本协议即可适用；在此争端解决协议生效之前，任何关于本协议的解释、实施和适用的争端，应由双方通过协商解决，或由两岸经济合作委员会以适当方式加以解决。

21.《服贸协议》的文本架构是怎样的？

《海峡两岸服务贸易协议》共计4章24条63款，近5000字。其中，一般性条款9条（如：定义、合作、联系机制等），重要条款15条（如：范围、公平待遇、逐步减少服务贸易限制等）。

22. 协议签署时如何处理双方惯用表述不一致的文字？

一种是将双方用语组合成新的通用文字。例如："讯息"取代"资讯"或"信息"，"部门或次部门"取代"行业或次行业"或"部门或分部门"，"讯息公开与提供"取代"透明化"或"透明度"。还有一些采取各自表述的方式。例如：商业存在对应商业据点呈现，转移对应移转，垄断对应独占性，具体承诺表对应特定承诺表，审议对应检视，等等。

23.《服贸协议》具体承诺表中大陆有哪些市场开放承诺？

大陆方面承诺开放总计80条，其中非金融65条、金融15条，涵盖40多个行业类别。其中，78条超WTO开放承诺，27条超CEPA开放承诺。大陆市场开放承诺主要形式：取消股比限制，允许独资（如医院），降低股比限制（如电子商务），给予准入前国民待遇（如旅游），简化审批程序（如图书进口），下放审批权（如会展），降低准入门槛（如计算机信息系统集成企业资质认定）等。

24.《服贸协议》具体承诺表中台湾有哪些市场开放承诺？

台湾方面承诺开放总计 64 条，其中非金融 55 条，金融 9 条，涵盖 60 多个行业类别。其中，实现正常化项目约 36%（如速递等）；实现自由化项目约 31%（如技术测试和分析等）；未实现正常化项目约 33%（如广告、金融等）。

25.《服贸协议》具体承诺表中台湾有哪些市场开放限制？

台湾方面设置的各种限制包括：1. 股比设限：如大陆总持股比例营造业不超过 12%，航空货物集散站经营业不超过 10%；2. 营业范围设限：如旅游（经营范围限居住于台湾的自然人在台湾的旅游活动）；3. 股东权利设限：如演出场所经营（大陆服务提供者不具控制力）；4. 董事资格设限：如医院（全体董事的三分之一以上必须具有台湾医事人员资格）；5. 企业家数设限：如旅游（大陆服务提供者在台湾设立的商业据点总计以 3 家为限）。

背景篇

1. 两岸经济关系发展情况如何？

历经多年发展，两岸贸易与投资规模日益扩大，产业合作关系也日益密切，但随着两岸外部及各自经济形势发生深刻变化，签署《服贸协议》是深化两岸经济交流与合作的内在要求。

（一）台商对大陆投资及两岸贸易增速趋缓

自上世纪 80 年代以来，台商对大陆投资大致先后形成过三次高潮与三次低潮。第一次高潮为上世纪 80 年代中后期，随着岛内劳动力、土地等生产要素价格不断上涨、新台币大幅升值及台湾当局放宽外汇管制，岛内轻纺、制鞋等劳动密集型产业纷纷向大陆转移，其中珠三角地区为台商最主要的投资目的地。第二次高潮为上世纪 90 年代初，在邓小平南方谈话及大陆明确提出建立社会主义市场经济的目标后，台湾传统资本密集型产业追随下游产业加快向大陆投资，1991—1993 年对大陆投资额由 1.74 亿大幅增至 11.4 亿美元，增幅近 5.6 倍。第三次高潮则发生在在本世纪初两岸加入 WTO 前后，以电子信息产业为主的台商掀起对长三角等地区投资热。低潮方面，第一次发生在1994—1995年。1994年台湾当局为减缓对大陆投资热，出台第一次“南向政策”，通过制定租税优惠等政策鼓励岛内企业赴东南亚投资，使1994年台商对东南亚投资猛增至50.31美元，同比增长1.86倍，而同期对大陆投资减少了45.9%。第二次为1997—1999年，在台湾当局采取“戒急用忍”政策及亚洲金融危机影响下，台商赴大陆投资额由1997年的16.16亿美元连续下滑至1999年的12.53亿美元。第三次则是2008—2009年国际金融危机时期，台商对大陆投资额由2008年的98.43亿美元大幅减至60.58亿美元，衰退幅度高达38.5%。

值得注意的是，本世纪以来，特别是2002年以后，随着大陆沿海地区劳动力、土地等生产要素价格持续上涨，台商对大陆投资增速明显减缓。虽然根据台湾“投审会”统计，台商对大陆投资金额基本保持稳步增长，但从大陆商务部统计看，大陆实际使用台资金额除2008年小幅增长7%外，2003—2009年连续6年出现衰退，台资在大陆外资中的比重也由2002年的7.5%连续下滑至2009年的2.1%。在两岸签订ECFA带动下，2010年大陆实际利用台资金额虽大幅增长31.7%至24.8亿美元，但2011年再度衰退11.8%。

与此同时，由于台商对大陆投资是拉动两岸贸易的主要动力，受台商对大陆增速趋缓影响，近年来两岸贸易额增速也趋于减缓。根据大陆商务部统计，2000—2004年，两岸贸易以年均近30%的速度快速增长，但2005年增速回落至20%以下，2012年增速仅为5.6%。若根据台湾“国贸局”统计，2000—2004年，两岸贸易平均增速高达25%以上，但2005年后，两岸贸易平均增速明显放缓，2005—2012年平均增速不到10%，其中受国际金融危机影响2008年及2009年两岸贸易增速分别为1.7%和-17.6%，

2012年增速也为-4.2%，不仅远低于台湾与东盟贸易额4.4%的增速，也低于台湾对外贸易-3.1%的平均增速。受两岸贸易增速放慢影响，大陆在台湾对外贸易中的比重有所降低，其中大陆在台湾对外出口市场版图中的比重由2007年的40.9%降至2012年39.4%，而同期东盟的比重则由14.7%升至18.8%。

（二）以制造业为主轴的两岸产业合作动力不足

在过去30余年里，由台商投资驱动、台商对大陆进行的产业梯次转移成为两岸产业合作的主轴，这其中制造业在两岸产业合作中扮演着十分重要的角色。由于大陆处于工业化加速时期，制造业成为外商对大陆投资的主要领域，而同期台湾经济处于由工业化向服务业社会的转型之中，1988年服务业产值占台湾地区生产总值的50.1%，首度超过第一产业及第二产业之和，标志着台湾正式步入服务业占主体的后工业化社会。两岸经济发展阶段的巨大落差，导致台商对大陆制造业的投资成为两岸产业合作的主要领域。同时，由于2008年前两岸关系严重对立，两岸并未建立起正式的经贸协商机制，使两岸服务业合作受到极大地制约。这导致两岸产业合作主要表现为台商对大陆制造业的投资及在此基础上建立起的产业合作关系。据台湾“投审会”统计，截至2012年年底，台商对大陆投资累计40,208件，金额1,244.9亿美元，其中农林牧渔业投资比重仅为0.02%；对制造业投资32831件，占总投资件数的81.7%；金额约1014.29亿美元，占总投资额的81.5%；对服务业投资6290件，占总投资件数的15.6%，金额约210.8亿美元，占总投资额的16.9%。台商对大陆制造业投资的前两大行业分别为电子零组件制造、电脑电子及光学制品制造，两者投资金额合计占台商对大陆总投资金额的33.5%。这不仅与台湾对海外（对大陆以外国家和地区）投资以金融保险、批发零售等服务业为主的产业投资布局大相径庭，也与国际市场中FDI（外商直接投资）以服务业为主的投资潮流存在明显差别。

过去台商加快对大陆制造业投资有效拉动两岸贸易，并深化两岸经济合作，但近年来，随着台湾制造业外移步入一个新的高平台期，台商对大陆制造业投资增速趋缓。根据台湾“投审会”统计，除2010年等少数年份外，2000年后台商对大陆制造业投资增幅逐渐小于台商对大陆整体投资的增幅，2008年后台商对大陆制造业投资增速更连续多年出现负增长，其中2009年受国际金融危机冲击衰退32.7%，2011、2012年分别衰退4.3%和27.5%。从制造业内部看，台商对大陆制造业投资的前两大主力产业电子零部件和电脑电子光学品制造业投资衰退幅度较大，特别是对电子零部件业的投资增速除2010年大幅增长外，连续4年衰退，年均衰幅在15%以上。台商对大陆制造业投资增速放缓，一方面严重制约台商对大陆投资的持续增长，影响两岸经济合作的深入推进，另一方面也使得过去以制造业转移带动的两岸投资贸易方式动力趋减，导致2003年后大陆统计的实际使用台资金额持续衰退。

（三）两岸加快各自经济转型及经济合作进程

2008年后，随着两岸迈入和平发展的新时期，两岸经济合作深入推进，两岸各自经济也步入加速转型期，使过去传统的两岸经济关系发展方式面临深刻变革。

首先，当前两岸各自经济均步入重要的转型升级期，将对两岸经济关系转型升级产生深远影响。大陆自上世纪70年代推动改革开放以来，社会经济发展取得举世瞩目的成就，2011年已超过日本成为仅次于美国的全球第2大经济体，在国际社会中具有举足轻重的政治经济影响力，但大陆区域、城乡等发展不平衡等问题日益突出，加快经济发展方式转变迫在眉睫。2010年大陆公布“十二五规划”，明确提出全面建设小康社会目标，加快经济发展方式转变，并确立“扩内需、调结构”的经济工作主线。“扩内需”意味着大陆将逐步调整过去过度依赖外需与投资的经济发展模式，着力提高内需尤其是居民消费在国民收入分配中的比重。随着大陆工业化、城镇化的加速推进，大陆内需市场有望日益扩大。有机构预测，未来10年大陆人均GDP增长率将高达180%，到2015年大陆将有一半人口成为年收入达到6000美元—20000美元的中产阶级，届时大陆每年内需有望是2008年的两倍，达到20万亿元人民币，成为全球最大消费市场。这对台商的代工生产模式将形成重大挑战，而对于着眼于内需市场的企业则是重大机遇。“调结构”表明大陆将加快经济结构的战略性调整，加快发展现代服务业，并大力推动新一代信息技术、节能环保、新能源、生物、高端装备制造、新材料、新能源汽车等七大战略性新兴产业。当前台湾经济也步入新一轮转型期。国际金融危机爆发后，台湾经济弊端暴露无遗，而在当前后国际金融危机时期的背景下，台湾经济动能不足，呈现出典型“闷”的特点，从表象上看是欧美外需萎缩的结果，更深层次原因则是近几十年来台湾所形成的产业与需求结构正面临前所未有的调整，加快经济转型升级已势在必行。为此，马英九当局先后提出“六大新兴产业”、“四项智能产业”及“十大服务业”等产业政策。2011年年底，马英九当局还出台“黄金十年”发展愿景，涵盖“活力经济、公义社会、廉能‘政府’、优质文教、永续环境、全面建设、和平两岸、友善国际”等8大篇章，其中在“活力经济”篇中提出“开放布局、科技创新、乐活农业、结构调整、促进就业、稳定物价”等经济施政主轴。马英九当局明确提出通过洽签经贸协议融入亚太区域经济一体化进程，并促进产业多元化发展，加快产业转型升级。在两岸经济均将发生重大变革的新背景下，过去两岸经济关系势将进入重新调适的新阶段，两岸经济关系转型升级势在必行。

其次，两岸关系和平发展势头不断增进及两岸经济合作日益深化，为两岸经济关系转型升级提供了重要基础与条件。2008 年以前，由于两岸长期处于政治对立局面，两岸经济关系呈现“间接、单向”的不正常局面。与大陆基本对台完全开放投资、贸易等所形成鲜明对比的是，台湾当局出于维护所谓“国家安全”的考虑，禁止两岸“三通”，并严格限制大陆货品、资本等入岛。由于缺乏双方公权力的支持与配合，两岸经济合作主要为民间主导的功能性合作。2008 年两岸关系实现重大历史性转折后，两岸两会在坚持“九二共识”、反对“台独”的共同政治基础上重启会谈，截至 2013 年 6 月底已先后举行 9 次会谈，签订 19 项经贸协议，并在产业合作等方面达成多项共识，有力推动两岸经济关系的正常化与制度化进程。特别是 2010 年 6 月两岸签订了具有重要里程碑意义的《海峡两岸经济合作框架协议》(ECFA)，为两岸经济关系的机制化与自由化搭建了重要的平台。而两岸经济合作委员会的成立运行及两岸投资保障、两岸服务贸易等 ECFA 后续协议的陆续签署则进一步深化两岸制度性经济合作，促进两岸经济一体化进程。毫无疑问的是，两岸关系和平发展势头的日益增进及两岸经济合作的深化发展，一方面将使过去因政治力扭曲的两岸经济关系资源配置得到纠错，两岸各自比较优势将得到更大程度地发挥，另一方面也要求两岸经济关系加快转型升级，以适应后国际金融危机时期两岸各自经济的转型进程及两岸经济合作的深入推进。

2．两岸为什么重视服务业合作？

服务业合作是两岸经济关系转型升级的重要引擎。在台商对大陆投资及两岸贸易增速放缓、以制造业为主轴的两岸产业合作日渐乏力的背景下，如何寻求新的增长空间已成为深化未来两岸经济合作的重要课题。在新形势下，顺应两岸各自经济转型趋势，大力推动两岸服务业合作无疑是深化两岸经济合作，打造两岸经济关系“升级版”的重要战略选择。

（一）开创两岸经济合作新模式

在过去30多年里，两岸经济合作主要表现为台商对大陆制造业依次转移带动的两岸贸易及与之相建构的两岸产业分工合作关系。在新形势下，两岸服务业合作将呈现出不同于以往制造业合作的特点，开创全新的两岸经济合作新模式。首先，两岸服务业合作将改变过去制造业“面向欧美、两头在外”的合作模式，建构一个以大陆内需市场作为主要导向的新型合作模式。在过去两岸制造业合作中，台商对大陆制造业投资主要为利用大陆廉价的土地、劳动力等生产要素价格，加工出口欧美市场，这导致加工贸易在两岸贸易中的比重偏高，而以大陆市场为目的地的一般贸易比重较低。据大陆海关统计，2012年两岸一般贸易占两岸贸易总额的比重约为30.4%，而来料加工与进料加工比重超过50%。与制造业所不同的是，两岸服务业合作不是简单地将技术和产业转移，而是经营模式的创造和复制；不是传统制造业的“面向欧美、‘两头在外’”，而是以大陆消费者为主要服务目标；不是“台湾经验”的翻版，而是新经验的累积和新经营模式的创造，台湾服务业将结合大陆本土资源，因应市场特性，发展出全新而独特的经营模式。其次，两岸服务业合作将极大地丰富两岸经济合作的内涵，为两岸经济合作创造新的利基。过去两岸制造业合作主要表现为台商对大陆的产业依次转移，台商“逐水草而居”，利用大陆生产要素低廉的优势，加工出口欧美市场。而服务业合作内涵远比制造业丰富。

（二）增强两岸经济合作新动力

近年来，在国际、大陆及岛内经济环境深刻影响下，台商对大陆制造业投资增速日益减缓。从国际经济形势看，后国际金融危机时期全球需求与产业结构正发生深刻变革，世界制造业呈现出“低端制造业流向东南亚等成本更低地区及部分高端制造业回流欧美发达国家”的显著特点，使大陆制造业吸引外资投资面临较大压力。大陆宏观经济形势也发生深刻变化，劳动力、土地等生产要素价格不断上涨，使过去主要利用大陆廉价生产要素的台商对大陆制造业投资面临挑战。据英国经济学人智库（EIU）的数据，中国大陆劳动力成本 10 多年来大幅增长近 4 倍，单位小时劳动成本由 2000 年的 0.6 美元增至 2011 年的 2.9 美元，已相当于泰国的 1.5 倍、菲律宾的 2.5 倍数、印尼的 3.5 倍。2011 年年底，大陆主要监测城市土地价格总水平为 3049 元 / 平方米，是 2005 年末的 2.4 倍。从岛内经济形势看，台湾制造业外移已进入高平台期，未来制造业很难再形成一次新的产业外移潮。同时台湾当局也效仿美国实施所谓再工业化，于 2011 年 11 月出台系统的“加强推动台商回台投资”方案，重点吸引高端制造业回流，并提出从六大方向实现“2 年内促成海外台商回台投资 2000 亿元新台币”的目标，对台商对大陆制造业投资产生一定冲击。

在台商对大陆制造业投资及两岸制造业合作进程放缓的背景下，两岸加强服务业合作无疑将顺应两岸服务业的各自经济转型趋势，增强两岸经济合作的新动力。对大陆而言，大力发展服务业既是稳增长、保就业的重要举措，也是调整优化结构、打造中国经济升级版的战略选择。当前大陆正处于工业化与城市化的中期，服务业发展还相对落后。据统计，服务业占大陆 GDP 比重不足 50%，不仅远低于欧美等发达国家，也低于印度等发展中国家。但随着大陆经济转型进程加快，服务业在国民生产总值中的比重日益提升。2012 年大陆人均 GDP 超过 6000 美元，服务业占 GDP 比重约为 44.6%，与工业 45.3% 的比重相差无几。2013 年第一季度服务业占大陆整体经济规模的比重为 47.8%，比去年同期提高 1.6 个百分点，超过了制造业的占比。随着大陆经济持续快速发展，必将进一步带动产业和消费结构升级，因此大陆服务业市场需求潜力巨大，但也面临着服务业水平不高、国际竞争力薄弱等问题。台湾自上世纪 80 年代中后期后就开始进入服务业占主导的后工业化社会，截至目前服务业占台湾 GDP 的约 7 成，但台湾服务业以岛内狭小的内需市场为导向，竞争力不强，仅在名义上有较高的比重。事实上，自本世纪以来，台湾服务业增长速度趋缓，服务业比重快速提高，在很大程度上是制造业增长速度减缓所致，与欧美等发达国家相比有“早熟”之嫌。因此，推动台湾服务业转型升级，最重要的是改变目前以岛内内需市场为导向的发展模式，扩大服务业的服务半径，才能提升服务业的国际竞争力。在两岸均大力推动服务业转型发展的背景下，加强两岸服务业合作，对大陆而言既可避免开放竞争力过高的欧美服务业带来的巨大冲击，同时也能形成“鲶鱼效应”，发挥台湾服务业发展水平较高且与大陆“同文同种”的优势，刺激大陆服务业转型升级；对台湾则可弥补岛内内需市场过小的不足，扩大台湾服务业发展的市场，为服务业转型升级提供广阔空间。

2008 年以来，两岸服务业合作步伐日益加快，为两岸经济关系深化发展不断注入新的动力。一方面，自 2009 年 6 月 30 日台湾开放陆资入岛以来，大陆对台投资逐渐增多，且主要集中在服务业。截至2012年年底，大陆对台投资中有76.85%流向服务业，23.13%流向制造业。另一方面，近年来台商对大陆服务业投资快速增长，特别是2008年后，台湾对大陆服务业增速进一步加快，2010年、2011年及2012年平均增速分别高达35.1%、38.6%和51.9%，其中在两岸扩大开放金融领域市场准入等带动下，台商对大陆金融保险等服务业投资更呈现井喷增长之势，日益成为推动两岸经济关系发展的新动力。

（三）带动两岸制造业转型升级

过去两岸制造业合作主要表现为台商尤其是从事IT产业的台商利用大陆较廉价的劳动力、土地等生产要素，为欧美大厂代工。台商的代工生产方式固然可以最大程度地发挥比较优势，但由于不掌握通路，没有自己品牌、核心技术，易受外部冲击，如国际金融危机时期台湾厂商在上游海外客户去杠杆化产生流动性紧缩，以及上下游厂商的去库存化紧缩采购的过程中，订单锐减，产能利用率急剧下降。同时，随着国际竞争的日益激烈，以代工生产方式为主的台商也面临着利润率不断下降的困境。总体看，目前两岸制造业合作在全球产业链中处于中下游的地位，产品附加值较低。根据有关机构的测算，一台iphone，美国苹果公司占据了58.5%的利润，韩国公司及美国其他公司分别占据4.7%、2.4%的利润，大陆劳工成本只占1.8%，台湾公司利润也只有0.5%。因此，促进两岸制造业合作转型升级已迫在眉睫。但由于过去两岸关系长期处于对立局面，两岸缺少相应的经济交流机制与平台，严重制约两岸服务业合作的发展，如由于过去受限于两岸缺乏签订金融合作备忘录（MOU）的平台，直接造成两岸金融业无法在对方直接设立营业性机构。两岸服务业合作的严重滞后，不仅不利于两岸拓展新的经济合作空间，也对两岸制造业合作的转型升级产生不利影响。

因此，在新形势下，加强两岸服务业合作，特别是金融保险、物流、信息等生产性服务业的合作，一方面可以为两岸制造业合作提供配套产业支撑，为制造业转型升级创造良好的条件，如深化两岸金融业合作可为大陆台商提供有效的融资服务，另一方面也将加快两岸服务业与制造业的相互融合，促进制造业服务化即所谓的“2.5 产业”，带动两岸制造业合作升级，延长两岸制造业合作的产业链，促进两岸制造业向“微笑曲线”的两端自有品牌、标准制定等领域延伸，提升两岸制造业在国际产业分工链中的地位，增强两岸制造业在世界市场中的核心竞争力。

3．两岸服务业合作的政治经济意义？

加强两岸服务业合作不仅有利于发挥两岸各自服务业的比较优势，推动两岸服务业转型升级，为两岸经济合作增添新动力，同时也有助于巩固两岸关系和平发展的政治、经济、文化与社会基础，为两岸关系和平发展注入新的活力。

（一）拓宽两岸经济合作空间，增进两岸关系和平发展势头。自上世纪 70 年代末以来，以制造业为主轴的两岸经济合作不仅有力推动两岸经济共同发展，也为两岸关系由过去持续震荡不安的局面迈入和平发展新时期奠定扎实的物质基础。两岸过去 30 多年来的经济合作实践已深刻揭示，两岸通过加强经济合作建立起“你中有我，我中有你”的格局，有利于构建与巩固两岸关系和平发展框架，是一条符合两岸民众福祉之路。当前两岸关系虽已迈入和平发展新阶段，但由于两岸政治难题始终未予破解，继续增进两岸关系和平发展势头、巩固深化两岸和平发展大局已成为海峡两岸共同面临的重要任务。大陆在中共“十八大报告”中公开提出，“全面贯彻两岸关系和平发展重要思想，巩固和深化两岸关系和平发展的政治、经济、文化、社会基础，为和平统一创造更充分的条件”。其中巩固两岸关系和平发展的经济基础需要两岸双方继续深化经济合作，厚植两岸共同经济利益，为两岸关系和平发展奠定更为扎实的物质基础。但在当前国际及两岸经济均进入重大转型升级的背景下，过去以制造业为主体的两岸经济合作动力明显不足，迫切需要寻找新的经济增长点。在此背景下，加强两岸服务业合作，既能应对两岸制造业合作日渐乏力的困境，拓展两岸经济合作的新空间，增强两岸经济合作的动力，同时也可顺应两岸各自经济转型新趋势，共同提升两岸服务业的核心竞争力，促进两岸经济转型升级进程，此外两岸加强服务业合作还可强化两岸日趋紧密的经济合作格局，建立一个在一定程度上具有不可逆性的两岸和平发展框架，巩固两岸关系和平发展的经济基础，为两岸关系和平发展势头不断注入新的活力。

（二）扩大两岸经济合作的外溢效果，巩固两岸关系和平发展社会基础。过去两岸制造业合作主要表现为台商对大陆依次产业转移，这虽然带动台湾产业转型升级，但在局部也产生一些问题，这些问题被岛内“台独”势力所夸大和利用，给两岸经济关系乃至两岸关系发展带来不确定性。如由于过去台湾当局限制大陆对台投资及两岸贸易，两岸经济关系长期处于不正常的局面，导致岛内外移企业无法在两岸间建立有效产业链，客观上加速台湾产业外移，使台湾对大陆的资本等长期处于“失血”的境地，特别是传统产业比重较高的台湾中南部地区首当其冲。而民进党等“台独”势力借此攻击台商“债留台湾、钱进大陆”，“大陆是所谓的‘黑洞’”，吸收台湾人才、资本等要素，造成台湾尤其是中南部地区发展困境，并为其执政时出台种种限制两岸经贸关系的政策提供借口。民进党这一论述虽然不符合客观规律，但也在岛内“三中群体”（中南部、中小企业、中下阶层）中产生一定影响力，对两岸关系和平产生消极影响。在当前两岸关系和平发展及经济合作日新月异的新形势下，两岸服务业合作将开创两岸经济合作新模式，对占台湾产值主体的服务业有望产生明显拉动效果，并惠及岛内绝大多数人口的就业。从近年来两岸服务业合作的已有成果看，两岸服务业加强合作已使岛内相关企业明显受惠。如自 2010 年 10 月两岸在 ECFA 早收清单中纳入 20 项服务业以来，台湾已有 226 家企业或机构受惠，大陆也有 82 个赴台投资案件获得批准 。随着两岸服务贸易协议的签订及实施，两岸服务业加强合作将进一步为岛内中小企业特别是占主体地位的中小型的服务类企业开拓大陆市场提供更多机会，并有望减少类似制造业外移在岛内产生的负面效果。据台湾“经济部中小企业处”统计，2011 年台湾服务业中小企业约 102.5 万家，占服务业企业总数的 97.7%，大企业比重仅为 2.3%，除金融保险、不动产、资讯通讯传播等少数产业大企业比重相对较高外，其他行业中小企业比重均超过 95%。其中批发零售、住宿餐饮等行业中小企业家数最多，两者合计约占全台服务业中小企业数 76%。若两岸加强服务业合作，无疑将可为台湾服务业尤其是中小型服务业发展提供广阔空间。同时，由于服务业合作覆盖面广，两岸服务业合作将产生较制造业更大的外溢效果，从而可强化岛内认同与支持两岸关系和平发展的民意基础，带动两岸深层次融合。

（三）加快两岸产业深度融合，促进两岸经济一体化深入发展。首先，两岸服务业合作将弥补过去制造业合作进程中台商与大陆产业联系不强的缺陷，进一步推进两岸产业的深度融合。过去两岸制造业合作主要为台商利用大陆廉价的劳动力、土地等生产要素加工出口欧美市场，大陆更多的是被界定为“加工基地”，台商与大陆当地产业联系并不紧密，形同“飞地”。因此过去两岸制造业合作虽深化两岸的产业分工关系，但总体看，两岸产业合作深度不够，两岸产业链的对接与合作并未形成。而两岸服务业合作将呈现出与制造业合作截然不同的新特点，即两岸服务业合作虽然也包括两岸服务业合作共同进军国际市场，但主要表现为两岸充分利用彼此特别是大陆内需市场加强服务业的合作，大陆更多地承载着两岸服务业合作主要目标市场的角色。在《海峡两岸服务贸易协议》签订及生效后，双方将在100多个服务行业相互开放市场，大陆广阔的市场资源及台湾先进的服务管理水平将能实现优势互补，两岸服务业合作将迎来黄金期，两岸服务业将加速融合，带动两岸经济关系向更深层次迈进。其次，两岸服务业合作将为两岸经济一体化发展提供重要动力。自上世纪70年代末以来，在经济全球化与两岸发挥各自经济比较优势的带动下，两岸经贸关系蓬勃发展，以两岸贸易与投资活动为基础的两岸功能性一体化取得了长足的进展，但以两岸公权力部门为纽带的制度性经济一体化相对滞后。2008年两岸关系迈入和平发展新时期后，两岸制度性经济一体化后才开始启动。虽然ECFA为两岸制度性经济一体化搭建了重要平台，但目前ECFA生效实施的只有早收清单，占两岸贸易比重不足5%，而在两岸贸易中占据主体地位的服务贸易及货物贸易等协议尚未实施或签订。如果按照区域经济一体化组织的自由化程度划分，目前ECFA仅相当于较低水平的“优惠贸易安排”，由此可见两岸制度性经济一体化尚有很长的路要走。在当前新形势下，两岸通过签订《服务贸易协议》，加强服务业合作，一方面将推动服务业等更多要素在两岸间自由化流动，推动两岸服务业市场整合，不断巩固两岸日趋紧密的经济合作格局，另一方面服务业合作也将促使两岸加强相关经济政策的协调与配合，为两岸向更大范围、更高水平的经济一体化阶段迈进提供重要动力。

4. 推动两岸服务业合作的机遇有哪些？

（一）两岸同时面临服务业发展的黄金时期

全球服务业发展正处于结构调整时期，为两岸服务业发展提供了良好的外部环境。第一，西方发达国家的服务业发生深刻改变，高端产业地位更加突出，现代服务业优势更为明显。以美国为首的西方发达国家在金融海啸后为复兴本国经济，在提出发展实体经济，从海外召回制造业的同时，对服务业在进行深刻改造的基础上继续强化发展优势，传统服务业中的高端产业更加强调其优质服务特色，借塑造精品形象与强调贵族气质继续维持高进入门槛，同时加快对低端产业的现代技术改造，在现代服务业上的领先优势更为明显。第二，服务业发展已经成为新兴国家稳定发展的重要依赖。包括中国大陆在内的众多新兴国家目前基本已完成工业化的进程，依靠发展工业已经难以维持经济的稳定高速增长，人口数量过多与老龄化比例升高的双重压力也只有依靠发展现代服务业才能缓解。中国、印度、巴西、印度尼西亚等新兴经济体都是人口大国，在西方需求市场出现萎缩，旧有的世界经济循环难以持续扩大下去的今天，开发这些国家以服务业为代表的内需市场已经成为其谋求经济稳定长期发展的主要手段。第三，发展服务业的技术已经随着现代服务业的兴起而日趋成熟。现代服务业就是建立在现代科技手段基础上，主要是计算机、网络、电信等技术手段为支撑，由于这些技术手段日新月异，代与代之间的鸿沟已经大为缩小，同时西方发达国家在这些高科技领域的进步目前遭遇到突破的瓶颈，东西方之间的技术代差正处于历史上最小的时候，抓住目前的时机及时切入就可争取从高起点开始，从而一举弥补与西方发达国家的技术差距，建立高水平的现代服务业体系，从而打破西方发达国家数百年来苦心建立起来的产业壁垒与技术屏障，真正缩短东西方间的差距。

两岸都拥有发展服务业的良好基础，也有条件实现服务业的大发展，内部驱动力强劲。从基础条件看，大陆方面已进入工业化后期，服务业发展的基础已经具备。1949 年以后大陆即开始工业化进程，特别是改革开放 30 多年来，工业化进程大幅加快，主要工业产品产量已跻身世界前列，经济总量已赶超日本而跃居世界第二，与第一名的美国差距也在不断缩小，全民温饱问题已基本解决，工业化的使命基本已经达成，即将进入后工业化时代。二是工业化已进入到了必须着重技术含量与社会影响深度的时代。大陆目前虽然建成了“世界工厂”，成为世界主要工业制成品的生产基地，服务业的发展却相形见绌，尤其是现代服务业的发展未能与时俱进，内需市场的潜力未能得到充分发挥，即使按国际购买力平价调整后，大陆投资与消费间的比例在世界上仍然是偏高的，高投资率带来的一方面是经济的高增长，但长期却已造成生产与消费脱节，产能过剩现象严重，仅仅经过不到 20 年的发展，大陆继上世纪 90 年代中期后又面临着新一轮淘汰落后产能的压力，其根本原因与在总体经济中，服务业始终处于短板的地位有着密切关联。服务业未能与工业同步增长，造成内需市场无法扩充，经济增长严重依赖外需的被动局面。三是大陆人口结构发生重大转变，老龄化问题日益严重，“人口红利”日渐消退，社会结构与消费结构都处在发生重大转变的关键时期，“未富先老”即将带来新的社会问题，相应的服务业面临着极大的发展机遇。大陆城镇人口 2011 年已达 134735 万人，占总人口的比例已达 51.3%，标志着农村剩余劳动力向城市转移浪潮的基本结束。同时，人口 65 岁以上人口总数也已从 1982 年的 4991 万增长到 2011 年的 12288 万，占总人口的比例从 4.9% 上升到 9.1%，14 岁以下人口则从 34146 万人下降到 22164 万人，占比从 33.6% 下降为 16.5%。

台湾方面，一是服务业近年虽然发展不顺，但调整已基本到位，为迎接新需求积聚了足够的发展能量。近年由于外部环境的变化，国际市场急剧调整，岛内工业发展发展颇为顺利，相反服务业受到民众收入增长迟缓，贫富差距居高不下等因素困扰，增长趋跌，造成工业增速明显快于服务业，新兴服务业发展不顺，如医疗服务业增长空间萎缩，金融服务业不增反减，专业技术服务业迭遇发展瓶颈，但相对这些产业内部调整在低速增长的过程中，已基本到位，大量生产性服务业因受统计方法与技术影响仍被包含在传统制造业中，无法在统计数字中突显出来，但实际上其贡献早已在制造业中居于关键地位，与此同时，不能适应岛内未来服务业发展的传统服务业及其提供方式不是日趋萎缩就是被迫改变，为现代服务业的发展让出了空间。二是岛内社会结构改变，对服务业提出了新的要求，也提供了更大的发展空间。岛内人口低增长，少子化现象日益普遍，对相应的现代服务业发展要求更为迫切。截至 2012 年年底，全台湾 65 岁以上人口已达 260 万人，占总人口的比例达 11.2%，14 岁以下人口仅为 341.2 万，占总人口的比例为 14.6%，两者的比例由 1998 年的 37.6% 上升为 76.2%。三是岛内社会需求日益多元化，对服务业提出了更高的要求，也提供了更大的发展机遇。由于社会需求多元化，必然产生对服务提供者的精致化需求，个性化生产与服务已经成为满足岛内社会需求的最佳保证，传统服务业发展停滞已是必然，高度科技化的现代服务业已成为台湾服务业发展的趋势。因此对岛内服务业来说，大规模、模块化的服务业态反而不具备足够的竞争力，反而是小型，体贴入微式的个制式服务将成为潮流。

从技术准备看，两岸现代服务业发展也都站在了较以往更高的发展水平线上。大陆市场广阔，提供了传统服务业与现代服务业并存发展的广阔空间，东部发达地区已经做好向中西部转移传统服务业的准备，而新兴服务业已取得了足够的话语权，成为这些地区服务业发展的风向标，不仅北京、上海、江苏等省市十分重视现代服务业的发展，其他一些条件较好的地级县市也都提出了发展现代服务业的规划与政策。服务业明显向东部地区集中，2012 年全国服务业五百强企业中就有过半数的 263 家集中分布在 5 个省市，其中浙江、北京、广东居于前 3 名，显示东部发达地区已具备服务业加速发展的基本条件。大陆以工业为主的对外投资也已为服务业发展腾出了空间。日新月异的计算机网络等现代技术手段更为新型服务业态的涌现与壮大提供了可能，淘宝网及其服务项目“支付宝”的迅速崛起与风行正显示了大陆现代服务业发展的广阔空间与可能性。台湾在传统服务业领域的长期发展与耕耘使得其服务业发展起点总体上要高于大陆，由于混业经营与投资，台湾在工业发展中表现出的善于模仿西方发达国家跨国公司成功经营经验与管理的本领，在未来现代服务业发展中依然具有可发挥的空间。

（二）两岸关系和平发展的新时期为两岸服务业合作提供了广阔的发展空间

与两岸其他领域的合作一样，两岸关系和平发展的新时期是两岸服务业合作能够开展并迅速扩大的前提与保证。没有两岸关系和平发展的新局面，即使两岸拥有发展服务业的客观条件，也不会有《服务贸易协议》的签署，更谈不上两岸今后扩大服务业合作的可能。

一是两岸关系和平发展的新时期为两岸服务业合作提供了政

治保障。2008 年两岸在“九二共识”、“一个中国”的框架下取得了共识，从而开启了和平发展的新时期，追求合作双赢，共谋发展，制度上的分歧不再是两岸合作交流的障碍，陆续开启的管理制度上的对接成为合作的起点。政治对话虽然尚未进行，但双方的共同语言逐步增多，政治互信逐步累积，为两岸合作营造了和谐的气氛。

二是两岸关系和平发展的新时期为两岸服务业合作提供了制度保障。进入两岸关系和平发展新时期后，两岸两会定期协商与高层领导人会谈得以恢复，以“经合会”为代表的两岸各领域的交流合作渠道陆续建立，在两岸两会迄今签署 19 项协议的同时，两岸海运、空运、金融、货币等其他领域的协议也纷纷签署，为两岸服务业开展合作扫除了障碍，也为其加强合作提供了保证。

三是两岸关系和平发展的新时期使得两岸交流项目空前增加，提供了两岸开展服务业合作的大好机会，仅人员交流日益频繁就可以为两岸加强服务业合作提供广阔空间。例如 2008 年后大陆民众赴台旅游迅速发展，特别是个人游项目的开展与推广使得两岸服务业可合作的领域由单纯的旅游业扩展到了医疗保健、理财、货币清算等领域。2012 年两岸双向交流人员达 792 万人次，其中大陆居民赴台旅游 197.32 万人次，个人游 19.07 万人次。自 2008 年 7 月 18 日正式启动大陆居民赴台旅游的五年中，大陆居民赴台旅游人数累计达 620 万人次，为台湾创造 4800 亿元新台币直接收入。台湾方面统计，2012 年大陆赴台旅客人数达 258.6 万人次，大幅领先日本游客的 143.2 万人次。大陆旅客日均消费额为 265.26 美元，仅次于日本旅客的 308.65 美元。而且台湾当局自 2009 年开放陆资投资以来，已先后两次大幅扩大开放项目，截至 2013 年 7 月，台湾有关部门已核准陆资投资项目 425 项，总投资金额 74.2 亿美元。两岸在《服务贸易协议》

中做出的开放承诺分别有 80 项与 64 项，其中台湾承诺的项目中含新增或扩大开放项目 37 项。两岸投资的双向扩大开放不仅使得金融、货币汇兑、证券交易等相关服务业的合作成为必须，大陆驻台商务人员的增加所产生的与生活服务业相关的商机，也将为台湾业者扩大经营规模提供更多机会。

5．推动两岸服务业合作的挑战有哪些？

由于服务业本身具有的特殊性与复杂性，加上两岸关系的特殊性与复杂性，两岸服务业开展合作面临的挑战不仅来自内部各种利益团体的反对，更有制度与政策上的重重障碍。

（一）两岸服务贸易市场仍存在较多的准入障碍

两岸都将多数服务行业视为关系到经济稳定，民众生活，政权维护的头等大事，因此在政策上制定了严格的保护措施，其主要标志就是设立了较高的准入门槛。两岸 2001 年后虽然都加入了世贸组织，但都将对方列入了排除范围，不适用于 WTO 协定的相关开放规定。大陆方面虽然强调吸引台资，但主要是吸引台商投资于制造业，对其进入服务业领域有着各种明里暗里的限制，台商实际能够投资的领域相当有限。台湾方面至今为止，服务业项目对陆资投资开放的比例在各大类中仍是最低的，即使开放的项目也多设立了持股比例限制，基本原则就是投资从宽，参与经营从严，主导权严审严控。

（二）两岸管理与政策体制的差异不利于两岸加速推动服务业合作

两岸服务业都没有单一的一个主管部门统筹，条块分割相当严重，服务贸易牵涉到的大陆相关主管部门就有商务、工信、交通、卫生、环保、文化、农业、旅游等20多个部门，而台湾服务贸易虽然归口于“经济部国际贸易局”，但实际上也牵扯到交通、农业、环保、卫生、文化等多个部门的政策协调。两岸相同服务业，却因业务划分不一归口于不同部门，如电信服务业，大陆属工信部主管，而台湾则划归“交通部”。在政策体制上，大陆强调多个部门协同配合，集中资源贯彻落实，通过所掌握的央企庞大资源力量，支配调度服务业发展资源，达成政策目的。而台湾官营事业在服务业领域，仅有“中华电信”、“台湾电力”等在同行业占有支配地位，其他多数领域都以私营经济为主，政府本身可动用的财力物力资源也不足，可使用的政策工具有限，政策推行需要结合多种渠道，多种层次的机构团体资源，特别是动用科研机构资源加以配合，形成所谓产官学结合的力量，即当局通过有限资金资助科研机构进行研发，从而积累一定的专利技术储备，再与外商达成专利技术互换协议，从而扩大可利用的专利技术资源，再通过专利技术转让的办法，引导私营企业进行专利技术的商业化应用，达成扶植相关产业发展的政策目的。两岸在发展服务业政策体制的巨大差异使得双方在推动合作上缺少共同的着力点。而且，由于现实基础的差异进而产生行为模式上的迥异，同一政策的推动对两岸服务贸易产生的效果因此也会有很大的差异。

（三）大陆对服务市场的管理思想存在开放度不够、保护度过高的问题

大陆对服务市场的管理要远比对制造业市场严格与复杂，被形容为“进入大门，还有二门，二门之后还有无数的小门”，部门间、行业间条块分割现象格外突出，改革开放以来，大陆改革

的矛头与对象主要集中在第一产业、第二产业领域，第三产业开放力度要小得多，限制措施基本都保留了下来，如银行业除既有的全国性银行外，各省市区直到进入本世纪后才被允许设立一到两家地方性银行，民营资本不得其门而入。各地为此虽先后做了大大小小无数次金融改革试点，其最新例子是 2012 年温州，但其结局都是“雷声大，雨点小”，最后无疾而终。已经正式成立运作的上海自由贸易区配套政策中仍以金融业政策最为关键，但也最难以突破。金融业仍然严格按照分业管理的模式经营，欠缺应有的活力，一方面必须执行从中央到地方各种各样的政策性任务，一方面又可以坐享存贷款高额利差，自身就生成了强烈的排他意识，主管部门在政策明文之外又设计出了诸多保护性条款，允许其相互瓜分市场。其他重要的服务业领域大致也都是如此。以金融服务业为代表的封闭式管理使得服务业投资资源过于集中在国有渠道，私人资金难以转化为创业资本，这种高度的国有投资垄断不仅扼杀了大陆内部创业的积极性，对外也因过于复杂精细的保护性条款，将外来资本的注入排斥在外，境外资本即使进入，也会要么通过参股，坐享其中的高利润，或选择在股价高位时套现而去；要么被孤立，难以打开大陆市场而获利，其结果是造成大陆服务市场的呆滞僵化问题难以解决，引入异质资金包括境外资金成为必由之路，却也是难上加难。

（四）两岸政治互信不足所衍生的问题

两岸虽然从 2008 年开启了和平发展的新局面，但五年多来两岸政治对话一直无法进行，阻碍了两岸经济合作的进一步深化。服务业合作较制造业合作而言，涉及面更广，一般程度的公权力介入已经很难解决其中的障碍与难点，诸如证照互相认证、特许权的审批、市场监管、信息相互通报等都必须更细致与及时，如何疏通各种名义的保护与门槛，建立相互合作的无障碍通道，去除民众对两岸加强合作的疑虑与担忧，需要两岸更多的政治互信才能推动协商，解决问题。

（五）两岸服务业企业在经济利益上存在冲突，规模上差异过大

两岸服务业相对来说都不强，一方面各自都还处在小规模经营为主的层次，受保护的服务业厂商与合计从业人员虽然数量众多，但掌握的技术层次与含量却普遍不高。另一方面，两岸服务业又多是直接面对消费者，服务消费者的基础产业，受消费者关注度最高。经过几十年的发展，两岸经济总体上来说都已具有高度外向型的特征，但这多数仅仅局限于工业，尤其是制造业部分，服务业一直处于高度保护伞下，当然，这也是因为即使按照WTO《服务贸易总协定》的规范，开放度本身就远不及制造业。而且，两岸服务业的各产业内部、企业之间因为长期受到政策法令的特别关照，独享服务利益，排他心理要远高于制造业，加上消费者对服务质量要求的日益提高，本来就给相关厂商带来日益沉重的压力，也加剧了其对外来竞争者的抗拒心理。特别是行业审批权已被相关主管部门习惯性地以为是理所当然必须掌控的权力，难以割舍。在未来发展前景尚无法确定的情况下，要这些部门与企业放弃既得利益与权力，都是非常困难的。

阻碍两岸服务业建立正常合作关系的另一层重要因素是目前两岸服务业企业在规模上存在着巨大的差距。从两岸企业总体规模来看，2012年两岸三地两千大企业中，台湾入榜企业多达200家，但全部都集中在制造业，两岸服务业企业规模差距远大于制造业。2012年大陆500大服务业名单的进入门槛是年营业收入22.5亿元人民币，台湾500大服务业进入门槛则是年营业收入

16.7 亿元新台币，两岸服务业前 100 强的年营业收入下限分别是 296.3 亿元人民币与 141 亿元新台币。按当年人民币与新台币的比价 1:4.692 换算，台湾第一大服务业企业“台湾电力公司”2012 年营业收入 5471.6 亿元新台币，合人民币 1166.2 亿元，在大陆服务业五百强榜单中只能排第 45 名。规模上的巨大差距使得台湾相关企业在开展合作上存在诸多顾虑，特别是担忧双方间无法建立平等合作关系。

6. 台湾产业结构的变化有哪几个阶段？

产业结构的优化升级是指产业结构向协调化和高度化方向演进。产业结构协调化是指在产业发展过程中要合理配置生产要素，协调各产业部门之间的比例关系，促进各种生产要素有效利用；产业结构高度化是指产业结构从较低水平状态向较高水平状态发展的动态过程，即产业结构向高技术化、高知识化、高资本密集化、高加工度化和高附加值化发展的动态过程。产业结构高度化以新兴产业比重提高为前提，其重要标志就是各产业的技术层次不断提高和新兴产业不断成长为主导产业。产业结构演进的一般规律有两个：一是工业化发展规律，即经济发展经历工业化的前期、中期、后期，农业、工业和服务业分别在每个时期的产业结构中占支配地位；二是主导产业转换规律，即主导产业一般遵循“农业—轻工业—基础工业—重化工业—现代服务业—信息产业”的演进路径。

20 世纪 50 年代以来，台湾产业结构的演进基本符合这两个规律，大约每 10 年左右出现一次较明显调整，每个阶段的主导产业依次更迭，大体经历了农业（以种植、养殖为主）、轻工业（以食品、纺织为主）、重化工业（以石化、金属为主）、现代服务业（以金融、保险为主）和科技产业（以电脑、半导体为主）等阶段。

第一阶段，1953 年到 1960 年，劳力密集型产业进口替代时期。进口替代工业主要是纺织、肥料、水泥、玻璃、人造纤维等。该阶段台湾产业结构以农业为主体，工业相对薄弱，服务业相对稳定。1960 年台湾第一、二、三产业占 GDP 的比重分别为 28.5%、26.9%、44.6%，就业比重分别为 50.2%、20.5%、29.3%，农产品及农产加工品、工业产品出口值占总出口值比重分别为 67.7% 与 32.3%，标志着台湾还属于工业化前期的资本积累阶段。

第二阶段，1961 年到 1970 年，劳力密集型产业出口扩张时期。上阶段的进口替代效果显现，1963 年工业生产净值首次超过农业，表明台湾工业逐渐取代农业在经济活动中的地位，进入工业化中期阶段。1970 年台湾第一、二、三产业占 GDP 的比重分别为 15.5%、36.8%、47.7%，就业比重分别为 36.7%、28%、35.3%，农产品及农产加工品、工业产品出口值占总出口值比重分别为 21.4% 与 78.6%。60 年代日本重点发展重化工业为主的资本密集型产业，原有的轻纺工业、组装工业等劳动密集型产业纷纷向海外转移，台湾利用这一时机，开始发展日本梯度转移的劳动密集型产业。

第三阶段，1971 年到 1980 年，重化工业进口替代时期。70 年代在石油危机的冲击及新兴市场崛起的背景下，日本进行第二次产业结构调整，由资本密集型产业向技术密集型产业转变，把资源耗费量大、环境污染严重的资本密集型产业部分移至台湾，台湾进入重化工业进口替代阶段。1980 年台湾第一、二、三产业占 GDP 的比重分别为 7.7%、45.7%、46.6%，就业比重分别为 19.5%、42.5%、38%，农产品及农产加工品、工业产品出口值占总出口值比重分别为 9.2% 与 90.8%。

第四阶段，1981年到1990年，现代服务业迅猛扩张时期。80年代前半期，台湾产业结构相对平稳，中后期发生重大变化，工业增长大大减慢，服务业急剧扩张，取代工业在经济活动中的主导地位。资本和劳动力纷纷从第二产业流向第三产业，使服务业产值在1988年首次超过工、农业产值之和。到1990年，台湾第一、二、三产业占GDP的比重分别为4.2%、41.2%、54.6%，就业比重分别为12.8%、40.8%、46.3%，农产品及农产加工品、工业产品出口值占总出口值比重分别为4.5%与95.5%。80年代日本进行第三次产业结构调整，实现由技术密集型产业向知识密集型产业转变，台湾利用这一时机引进技术密集型产业，实现产业结构的又一次升级，逐渐发展起新兴支柱产业——信息电子产业（台湾称“资讯电子业”）。在第三产业中，商业和金融保险及不动产业，分别占服务业产值的1/4和1/3，占服务业就业人数的40%和7%。

第五阶段，1990年到2000年，高科技产业快速发展时期。该阶段第三产业继续发展，1995年服务业产值占GDP比重一度超过60%，成为台湾进入发达社会的标志之一。与此同时，技术密集型产业迅速崛起，占制造业产值比重从1986年的24%增加到1995年的36%。专门技术人员在就业人口中所占百分比也由5%增加到11.1%。2000年台湾第一、二、三产业占GDP的比重分别为2.1%、32.5%、65.4%，就业比重分别为36.7%、28%、35.3%，农产品及农产加工品、工业产品出口值占总出口值比重分别为1.4%与98.6%。上阶段发展起来的信息电子、半导体和通讯产业成长为台湾制造业中的支柱产业，其他如精密零组件、微处理机、通讯关键零组件、高画质视讯产品、生物科技产品、复合材料等也成为具有发展潜力的关键产业。

第六阶段，2000年至今，产业结构转型升级的瓶颈期。进入

21世纪，在作为主导产业的资讯电子业发展势头出现下降之后，台湾新兴产业的重点开始转向半导体产业和液晶面板产业。这"两兆产业"发展速度很快，但却有后劲不足的倾向。由于产业演进路径与方式的变化，台湾新兴产业外移加快，岛内新兴产业的知识技术含量未能同步得到大幅提高，国际分工角色仍处于价值链的中间环节，加之国际竞争加剧，利润空间压缩，造成岛内整体制造业无论是产值增长率还是产值占GDP比重在本世纪以来持续下滑。目前，服务业是台湾产业结构中的绝对主力，2001年服务业产值占GDP比重首次超过70%，达70.53%，此后虽然一直未超过该比重，但相差不多。2012年，台湾第一、二、三产业占GDP的比重分别为1.9%、28.95%、69.15%。

7. 台湾服务业的发展情况怎样?

台湾服务业发展大体经历以下阶段：第一阶段（1950年代至1960年代中期）早熟的服务业型态，服务业占岛内经济的比重远高于工业。服务业产值占台湾GDP的比重变化不大，仅从1951年的46.39%微幅增长到1966年的46.93%，整体经济结构的变化主要体现在农业比重的下降，占GDP的比重从32.28%下降到22.52%。第二阶段（1960年代后期到1980年代中期）服务业为实现工业化提供支撑的阶段。随着工业化进入高潮带动经济起飞，工业与服务业在岛内经济的比重大致相当，两者的差距缩小到5个百分点以内。服务业产值占台湾GDP的比重继续上升到1981年的48.81%，农业占比进一步下降到了7.33%。第三阶段（1980年代到2007年）服务业主导经济发展阶段。1980年代中期以后服务业产值与工业的差距再次拉大，1987年首次超过农业与工业产值之和，1993年占GDP比重又突破了60%。从服务业各产业部门结构看，金融保险业与不动产业是这一时期扩张最快的产业部门，金融保险业占 GDP 比重从 1981 年的 4.04% 增长到 2001 年最高的 8.23%；不动产业占比则从 1981 年的 4.81% 上升到 1996 年的最高 9.22%。台湾服务业企业在此阶段培养了自身的独特优势，形成三项特质，即拥有一套仔细构思的“服务策略”、以顾客为导向的“第一线员工”及一套顾客至上的“系统”。第四阶段（2008 年以后）受国际经济形势影响与自身拥有的技术手段的制约，台湾服务业发展进入发展相对缓慢时期。

目前台湾服务业发展：一是占总体经济比重呈现下降趋势，对总体经济增长的贡献反而落后于工业，特别是制造业的表现。服务业占 GDP 的比重起伏波动，始终低于 70%。二是总体保持扩张势头，个别产业发展不尽如人意。十年来台湾增长势头最强的产业几乎都是现代服务业。其中艺术娱乐及休闲服务业增加值从 2002 年的 873.6 亿元新台币增加到 2011 年的 1221.5 亿元新台币，增长了 39.8%；信息及通讯传播业增加值从 3540.6 亿元新台币增加到 5347.1 亿元新台币，增长 51%。专业、科学及技术服务业增加值虽然在 2008 年出现过衰退，但仍从 2002 年的 1876.6 亿元新台币增加到 2011 年的 3144.2 亿元新台币，增长了 67.5%，都快于同期 GDP 的增长率 31.3%。但也有一些现代服务业受各种因素影响，增长相对较慢，如医疗保健及社会工作服务业增加值同期从 3433.8 亿元新台币增加到 4104 亿元新台币，只增长了 19.5%。三是就业人数占比相对较低。台湾服务业就业人数占比虽然总体上保持缓慢增加的趋势，但历来都低于其增加值占 GDP 的比重，而且与产值占比相比，服务业就业人数占比近年保持了相对稳定。维持在 58.3% 到 59.2% 之间。四是服务业无论在台湾吸引的外来投资还是在其对外投资中，都已占有重要地位。截至 2013 年 7 月底，台湾当局共核准外资投资金额 1242.3 亿美元，其中对服务业投资占 38.2%；华侨投资金额 41.3 亿美元，服务业投资占 60.2%，外资与侨资对现代服务业部门的投资占比分别为 33.6% 与 53.8%。同期台湾对外投资累计金额为 801.8 亿美元，服务业投资占比更高达 59%，其中现代服务业部门占比为 49.9%。

8．台湾服务业的发展有哪些特点？

（一）近十年来增长缓慢，仍以传统服务业比重最大。上世纪 80 年代中后期以来，台服务业在经历了十年左右的快速发展后，服务业产值占 GDP 比重约 70%，接近发达国家或地区的水平。但 2000 年以来，在岛内市场扩张乏力、民众收入增长缓慢、国际竞争力低等因素影响下，台服务业出现投资不足及增速趋缓等现象。2000–2010 年台服务业平均增长率仅 2.9%，低于工业和整体经济的增长速度。台服务业吸纳就业的能力也低于正常水平，服务业就业人口比重一般高于或接近产值比重，但台服务业就业人口比重（58%）远低于产值比重（68%）。台服务业结构仍以人力密集和低附加价值的传统服务业为主，批发零售业、不动产、住宿餐饮、运输等产值合计超过服务业总额的一半以上。现代服务业方面，金融保险业因岛内市场饱和、竞争激烈而发展缓慢；医疗保健、文化创意等特色产业虽然发展迅速，但比重较低，仍无法在台经济中发挥重要作用。2010 年台 13 项服务业中，前五大行业分别为批发零售（28.4%）、不动产（13.4%）、公共行政（11.3%）、金融保险（9.8%）及教育服务业（7.2%）。台服务业发展存在明显的区域差异，服务部门产值约 80% 集中于北部，尤其是台北、新北、桃园等人口密集的都会区。台北市作为全台政治、经济和文化中心，金融、批发零售、休闲观光等服务业在经济中居主导地位，并创造了全台约50%的服务业产值。台中南部地区产业仍以传统的纺织、食品、石化工业为主，服务业规模较小且发展相对缓慢，住宿餐饮和观光是南部最主要的服务业。此外，服务业在南部各县市间也存在明显的差距，高雄市发展水平明显高于台南等其他地区。

（二）以内需为导向，岛内市场竞争激烈。台多数服务业以内需市场为主。金融业方面，60多家银行约3400多个分支机构在岛内争夺狭小的市场，使竞争白热化，金融机构普遍存在低利率、低利润问题，也曾导致金融机构陆续倒闭、卡债危机等本土性金融危机。另一方面，制造业厂商持续外移，使金融、港口业的服务对象不断流失，导致这些生产型服务业竞争力下滑：曾为全球第三大港口的高雄港，全球排名已滑落至10名之后；台消费型服务业如批发零售、住宿餐饮等，在人口增长停滞、收入增长缓慢等因素影响下日益萎缩。2008年以后，在大陆居民赴台旅游热潮的带动下，台消费市场才出现快速复苏势头。

（三）国际竞争力较弱，服务贸易长期逆差。台经济推动自由化和国际化已逾20年，服务业与服务贸易市场也由最初的台湾当局严格管控、设置垄断性特许市场，逐步向外资与民间企业开放。但与发达经济体甚至是香港、新加坡等新兴经济体相比，台服务业国际竞争力较弱，服务贸易长期逆差的状态一直没有得到明显改善。据台相关部门统计，1995—2007年台服务贸易逆差累计达730亿美元。直到2008年以后，受两岸加快经济合作、大陆居民赴台旅游规模扩大等因素影响，台服务贸易才由逆差转变为顺差。2010年台服务贸易出口金额增长了28.7%，服务贸易实现29亿美元顺差，主要是因为旅游服务贸易逆差由2007年39亿美元缩小至2010年7亿美元。另外，2010年台“三角贸易”（台湾接单、海外进口、大陆生产）净流入超过100亿美元，若剔除这部分原本属于商品贸易范畴的“三角贸易”，台服务贸易实际仍处于逆差状态。

（四）两岸服务业合作相对滞后，但呈加速发展态势。上世纪80年代以来，台商对外投资（大陆除外）的重点由制造业转向服务业，比重超过60%。但台商对大陆地区的投资活动呈现不同特点，制造业约占90%，服务业投资仅刚刚起步。2008年以来，两岸经济关系取得了一系列进展，在两岸两会恢复制度性商谈，以及两岸签署经济合作框架协议等积极因素作用下，两岸加快了服务业方面的合作。尤其是金融业，在互设金融机构、开展金融业务及相互投资等方面都已取得突破。目前，两岸服务业合作呈加速发展态势，2010年台商投资大陆的服务业比重快速攀升至24%，投资金额首次超过其他海外地区的服务业投资。

9. 台湾服务业存在哪些问题？

台湾服务业基本属于内需型产业，批发零售及金融保险和不动产业占比过大，达45%左右。其现代服务业存在以下问题：

一是金融业所占份额不断萎缩，科技服务业增速偏低。台湾现代服务业中占比最大的金融业及保险业受到国际金融海啸及岛内经济环境的变化，近年陷入增加值不增反减的窘境，增加值从2008年的9160亿元新台币下降到2012年的9070亿元新台币，占GDP的比重从20世纪末的10%以上下降到不足7%。科学及技术服务业增加值虽然基本保持了增长趋势，但增速偏低，在总体经济中的占比一直无法提高。

二是主要现代服务业部门就业吸纳能力有限。运输仓储业、金融保险及文化运动休闲等三大行业就业人数占全台总就业人数的比重变化不大，5年间新增就业人数合计不过2.3万人，只有医疗保健服务业增加了5.9万人，占比从3.5%升高到3.9%。

三是各产业的劳动生产率相差较大。与工业特别是制造业近年劳动生产率持续提高相比，台湾服务业劳动生产率表现较不稳定，起伏颇大，近年平均增长率为2.9%，远低于制造业平均值的5.6%。金融保险业的每小时工作时间产出值虽是台湾各业中最高的，但2012年与2008年相比不增反减，专业、科学及技术服务业也未能保持上升势头，反而是运输及仓储业虽有顿挫，但基本保持了上升势头。文化运动及休闲服务业表现最为突出，5年来不仅节节升高，且始终能够优于制造业。医疗保健服务业表现最差，连续4年衰退，从略高于工业退步到低于运输仓储业的表现。就业者人均产值方面，趋势也大致如此，指标领先的仍是金融保险业和文化运动及休闲服务业。

四是服务贸易近年扩张速度明显快于商品贸易，但竞争力有限。以台湾“国际收支账”中数字显示，服务收支尽管规模不到货物贸易规模的1/5，但近5年已经扭转了此前连年逆差的局面，每年都有20亿美元到60亿美元的顺差，2012年与2008年相比，收入增长了33.2%，支出增长了22.7%，都高于商品贸易增长率（各为17.6%与13.7%）。但根据WTO的数据，台湾服务出口在世界排名从2000年的第18退步到2008年的第28名，其国际竞争力仍有很大的提高空间。

10．大陆服务业的发展有哪些特点？

一是起点低，增速快。1978年到2005年的27年间，大陆服务业平均增速超过10%，高于同期国内生产总值的平均增长速度。金融、电信、现代物流等现代服务业得到了迅速发展。以金融业为例，“十一五”期间（2006—2010年）增加值年均增长率高达 18.8%，居各行业门类之冠，1978 年仅占服务业增加值的 7.8%，到 1983 年即突破两位数，达 11.1%，1989 年创下最高的 17.7% 的最高值。此后逐步下降，2001—2006 年又跌到两位数以下，2007 年再度突破 10%，2011 年占 12.2%。同期服务业中占比最高的批发和零售业发展则呈现两个“U”型走势，先是从 1978 年的 27.8% 一路下降到 1982 年的 14.7%，再持续反弹至 1988 年 32.3% 的最高纪录；此后是逐年下降到 2007 年的 18.8% 后回升到 2011 年的 21.2%。交通运输、仓储和邮政业占比从 1979 年的 22% 后呈螺旋式缓步下降，到 2011 年跌到最低的 10.7%。

二是服务业发展潜力依然十分巨大，现代服务业滞后国际发展水平的问题更为突出。2012 年大陆服务业占 GDP 的比重仍然低于工业，在“金砖四国”中占比最低（巴西、俄罗斯与印度分别达到 69%、62% 与 55%），与世界平均水平（67.7%）差距更大。大陆多年来“重物质生产，轻服务消费”的思维方式的恶果依然未能有效根除。与大陆服务业发展落后相比，大陆现代服务业发展更是滞后。大陆服务业以交通运输邮电业、批发和零售、贸易餐饮等传统产业为主导的局面并未改变，现代物流、信息、金融等现代服务业发展总体水平仍然偏低。从服务业内部各行业增加值来看，批发和零售贸易、交通运输、仓储和邮政业、住宿和餐饮业等传统服务业在全部服务业增加值中的比重高达 40%，而根据中国社科院财政与贸易经济研究所研究员裴长洪的估算，大陆金融与保险、信息传输、计算机服务和软件、科学研究和技术服务等新兴服务业只占服务业总增加值的 20% 左右，远低于世界 50% 以上的平均水平 。

三是各地区服务业发展不平衡的现象相当突出。从增加值来看，东部地区是大陆服务业总量最大的地区，也是现代服务业水平最高的地区，其中上海、北京的工业化任务基本完成，服务业增加值占 GDP 的比重超过 50%，信息咨询、计算机应用、现代金融等现代服务业已成为服务业的支柱产业。而中西部地区除旅游和教育服务业因基础资源扎实，发展较快外，其他服务业基本尚处在起步阶段，西藏虽然在数值上是大陆三个服务业占比超过 50% 的省市区之一，但除旅游业外其他产业发展水平都较落后。据中国社会科学院财经战略研究院发布的《中国服务业发展报告2013》，以 2007 至 2011 年数据计算的各省（区、市）服务业综合竞争力得分情况分析，上海、北京、天津名列三甲，且前 9 名均为东部地区，服务业发展区域差异显著。

11. 当前台湾当局推动服务业发展的主要策略有哪些？

（一）以推动服务业出口和提升附加价值为重点。台湾当局在"黄金十年"规划提出的"制造业服务化与绿色化"和"服务业科技化与国际化"基础上，以促进就业与提升薪资、使民众共享经济成长和"提升幸福感"为重要出发点，提出服务业转型发展方向与目标：一方面，加快调整经济结构，使服务业对经济成长的贡献度由五成提高到六至七成，成为带动经济成长的主动力之一；另一方面，重视产业发展与提高收入、扩大就业相结合，提出推动传统产业"维新运动"和服务业出口以促进就业，以及通过营运模式创新、科技元素应用及增强产业关联性等方式提升服务业附加价值促进薪资增长。为配合服务业转型升级，台"经建会"开始研拟新的"服务业发展方案"，重点包括推动服务业由内需产业转型为"可输出的服务业"，以及增强产业关联性成为"高附加价值的服务业"，如结合美食、精品购物发展观光业等；台"经济部"也将海外招商的重点由制造业调整为服务业，预计将大幅提升对批发零售、金融保险及专业咨询为主的服务业的对外招商比重。

（二）逐步消除服务部门的政策障碍。为扩大服务业投资，增强竞争力，台湾当局提出三种方式对服务业市场进行“法规松绑”。一是根据“民间”建议，“自下而上”的调整，台“经建会”为此专门建构了“法规松绑平台”网站，收集整理民众或企业的意见并提案讨论；二是根据台经济发展总体战略，“自上而下”的调整，对执行“四年经建计划”、“爱台12建设”、“服务业发展方案”等总体规划时所遇“政策法规”类障碍进行整理并提案讨论；三是由各经济主管部门根据具体“政策”执行情况提案讨论。截至2011年3月底，台湾当局已调整615项“政策法规”，除大幅开放大陆资金投资岛内服务业外，主要措施还包括：取消外企到台第一上市及第二上市（已在台湾以外的地区上市）的条件限制，开放海外人士对投资控股公司的管理权，取消外企在台营业资金限制，以及放宽海外人士到台工作限制，简化外籍人士入台申请及延长居留手续等。

（三）选择策略性服务业重点扶植。现阶段台湾当局重点扶植的服务业包括两个部分：一是六大新兴产业中的服务业。2009年初台湾当局提出未来将重点支持六大新兴产业发展，其中，观光旅游产业、文化创意产业、医疗照护产业，以及精致农业的部分行业等都属服务业，台湾当局计划投入大量资源扶植上述产业成为岛内经济的新动力。二是推动十大重点服务业发展。2009年10月台“总统府财经咨询小组”按就业机会多、具出口竞争力、具发展潜力等原则，选取了10项重点服务业，分别为国际医疗、国际物流、音乐及数字内容、会展、美食国际化、都市更新、WiMAX、华文电子商务、教育、高科技与创新事业筹资(原名金融服务)等。2009年12月台“行政院”多个部门共同组建“服务业推动小组”，负责推动“服务业发展方案”及10项重点服务业“行动方案”。截至2010年年底，台湾当局制定完成了全部10项重点服务业的发展规划及执行措施，2011年已全面启动10项重点服务业的推动方案。其中，观光业和医疗保健业是台未来产业政策扶植的重中之重，台湾当局强调加强两岸经济交流与合作，助其发展壮大为台服务业乃至整体经济的主导产业。

（四）鼓励研发创新及科技产业化。主要措施包括：一是增加服务业研发创新经费。2009年台湾服务业科研计划经费仅占台湾当局科研预算总额的5.5%，台“经济部”、“国科会”、“金管会”等部门将增加科技预算中的服务业经费比重，同时采取优惠贷款、投资抵减、奖励补助等方式，鼓励企业增加服务业研发投入。二是鼓励企业建立常态性的服务研发组织。为改变以往的临时“专案”方式，台“经济部”提出“服务业设立研发中心推动策略”，对设立服务研发中心的企业提供技术、人才、资金、管理模式等方面的帮助。三是推动与制造业相结合的新型服务业。充分利用台信息通讯（ICT）方面的先进技术及生产制造优势，推动服务业与制造业跨领域合作，主要措施如帮助企业组建“跨业产业联盟”、推动跨业联合研发与技术合作等。四是加强“产学合作”及服务业创新成果产业化。在服务业领域充分利用创新育成中心、技术移转中心及区域产学合作中心等“产学合作”机制，推动服务创新成果产业化。

（五）积极推动两岸服务业领域交流与合作。台湾当局积极推动两岸在旅游、金融、医疗等服务业领域展开合作，以助其实现经济转型与持续增长目标。一是扩大开放大陆居民赴台旅游。逐步放宽对大陆居民赴台旅游人数的限制，由最初3000人/日提高到5000人/日；积极推动大陆居民赴台旅游自由行；逐步取消对大陆游客“团进团出”的限制，并提供更便捷的赴台通行流程。二是逐步放宽陆资企业投资岛内服务业。自2009年台湾当局开放陆资赴台投资以来，不断增加服务业开放项目。三是加快推动两岸金融领域的开放与合作。通过了“两岸金融业务往来许可办法”修正案，放宽对银行业赴大陆投资、参股及办理两岸金融业务等方面的限制；开放大陆银行投资参股台湾银行或金融控股公司，核准中国银行、交通银行在台投资设立分行；积极与大陆展开协商，推动建立两岸金融监理合作平台、两岸货币清算机制等事项。最近台新任“行政院长”陈冲还提出发展两岸特色金融业务，主要包括将开放大陆银联卡在台刷卡及大陆网站购买台湾商品的代收转付业务，逐步放宽 OBU 及 DBU 承作人民币财富管理业务等。

12．两岸服务业发展政策有什么异同？

（一）两岸政策的相同点

一是都认为当前是大力发展现代服务业的大好时机。大陆认为，“从国际环境看，经济全球化深入发展，世界经济增长格局和市场需求形势发生新变化，科技创新和产业升级面临新突破，国际经济秩序出现新调整。大陆与世界经济的相互联系和影响日益加深，服务业国际化发展的机遇增多，有利于在更广领域、更高层次参与国际合作与竞争。从内部环境看，大陆具备服务业大发展的有利条件。2010 年大陆人均国内生产总值超过 4000 美元，‘十二五’时期将向更高水平迈进，必然进一步带动产业结构和消费结构升级，服务业市场需求潜力巨大。随着工业化、信息化、城镇化、市场化、国际化深入发展，服务业的发展基础和发展条件将进一步改善。”台湾有关部门提出，国际上服务业内部结构升级趋势明显且成为新技术的重要促进者，而台湾服务业得益于制造业在全球产业链中的重要地位，拥有易于获得采用科技化创新来经营资源的相对优势；从岛内消费市场看，消费者群体结构的改变带来持续成长的可能性，两岸“三通”开放提供了新的机会。

二是都将发展现代服务业作为今后经济发展的重要推动力量。2012 年 11 月中共 18 大报告中将“推动服务业特别是现代服务业发展壮大”列为推进经济结构战略性调整的主要内容之一。同年 12 月公布的《“十二五”发展规划纲要》中第四篇即为“营造环境推动服务业大发展”，提出“把推动服务业大发展作为产业结构优化升级的战略重点”。台湾当局继“亚太营运中心”建设计划中将现代服务业作为主要发展目标后，民进党执政后制定的经济发展政策也都围绕着发展现代服务业展开。马英九上台后，从提出“六大新兴产业”伊始，将现代服务业部门作为实现产业高附加价值化的重心。

三是都以生产性服务业作为发展现代服务业的重点与核心。大陆“十二五”规划中将生产性服务业置于服务业发展的第一部分，强调“深化专业化分工，加快服务产品和服务模式创新，促进生产性服务业与先进制造业融合，推动生产性服务业加速发展”。台湾官方多次强调“为促进产业升级，并吸纳经济转型中所造成未充分就业之现象，未来发展服务业之主要方向，应以知识密集服务业及就业效果大的服务业为主”。台湾“服务业发展方案”所列的第一阶段重点推动的乐活农业、物流、电信及技术服务业也多属于生产性服务业范畴。2011 年 10 月马英九提出“黄金十年发展愿景”规划，明确将“制造业服务化”作为产业结构调整的首要目标。

四是都将科技创新作为服务业发展的根本动力。大陆在“服务业十二五规划”中一再强调“催生新技术、新工艺、新产品，促进企业组织结构完善和生产经营模式创新”。科技部专门制订了“现代服务业科技发展‘十二五’专项规划”，要求“以促进现代服务业创新发展为战略目标，以模式创新为核心、技术集成应用创新为支撑，以体制机制创新为保障，整合部门和地方资源，完善现代服务业技术支撑体系、科技创新体系和产业支撑体系，改造提升生产性服务业，培育发展新兴服务业，做大做强科技服务业，优化现代服务业发展布局，加速现代服务业发展进程，提高现代服务业的比重与水平。”台湾“服务业发展方案”中将“加强研发创新”作为推动服务业加快发展的主要策略。马英九在“黄金十年发展愿景”规划中喊出了“服务业科技化”的口号。

五是都对服务业发展提出了一些具体的发展目标。大陆《服务业发展“十二五”规划》中，提出的目标包括5年内服务业增加值年均增速超过国内生产总值年均增速，服务业固定资产投资年均增速超过全社会固定资产投资和第二产业固定资产投资年均增速。到2015年，服务业增加值占国内生产总值的比重较2010年提高4个百分点，成为三次产业中比重最高的产业。培育一批具有核心竞争力的大企业大集团，创建一批具有国际影响力的著名品牌，建设一批主体功能突出、辐射范围广、带动作用强的服务业发展示范区。到2015年，服务业就业人数占全社会就业人数的比重较2010年提高4个百分点等。台湾“行政院”在2009年12月专门成立了由“经建会主委”担任召集人的“服务业发展推动小组”，提出要使“台湾服务”成为台湾经济的新标志，迈向“全球数位产业发展成功之典范”、“物流加值及供应链资源整合之重要据点”、“亚洲会展重镇”等目标。

（二）两岸政策的不同点

首先是思考层次不同。大陆强调服务业的总体发展，对服务业，尤其是现代服务业发展的目标仅提出原则性要求。台湾服务业发展水平较高，当局对现代服务业未来的设想更为具体，对各项服务业规划相当周详，制订有“旗舰计划”，分别提出了具体的中短期发展目标。

其次是政策手段有差异。大陆掌握的政策资源较多，行政手段较充足，更多强调动员全社会的力量配合发展，以达到资源集中使用，加快发展速度的目的。台湾当局受限于可动用的行政与财政资源，更多强调用政策法规引导社会资源配置，产业政策更多的是指导性意见，发展模式多是产官学协同配合，官方在其中扮演的是整合与指导的角色，除有限的配套预算资金外，主要措施体现在协助企业筹措发展资金，包括提高其可融资额度与提供低息贷款，协助其招募相关技术人员，解决用地与雇工困难等。至于规划能否实现，能够实现到多大程度，都要受到岛内外形势及企业自身经营运转需要等多重限制，难以确保及时准确到位。

三是侧重点各异。大陆服务业发展水平较低，将对外开放与体制松绑作为推进服务业大发展的两大政策工具，政策有很大的调整空间。完善服务业发展环境成为“十二五”规划的重点内容，明确提出要“建立公平、规范、透明的市场准入标准，打破部门分割、地区封锁和行业垄断，扩大服务业开放领域，鼓励和引导各类资本投向服务业，大力发展多种所有制服务企业，建立统一、开放、竞争、有序的服务业市场。深化机关事业单位后勤服务社会化改革。探索适合新型服务业态发展的市场管理办法。推进国家服务业综合改革试点，探索有利于服务业加快发展的体制机制和有效途径。”台湾服务业对内相当开放，内部准入限制多数已经放宽，但对外开放度不足，推动服务业发展，加快现代服务业发展的侧重点就放在了协助产业做大做强方面，政策重心主要放在一是加强相关人才培养，建立相关的教育体系。二是改进相关法规，将重点从制造业转向服务业，建设服务型法规体系。三是调整行政职能，建立服务型管理模式。四是建立有利于服务业创新研发的机制，落实“服务科技化与科技服务化”。五是加强服务业基础设施建设。提出包括国际物流中心、台湾智慧生活城、商业菁英及会展中心、台湾国际美食城、东部四季花廊、国际教育中心、流行音乐中心、台湾文创展售中心、台湾精品城、台湾原生博物馆等“十大标杆型服务建设计划”。

13．两岸服务业有哪些互补性？

一是大陆现代服务业优势在于门类齐全，企业规模庞大；台湾的优势则在于发展基础扎实，服务意识强。大陆总体而言，现代服务业已得到了全面发展，特别是京沪两地的现代服务业门类齐全，拥有一批大型骨干企业，与台湾百强服务业相比，东部沿海多数省市的百强服务业在规模上明显领先。台湾的优势则在于深厚的产业基础，不仅生产性服务业与制造业企业紧密结合，拥有优质的服务客户群与良好的服务理念，消费性服务业也能自觉做到以客为尊，市场导向，具有强烈的服务与创新意识。

二是大陆现代服务业的最大劣势在于发展基础薄弱，台湾的弱势在于市场单一化，内向化，国际化经验不足。大陆现代服务业成长时间过短，技术层次与市场化经验严重不足，最严重的问题在于其是在封闭与保护的环境下发展起来的，导致其基础薄弱，产业部门虽大而全，但都不具备国际化竞争条件，造成服务贸易逆差局面的长期化与复杂化。台湾现代服务业虽然经历了内部市场的开放与淘汰，但依然依赖于做自家人的生意。台湾服务业的国际化实际上是追随着制造业台商的脚步，围绕着为其提供资金等后勤服务展开的，真正具有发展活力与竞争力的产业实际上都可称为是制造业的附属产业，服务企业科研投入不足。2003 到

2007年台湾服务业科研经费年均仅为137.6亿元新台币，远低于制造业的水平（1747亿元新台币），2007年台湾服务业科技支出占其生产毛额的比重不到0.2%，而同年制造业是将生产毛额的7%用于科研支出 。台湾服务贸易之所以在2008年能够转为顺差，主要是因为两岸关系僵局取得重大突破，庞大的大陆台商客户群为其提供了充足的客源，加上台商投资向东南亚转移带来的一系列变化，而并非台湾服务业本身的竞争力发生了根本性飞跃。

三是两岸现代服务业都以金融业与物流业竞争力最强，台湾近年一些信息通讯服务业与科技服务业也取得了长足进步。大陆经济尚处在工业化阶段，为生产出口服务的服务业部门获得了较多的政策优惠与资源挹注，得到了优先发展。台湾作为出口导向型经济体，金融业与物流业同样发展最快，而信息通讯服务业与科技服务业的突出表现也与民营经济的投入有很大关系。台湾历年民间投资超过当局与官营企业投资总额的3倍以上（2012年分别是2.27万亿元新台币与0.59万亿元新台币），信息通讯服务业与科技服务业企业中，由相关制造业企业投资成立的子公司占了绝大多数。

14. 两岸服务业合作的方式有哪些？具体发展情况如何？

两岸服务业合作的方式大体有服务贸易、直接投资、策略联盟和共同参与四种形式。

（一）服务贸易

国际或地区间贸易有3种：货物贸易、技术贸易和服务贸易。服务贸易是两岸服务业合作的重要方式。按照WTO前身GATT主持下的1994年结束的乌拉圭回合最终达成的《服务贸易总协定》(General Agreement on Trade in Service，GATS)，服务贸易具体包括4种方式：(1) 跨境交付 (Cross-border Supply)。如台湾会计师可为大陆企业提供咨询服务，台湾影片在大陆放映等。两岸电讯、交通运输、电子商务及以有形商品为载体的服务贸易近年来发展较快。(2) 境外消费 (Consumption Abroad)。如大陆游客赴台住宿餐饮。据国家旅游局统计，2012年大陆赴台旅客197.32万人次，增长57.58%，团队游人数178.26万人次，同比增长45.75%，个人游人数19.07万人次，同比增长553.2%，占台入境旅客总数的36%。据台湾“观光局”统计，台赴大陆游客313.9万人次，增长10.27%，占台出境旅客总数的30.7%。大陆游客在台购物消费每人每日花费4,705元新台币，超过排名第二的日本游客的2,133元新台币，带动台湾观光外汇收入2012年创下历史新高，达117. 69亿美元（约新台币3,485亿元）。(3) 商业存在 (Commercial Presence)。如台湾地区银行在大陆营业。在服务贸易的四种方式中，商业存在需要以直接投资为前提。目前台湾方面的服务顺差主要是台商对大陆服务业的投资所得。由于个人服务业投资规模不大，需要一定的技术与知识，以及大量的沟通，两岸语言文化及交易习惯的相通发挥了巨大的促进作用。(4) 自然人流动 (Movement of Natural Persons)。如台湾医师赴大陆诊疗。自然人流动包括劳务合作和其他因各种自然人流动服务产生的收支。目前在大陆工作的台湾同胞不下百万，由于开放范围不断拓宽，如在ECFA早收清单中大陆对台湾服务业开放医疗、会计等执业资格，自然人流动数量可能会继续增加。

(二) 直接投资

服务业按WTO分类标准可分为12大类；按服务对象和流程的不同可分为生产性服务、营销性服务与消费性服务；按不同要素特点可分为劳动密集型服务、资本密集型服务与知识密集型服务。台湾服务业对大陆相对优势主要集中在生产性服务、营销性服务和知识密集型服务上。大陆方面开放台商投资有服务业领域已经很宽，基本按照加入 WTO 的承诺开放了所有领域。2010 年两岸在 ECFA 早期收获清单（附件 4）中向对方分别做出若干项开放承诺，这些领域的服务业台商因此获得进入大陆市场的“WTO-PLUS”的优惠待遇。2013 年两岸服务贸易协议签署，在岛内通过审查正式生效后，两岸企业将可以在对方市场参与更广泛的服务业投资。

ECFA 服务贸易早期收获中的两岸开放领域

台湾开放的部门	台湾承诺对大陆开放的部门
1. 会计、审计和簿记服务（CPC862）	1. 经纪商服务业（CPC621）
2. 计算机及其相关服务（CPC842、843）	2. 研究与发展服务业
3. 研究和开发服务（CPC8510，851，852，853）	3. 会议服务（CPC87909）
4. 会议服务（CPC87909）	4. 特制品设计服务业 (CPC87907)
5. 专业设计服务（CPC87907）	5. 视听服务（电影放映服务业）
6. 视听服务（CPC83202）	6. 展览服务业（CPC87909）
7. 医院服务（CPC9311）	7. 电脑订位系统
8. 飞机维修和保养服务（CPC8868）	8. 运动及其他娱乐服务业
9. 保险及其相关服务（CPC96411、96412、96419）	9. 银行及其他金融服务（不含证券期货和保险）
10. 银行及其他金融服务（不含证券期货和保险）	
11. 证券、期货及其相关服务	

资料来源：根据商务部网站公布资料整理。

目前台商在大陆服务业的投资具有以下特点：

（1）传统服务业仍是主流投资行业。批发及零售业目前仍是台商在大陆投资的第一大服务业，1991年—2013年4月累计投资2646件，金额73.75亿美元，占总投资比重5.7%。不过近年赴台商对现代服务业领域的投资有加大趋势，投资大陆的现代物流企业、咨询服务企业越来越多。但对医疗、资讯、艺术等知识密集型服务业的投资比重较低。（2）台商在大陆服务业投资多为中小企业。台湾本来就是以中小企业为主的经济结构，以中小企业为主的现代服务业具有投资规模小、经营机制较灵活等优点，生产性服务业台湾中小企业在大陆发展很快，但也有规模有限、经济地位不高、贡献率不大等缺陷。（3）服务业占台商在大陆投资总额中的比重总体呈上升趋势，表明台商在大陆服务业领域的发展潜力正在逐步挖掘。

（三）策略联盟

该方式与直接投资相比风险较小，具体表现为企业到对岸先寻求小型、有限的合作，如创新经营模式的试点合作、代训对岸的门市或经营干部、经营管理模式的出售及移转、提供企业经营的诊断咨询、协助对岸企业开发管理信息软件等。这种合作方式的优点是交易较单纯，可逐步了解合作者和对方的市场，等对方的法治环境、市场开放、社会熟悉度等时机成熟后，再考虑风险较高的直接投资。

（四）共同参与

在共同开拓国际市场方面，两岸劳务合作早有经验，如两岸远洋渔工合作。20世纪90年代厦门方面就与台商在越南投资项目上有成功合作的案例。目前两岸在海外分销合作、共同参与国际技术标准制定等方面的合作已经取得一定成果。

15. 两岸服务业合作已有哪些机制性成果？

1. 两岸服务业智库间的交流机制已经建立。2011 年 3 月台湾商业发展研究院与大陆商务部的流通产业促进中心共同设立了“商业现代化论坛”，针对商业服务业的发展议题进行了前瞻性的交流讨论，双方决定每年定期举办“两岸现代服务业合作发展会议”，选择关键性议题进行讨论，并研究未来两岸商业现代化发展的重点及可行的合作方案，这为两岸商业服务业的合作奠定了良好基础。

2. 两岸金融服务业的合作与监管机制已经确立。两岸两会 2009 年 4 月 26 日签署“海峡两岸金融合作协议”，两岸金融监管部门 2009 年 11 月 16 日签署银行、证券、保险等 3 个“海峡两岸金融业监督管理合作谅解备忘录”，2012 年 8 月 31 日两岸货币管理机构签署了“海峡两岸货币清算合作备忘录”，为两岸金融服务业的合作搭建了制度化、机制化的平台。

3. 两岸产业合作机制与平台不断完善。依 ECFA 第 11 条的授权，两岸于 2011 年 1 月 6 日由双方指定的代表组成“两岸经济合作委员会”（简称“经合会”），作为“功能性经贸磋商及业务沟通平台”，在两岸两会架构下运作。目前经合会下的产业合作小组、两岸专家咨询小组、两岸产业合作论坛等一系列推动两岸产业合作的机制与平台已经开始发挥应有功能。2011 年 10 月 28 日由两岸产学研共同参与的首届两岸产业合作论坛在江苏昆山举办，并确定 LED 照明、无线城市等优先试点项目，标志着两岸有规划指导、政策支持、产学研参与的新型产业合作机制初步形成。

4. 两岸企业家间的机制性论坛为两岸服务业合作提供新的平台。2012 年 9 月在江苏南京召开的两岸第 4 届紫金山峰会层级提升，成为两岸企业家交流合作平台，这是继海协会海基会协商机制、两岸经贸文化论坛及福建海峡论坛之后建立的第 4 个两岸高层次交流平台，也为两岸企业家探讨如何加强两岸服务业合作提供新的交流平台。

16. 台湾对外签署经济合作协议的情况如何?

2003 年 8 月 21 日台湾与巴拿马签署了台湾第一个自由贸易协定（FTA)。2005 年 7 月 30 日台湾与危地马拉正式签署 FTA。2006 年 6 月 16 日台湾与尼加拉瓜正式签署 FTA。2007 年 5 月 7 日台湾与萨尔瓦多、洪都拉斯正式签署 FTA，这是台湾第 4 个 FTA。这 4 份 FTA 中的 5 个协议对象均为与其有“邦交”的中美洲国家。2013 年 7 月 10 日，台湾与新西兰签订“新西兰与台澎金马个别关税领域经济合作协议”(ANZTEC)，这是 2010 年两岸签订两岸经济合作框架协议（ECFA）后的台湾首个对外经济合作协议，也是台湾与经济发达国家签署的第一个类似自由贸易协议（FTA）的综合性经济协议。2013 年 11 月 7 日，台湾与新加坡签署经济伙伴协议（ASTEP)，是台湾与东盟成员签署的首个高标准、高品质的全面经济协议。

与其他三个亚洲“小龙”经济体相比，台湾对外经济竞争力明显受到开放性不足的制约。近年来，新加坡洽签完成的 FTA 涵盖的贸易覆盖率已高达 86.28%，居“四小龙”首位。香港以 54.83% 的 FTA 贸易覆盖率居次。韩国 FTA 贸易覆盖率虽然目前是 38.93%，不过一旦正在谈判中的 10 个 FTA 洽签完成，韩国的 FTA 贸易覆盖率将迅速达到 82.83%，接近新加坡的水平。而台湾当前的 FTA 贸易覆盖率（包含类 FTA 的两岸 ECFA）仅为 9.69%，明显远远落后以上三地。

17. 服务贸易协议的亚太区域经济整合背景是什么？

20 世纪 80 年代以来，区域经济一体化浪潮席卷全球，亚太地区也不例外。特别是 90 年代以后，亚太地区各类双边、多边、区域 FTA 如雨后春笋，蓬勃发展。台湾当局对于参与区域经济合作以求进一步开放接轨问题上，最重视的是如何处理与 TPP、RCEP 和 FTAAP 的关系。

TPP（Trans-Pacific Partnership Agreement，《跨太平洋伙伴关系协议》）的成立与 APEC（亚太经济合作组织）密切相关。1989 年由美国主导成立的 APEC 是迄今亚太地区最高级别政府间经济合作机制，有力推动了亚太地区贸易与投资自由化的进程。1998 年美国曾倡议在 APEC 框架下率先成立“太平洋五国自由贸易区”（美国、澳大利亚、新西兰、智利和新加坡，简称 P5），但随后美国将重心投向双边 FTA，使 P5 陷入停顿。2005 年 6 月智利、新西兰、新加坡和文莱四国签署了《跨太平洋战略经济伙伴协定》（Trans-Pacific Strategic Economic Partnership, TPSEP, 简称 P4），并于 2006 年 5 月生效实施。尽管 P4 属于一份高标准 FTA，但由于 4 个成员都属于小型经济体，影响力有限，并未引起外界太多的关注。美国总统奥巴马上台后，大力推动“重返亚洲”战略，并于 2009 年 11 月提出参与 P4 的第 2 阶段谈判，P4 也在美国参与后简称为 TPP。美国加入谈判后，澳大利亚、秘鲁、越南、马来西亚、墨西哥、加拿大、日本等国陆续跟进，使参与谈判的成员目前达到 12 个。日本加入后，12 国的总人口超过 7.5 亿人，经济总产值约 25 万亿美元，约占全球 GDP 的 40%。TPP 可能超越欧盟成为全球最大的自贸区。TPP 的特点：一是自由化程度高，二是合作议题广泛，三是开放性强。

与 TPP 相对应的另一个重要亚太区域经济合作组织是 RCEP（Regional Comprehensive Economic Partnership, 区域全面经济伙伴协定），其诞生也有较为曲折的发展过程。先是东盟（ASEAN）分别以中国大陆、日本、韩国、新西兰、澳大利亚和印度为对话伙伴，推动了以货物贸易自由化为重点的 6 个“10+1”FTA，谈成了 5 个。为弥补服务贸易与投资自由化等方面程度较低的不足，以及为实现 2015 年年底前成立“东盟经济共同体（ASEAN Economic Community, AEC）”的目标，东盟于 2011 年主导启动了建立 RCEP 的谈判。这一包含亚太 16 个国家的巨型区域经济合作组织取代了过去倡议和进行多时的 6 个“10+1”FTA，并强调其推动的也是“高品质 FTA”，力争 2015 年年底前完成谈判。迄今 RCEP 已经进行了 4 个回合的谈判，主要聚焦在 8 项议题：货物贸易、服务贸易、投资、经济与技术合作、知识产权、竞争政策、争端解决、其它议题等。其谈判原则与特色包括：东盟中心性、特殊与差别待遇、与 WTO 一致性、谈判过程弹性、开放性。

TPP 与 RCEP 两大区域经济合作组织都秉持开放原则，并设有“开放性条款”。TPP 的“开放性条款”开放“所有 APEC 经济体与其他国家”参加。RCEP 的“开放性条款”规定，在 RCEP 谈判完成后，在各国同意的条件下，开放其他有意参与谈判的 FTA 伙伴及“其他外部经济伙伴”参加。对两岸而言这两个组织的机遇不同：中国大陆已经是 RCEP 的参与方，并且具备一定的主导能力，但加入 TPP 则困难重重，不仅是技术上加入门槛过高，更主要的是有些 TPP 参与国公开反对中国加入谈判以免影响进程。台湾地区目前两个组织都加入不了，TPP 方面虽然对所有 APEC 成员都进行开放，但扮演关键性角色的美国并未表态支持台湾地区参加谈判；RECP 方面在 2015 年底谈判完成前不接收新成员谈判，之后则是以东盟的 FTA 伙伴为优先加入对象，亦即台湾地区需要先与东盟签署双边 FTA 才能有优先加入 RCEP 的资格。

FTAAP（Free Trade Area of the Asia-Pacific，亚太自由贸易区）由加拿大 2005 年最先提出后来受挫，最近被中国重新倡议。对中国大陆而言，如果不能加入 TPP 第一轮谈判，一旦 TPP 达成高标准协议，中国再想加入恐比当初加入 WTO 还难。为避免和摆脱被动形势，中国作为 2014 年 APEC 主办国，在 5 月 18 日的青岛 APEC 贸易部长会议上力倡 FTAAP，建议通过共同参与 TPP 和 RCEP 最终实现 FTAAP。FTAAP 由于涵盖面积比 TPP、RCEP 更广，其实具有整合 TPP、RCEP 的作用，但由于亚太经济体发展差异巨大，整合难度更高，以致有观点认为纵使能够成局也是政治意义大于经贸实质意义，充其量只能做简单的降低关税等传统领域的经贸集成，而难以进行制度接轨改革。也因为如此，美、日、韩、菲、泰、澳等国均认为应先完成 TPP、RCEP，再就 FTAAP 设定目标时程。会议发表的“青岛声明”原本已列入可行性研究，最后却遭删除，改为在 APEC 贸易投资委员会（CTI）建立推进 FTAAP“主席之友”工作组，制订《APEC 推动实现 FTAAP 路线图》。由此可见美、日、澳等国阻挠中国大陆主导 FTAAP 的意图相当明显。

18. 两岸签署《服贸协议》前取得哪些协议成果？

此前两岸两会共签署 18 项协议。2008 年 6 月 13 日海峡两岸关系协会会长陈云林与台湾海峡交流基金会董事长江丙坤在北京签署了《海峡两岸关于大陆居民赴台湾旅游协议》、《海峡两岸包机会谈纪要》。11 月 4 日陈云林与江丙坤在台北签署了《海峡两岸空运协议》、《海峡两岸食品安全协议》、《海峡两岸邮政协议》、《海峡两岸海运协议》。2009 年 4 月 26 日陈云林与江丙坤在南京签署《海峡两岸金融合作协议》、《海峡两岸空运补充协议》、《海峡两岸共同打击犯罪及司法互助协议》。12 月 22 日陈云林与江丙坤在台中签署《海峡两岸标准计量检验认证合作协议》、《海峡两岸渔船船员劳务合作协议》、《海峡两岸农产品检疫检验合作协议》。2010 年 6 月 29 日陈云林与江丙坤在重庆举行《海峡两岸经济合作框架协议》以及《海峡两岸知识产权保护合作协议》签字仪式。12 月 21 日陈云林与江丙坤在台北签署了《海峡两岸医药卫生合作协议》。2011 年 10 月 20 日陈云林与江丙坤在天津签署了《海峡两岸核电安全合作协议》，公布了《海协会与海基会关于加强两岸产业合作的共同意见》、《海协会与海基会关于推进两岸投保协议协商的共同意见》。2012 年 8 月 9 日陈云林与江丙坤签署《海峡两岸投资保障和促进协议》及《海峡两岸海关合作协议》，并发表《人身自由与安全保障共识》。2013 年 6 月 21 日海峡两岸关系协会会长陈德铭与台湾海峡交流基金会董事长林中森在上海签署《海峡两岸服务贸易协议》，至此两岸两会共签署了 19 项协议。

19.《服贸协议》的谈判过程是否顺利？

两岸签署《服贸协议》经过 12 次正式商谈、3 轮小范围沟通、60 余场对口部门业务沟通，最终于 2013 年 6 月 21 日在上海由两岸两会签署，是两会两岸签署的 19 项协议中历时最长、涉及部门最多的协议。

20.《服贸协议》有什么特点?

一是开放水平高、涵盖面广。双方开放承诺共144条,涉及100多个服务行业。其中,大陆在加入WTO承诺的基础上进一步对台开放,一次性作出80条开放承诺,在大陆已签署的类似协议中并不多见。二是突出两岸特色。其一,双方着眼于两岸服务业发展的客观需要,就同步推进正常化和自由化作出合理安排。其二,大陆充分理解台湾经济和社会现状,未要求台湾对大陆开放专业领域,展现了大陆最大的诚意和善意。三是利用现有机制,持续推进相互开放。2011年两岸经济合作委员会(以下简称经合会)第一次例会成立了服务贸易工作小组。两年多来,在经合会服务贸易工作小组的努力下,双方积极推进《服贸协议》商谈,并成功签署《服贸协议》。根据《服贸协议》规定,未来双方可根据需求,继续通过服务贸易工作小组持续推进两岸相互开放,不断提升两岸服务业整体水平。

21. 台湾方面在《服贸协议》谈判中的"四不一没有"是什么?

不开放大陆劳工赴台工作,不开放投资移民,不能有安全问题,不会让岛内产业受到冲击,没有黑箱作业问题。

22.《服贸协议》签署后台湾各界是什么态度?

2013年6月21日,两岸两会第九次会谈签署《海峡两岸服务贸易协议》。协议公布后,岛内各界多数赞同,但部分行业反弹强烈,绿营抨击台湾当局"黑箱作业",蓝营内部也出现不同看法。台“立法院”决议将协议由“备查”改为“审查”，使该协议尽快生效增加了不确定因素。

（一）台湾高层公开大力支持。马英九表态，要针对服务贸易协议加强宣传、落实推动，拼“服务输出”。“行政院长”江宜桦称，该协议是根据ECFA和WTO完成的第一个自由贸易协议，有重大意义。“经济部”评估，服务贸易协议对台“利大于弊、互利双赢”，将使台湾电子商务、信息、在线游戏、金融、环保、物流及运输等7大产业受惠。“经济部次长”卓士昭指出，大陆对台开放的80项承诺都是超WTO待遇，其中83%是高于大陆与香港的《更紧密经贸关系安排》（CEPA）。“国贸局局长”张俊福表示，协议将使台湾实质GDP增加0.57%，约2200亿元新台币。“劳委会主委”潘世伟认为“台湾劳工仍是主要得利者”。但国民党中央政策会执行长林鸿池称“不了解协议内容”，对台行政团队事前未沟通的做法表示不满。

（二）绿营称将再行评估并可能要求重新谈判。民进党主席苏贞昌称，将拜访受冲击产业业主，联同执政县市长采取行动，并在民进党内成立专案小组，评估产业受冲击情况，若认为超过台社会可承受范围，可能要求马重启谈判。民进党前主席蔡英文称台湾当局“黑箱作业、密室协商”。民进党“中国事务部”主任洪财隆称，“这项协议让台湾的食衣住行育乐到生老病死，全面被中国攻占，是极为冒进的作为，对台湾维持现状的能力势必造成极严重威胁”。民进党发言人林俊宪批评马违反民主程序，背后受“一中”的政治目标逼迫，并指“马为了少数财团可以前进中国市场，牺牲广大弱势产业”。台湾绿营学者、政治大学教授童振源称，协议对台湾整体经济不会有显著帮助，但未来台湾人才与资金恐将持续流向大陆。亲绿的台湾智库称，民调结果显示58.8%的民众认为台湾当局忽视产业需求，“应缓签署”；

80.4% 的民众赞成协议交“立法院”逐条审查；73.3% 的民众对马英九的表现不满意。

（三）“立法院”达成一致意见，协议改“备查”为“审查”。“立法院”批评行政团队“未尽沟通之责”、“伤害产业”、“缺乏监督”，在野党“立委”要求对协议进行“实质审查”。“立法院长”王金平称，“陆委会从未向他报告过，不清楚协议内容”。民进党“立法院”党团书记邱议莹表示，对协议内容有很大疑虑。“台联党”“立法院”总召集人许忠信称，中小企业无法抵挡大陆大型业者“压境”，开放服务业将造成约 542 万人次受冲击，比重占 GDP 的 56.04%，未来还将有大规模白领专业人士来台冲击劳工就业。亲民党“立法院”总召集人李桐豪表示，要“实质审查”协议内容再决定是否同意签署，对产业冲击过大的条文将反对到底。国民党“立委”也对台湾当局表示不满。国民党“立法院”党团书记长赖士葆虽表示签署协议对劳工及消费者总体是好的，但称“事前不了解协议内容”、“部分服务业会受冲击”。国民党“立委”江启臣称，主管机关没有善尽释疑的责任，让马英九扩大深化两岸交流的政策主张打了折扣。绿营“立委”以占据主席台阻碍会议方式表示抗议，要求对协议进行“逐条实质审查”，并扬言“若马蛮干，不逐条审查，就启动对马罢免案”。国民党“立委”配合在野党要求，最终使协议在“立法院”改备案为实质审查。台“陆委会”主委王郁琦表示，尊重“立法院”审查协议的决定，但为避免执行困难，建议循 ECFA 前例，“逐条讨论，整案表决”。“立法院长”王金平表示，协议如何审议暂未确定。

23.《服贸协议》签署后台湾工商界与媒体的态度如何?

2013年6月21日《海峡两岸服务贸易协议》公布后，台湾企业界多数表示赞成，部分行业反弹强烈。金融业者对协议"期盼已久"。富邦金控、永丰金控等表示，对"登陆"合资成立券商"准备好了"，就等两岸服务贸易协议正式开放。电子商务业者表示，协议应尽快生效，以免错失更多商机。营造业者称，台资企业在大陆以"高技术低成本"取胜。航运业"三雄"长荣、阳明、万海均声明对其发展"是个机会"。中华信息软件协会理事长刘瑞隆指出，大陆信息服务业的产值几乎是台湾的20倍，协议对台是一大利多。台湾商业总会理事长张平沼表示，台湾业者可通过对岸的市场规模，培养国际品牌，"对台湾服务业是大利多"。

但岛内部分传统服务业业者表示强烈抗议。零售业者表示，大陆采取保护措施，申请过程繁琐、审批流程严格，到大陆投资仍受限制。美容美发业者表示，可能对岛内业者形成"排挤"，不仅影响台湾自行创业的小规模美容美发业，也冲击大型连锁企业从业者的劳动条件与就业机会。出版业者、大块文化董事长郝明义表示，台湾当局签署协议的行为是"太过轻忽两岸事务的敏感"、"黑箱作业却自以为是"、"对台湾本土中小企业欠缺怜悯"。华品文创总经理王承惠指出，台湾当局未举办公听会听取业者意见，"草率又粗暴"。作家小野、冯光远等几十位文化界人士在协议签署前就聚集到"总统府"前的凯达格兰大道抗议，要求台湾当局停止签署，并称后续还将采取更多抵制活动。

岛内舆论对协议普遍表示认同。一是认为有利台发展经济。台《经济日报》社论称，协议对台湾具有实质效益，"开启台湾新机会"。《旺报》社评指出，协议使台服务业在大陆有更宽广的发展空间。中华经济研究院刘孟俊表示，若协议得到落实，对吸引其他外资也会有很大帮助。中华经济研究院刘大年表示，大陆对台开放项目很多都超过WTO待遇，甚至不输给CEPA。二是认为促进两岸整合及台对外洽签FTA。台《中央日报》称，协议为两岸经济整合迈出一大步，更提高台湾与其他国家签订FTA的可能性。台湾综合研究院院长吴再益认为，协议让两岸往来更热络，互蒙其利。

但也有媒体与学者对台湾当局持批评态度。《中国时报》社论批评，协议开放幅度如此大，“陆委会”却以“闭门造车”方式作业，令人匪夷所思。《中国时报》特稿称，与ECFA相比此次协议签署的时空背景已大为不同，执政党“闭门造车”不仅无法以理服人，也给在野党见缝插针的机会，可能让其“两岸牌”优势大逆转。台“工研院竞争力中心”主任杜紫宸称，协议内容没有列入关键性产业，签署的成果低于预期。台湾经济研究院杨家彦认为，服务业中的资格认定、行政审批等规范，可能会让台业者“闻得到菜香却夹不到菜吃”。舆论认为，台湾当局此次“过分保密”，不仅造成民众恐惧与不信任感，更不利于在谈判过程中争取利多，未来两岸协商时应“善用岛内反弹争取更多筹码”。

24. 台湾学生反对《服贸协议》并占领“立法院”是怎么回事?

2014年3月18日起台湾部分大学生和公民针对《海峡两岸服务贸易协议》共同发起占领“立法院”引起的社会事件，也被岛内称为“3·18学生运动”或“太阳花学运”。《服贸协议》宗旨是促进两岸贸易，但以民进党为首的在野党，对协议进行歪曲丑化，部分并不清楚事实的大学生认为该协议将影响台湾经济以及年轻人的就业，进而引发该社会事件。具体过程如下：

2013年6月25日在“立法院”朝野协商中，达成对《服贸协议》由“备查”改为实质审查、逐条审议、逐项表决的共识。在民进党拖延下，《服贸协议》当年未能在“立法院”如期通过。2014年“立法院”会期，执政的国民党期望尽快通过《服贸协议》。3月11日，民进党在“立法院内政委员会”排审《服贸协议》时，继续杯葛正常审查程序。马英九当天重申，《服贸协议》是展现台湾决心加入区域经济整合谈判的可信度，希望“立法院”能在本会期通过，以免台湾被边缘化。17日，国民党“立法委员”张庆忠排审《服贸协议》时，在民进党“立委”继续强力干扰下，直接宣布将《服贸协议》送至“立法院”存查。18日，民进党主席苏贞昌表示坚决反对国民党违反《服贸协议》审查程序行为，称将发动“全民包围立法院”。当晚，“黑色岛国青年阵线”等岛内亲绿团体在台“立法院”大楼门前举办抗议活动，21点部分抗议学生突破警力封锁，手持民进党党旗，冲入“立法院”内并占据会场，台警方当夜先后组织三次清场行动未果，导致“立法院”陷入瘫痪。学生诉求与民进党高度一致，要求马英九对话并道歉、退回《服贸协议》、召开“公民宪政会议”，并呼应民进党制定“两岸协议监督条例”要求，意识形态十分明显。苏贞昌、蔡英文、谢长廷、游锡堃等民进党重要人士先后到“立法院”静坐声援。苏贞昌要求民进党公职人员二十四小时分班包围“立法院”。蔡英文则要求马英九直接出面对话，让《服贸协议》进行实质审查。民进党籍高雄市长陈菊、台南市长赖清德也出面支持学生行为。同时，坚持《服贸协议》应退回委员会实质审查，部分民进党“立委”提出要删除有关洗衣、美发美容、电信、广告服务等开放项目，制定“两岸协议监督条例”，由“立法院”全面监督两岸签署相关协议。

针对事态，马英九本拟于3月21日举行“行政院”、“立法院”协调会解决，但王金平公开拒绝参加马英九邀请的“院际协调会”，并声明马英九身兼党主席，“应倾听民意，促成朝野共识，尽早解决争议”，在《服贸协议》审议程序上，称国民党党团主张在“院会”逐条审查表决不符合程序。“行政院长”江宜桦3月22日下午与学生对话，但无结果。马英九3月23日召开记者会，重申坚持通过《服贸协议》立场，不认同学生占领“立法院”行为，称“将必须依据宪法捍卫民主与坚持法治”。

3月23日晚，台湾反《服贸协议》抗争群众攻入台湾当局“行政院”，造成警民冲突。次日凌晨警方采取清场行动，冲突导致至少近百人受伤送医。29日，马英九召开记者会，正面回应学生诉求，承诺会将《服贸协议》监督条例法制化。反服贸团体30日走上街头重提退回服贸协议等4诉求，马英九坚持不会撤回两岸《服贸协议》。4月10日反《服贸协议》的学生团体正式退出议场。11日“立法委员”恢复在“立法院”开会，但两岸《服贸协议》案被搁置。

25.《服贸协议》什么时候才能生效？

关键取决于台湾方面的立法程序何时能通过。反服贸运动使执政的国民党将《服贸协议》审议程序立场由“立法院”存查退到了在“院会”进行实质逐条审议表决，甚至可能要求两岸重开谈判，首开两岸相关协议在岛内通过程序上的恶例。大陆方面国台办表示，两岸协商中没有已签协议重新谈判的先例，两岸服务贸易协议是一个已经签署的协议，也是两会受权签署的协议，两会受权协商所达成协议的权威性应该得到维护。

在岛内反服贸团体要求下，2014年4月3日台湾“行政院”提出“台湾地区与大陆地区订定协议处理及监督条例”草案。“陆委会”发布新闻稿称未来将分四阶段向“立法院”及社会大众进行沟通以及咨询，即行政机关在办理两岸制度化协商时，应分别依“协商议题形成阶段”、“协商议题业务沟通阶段”、“协议签署前阶段”、“协议签署后阶段”等四个阶段，向“立法院”及社会大众进行沟通以及咨询，所得意见作为未来谈判参考。由于“两岸协议监督条例”以一定形式在岛内“立法”成为两岸《服贸协议》审议通过的前提，加之目前“两岸协议监督条例”多达 9 个版本，且民进党公开极力阻挡进程，近几个月内还看不到两岸《服贸协议》有在岛内通过生效的可能。

大陆篇

1．签署《服贸协议》对大陆经济发展的意义是什么？

（一）大陆经济升级可借鉴台湾经验。大陆经济的产业结构调整升级，台湾确实有许多值得借鉴的经验可以分享。从以往发展经验来看，两岸互补性非常强，合作空间巨大。未来两岸产业合作试点还会进一步创新模式，扩展领域。传统合作领域和部门要进一步扩大，主要从原来通常意义上的产业合作，扩展到联合技术开发，联合共同标准的制定。因为同是中国人，本来就是一个很大的市场，如果有共同标准，一定也会成为世界的标准，还可以共同打造产品品牌，这些都是双方可以做的。这样能够促进两岸的产业合作链条。

（二）推进两岸经贸合作，健全机制厚植共同利益。随着ECFA的签署，两岸贸易投资已经形成良性互动局面，未来要按照十八大报告提出的两岸推进“深化经济合作，厚植共同利益”的要求，并且按照“十二五”规划提出的“建立健全两岸经济合作机制”的内容，加大推进两岸经贸合作。因此两岸要更加务实和积极推进经济合作，首先要推进ECFA后续商谈，后续还有两个子协议还在商谈中，即两岸货物贸易协议、争端解决协议。

（三）两岸产业合作需要签署更具体的经济协议。在新兴产业领域，如环保、信息技术、生物技术、新材料、新能源等方面要加强产业的合作，还可通过新的方式，比如说相互资源整合来推动产业合作。在服务贸易领域，像批发零售、连锁经营、物流、金融、电信、医疗这些方面，通过服务贸易协议推进在服务领域深度的融合和合作。

2.《服贸协议》对两岸服务贸易发展的意义是什么？

第一，为两岸之间最终实现服务贸易自由化奠定了基础。《服贸协议》签署后，双方将在 100 多个服务行业进一步扩大开放，包括放宽市场准入条件、取消股权限制、放宽经营范围和经营地域、下放审批权限及为市场准入提供便利等等。《服贸协议》还规定双方可在互惠互利的基础上，就服务贸易的进一步市场开放展开磋商。这些都为两岸逐步减少或消除双方之间涵盖众多部门的服务贸易限制性措施，促进服务贸易自由化奠定了基础。

第二，有助于加速两岸服务业融合、互补，共同提升两岸服务业的国际竞争力。在台湾，2012 年服务业占其 GDP 的比重约 72%，就业人口比重也长期保持近 60%，是台湾经济增长的核心动力。在大陆，2012 年服务业占 GDP 的比重约 45%，“十二五”规划已将推动服务业大发展作为产业结构优化升级的战略重点，服务业发展空间广阔。《服贸协议》签署后，双方将在 100 多个服务行业相互开放市场，大陆拥有广阔的市场资源，台湾拥有先进的服务管理水平，两岸服务业的相互开放有利于优势互补、共享商机，共同提升国际竞争力，是一件互利双赢的好事。

第三，有助于扩大两岸民众的受惠面。从 ECFA 早期收获实施情况判断，《服贸协议》不仅有利于两岸业者受益，也有助于民众享受更多便利优质的服务。ECFA 早期收获优惠措施仅涉及 20 个服务行业，但自 2010 年 10 月实施以来，台湾已有 226 家企业或机构受惠，大陆也有 82 个赴台投资案件获得批准。《服贸协议》将在早期收获基础上更大范围地开放市场，为两岸服务业合作提供更大程度的优惠和便利，无疑将进一步扩大两岸民众的受惠面，增进两岸同胞福祉。

3．《服贸协议》对推动两岸经济合作的作用有哪些？

两岸签署服务贸易协议后，将对两岸经济一体化，两岸第三产业的深度合作带来更大的推动，富有战略意义。一个国家、一个地区的合理的经济结构必然是第三产业比例越占越高，这也代表国家和地区的发展水平和质量。两岸在服务产业发展方面差距较大，此次两岸签署服务贸易协议，不仅推动两岸服务贸易的交流和合作，同时更为两岸企业的长足发展提供更大的平台，推动两岸经济结构调整。两岸签署服务贸易协议后，对两岸经济一体化，两岸第三产业的合作带来更大的推动，富有战略意义。首先体现在投资领域，该协议将可以明确未来哪些服务领域两岸企业可以进行投资合作；服务贸易协议中很重要的一方面是金融，在现代经济生活中，金融是经济生活的核心，企业的发展靠金融支撑，两岸的金融合作目前已走到两岸货币清算机制这一阶段，未来还要继续向前走，将让台湾金融界为支持台资企业的发展不仅在投资、贸易方面，同时还在资本市场介入方面发挥更大的效益。两岸签署服务贸易协议作为两岸经济合作框架协议（ECFA）重要的组成部分，服务贸易协议的内容丰富，影响面大，不仅为 ECFA 向下的后续深入得到进一步充实，得到完善，而且关系到双方业者的切身利益和两岸服务业未来的发展，对推动台商转型升级有积极意义。

4.《服贸协议》对大陆及两岸民众有什么意义？

两岸服务贸易协议的签署，有助于扩大两岸民众的受惠面。从两岸经济合作框架协议ECFA早期收获实施情况判断，2010年两岸签署框架协议时，为了让民众尽快享受到它的好处，所以搞了早期收获，早期收获在服务贸易里头开放了只有20项的措施，仅就20项措施来看，自2010年10月实施到两岸服务贸易协议签署，台湾方面有226家企业受惠，大陆方面也有82个赴台投资案件获得了批准。两岸现在签署的服务贸易协议，是在早期收获基础上更大范围地开放市场，涉及的范围更广，开放的水平更高，这些开放措施会给两岸业界带来更大的优惠和便利。

5.《服贸协议》对大陆及两岸服务业有什么意义？

两岸服务贸易协议的签署，有助于加速两岸服务业融合，带动出口，共同提升两岸服务业的国际竞争力。两岸服务贸易协议有一些具体条款，这些条款都是经过双方商谈以后达成的共识。台湾服务贸易起步比较早，所以它的水平相对比较高，它的服务业占GDP比重现在已经达到70%，就业人口有60%是在服务业；大陆方面服务业起步比较晚，现在服务业占GDP比重是45%。大陆“十二五”期间，服务业比重将提高4个百分点，带来2万亿元人民币的增加值，增长空间非常大。大陆服务贸易进口逐年增加，逆差扩大，对台湾服务业的发展都是有利的机遇。协议当中也规定，比如第十六条，未来双方可视需要，在互惠互利的基础上，就服务贸易的进一步市场开放展开磋商。

6.《服贸协议》之前的ECFA对两岸经济合作是否起到积极作用？

两岸签署《两岸经济合作框架协议》(ECFA)后，在经贸合作方面取得的具体成果，两岸经贸关系跨入了新的时期。一是框架协议成功签署，两岸合作开创新局。两岸业界有共识，认为这个签署标志着构建两岸关系和平发展框架在经济领域率先得到了突破。二是“早期收获”的具体表现。在货物贸易方面，早期收获大陆对台湾开放557项产品零关税，台湾对大陆开放267项，实施两年半以来，台湾方面享受零关税货物的金额达到148亿美元，享受减免关税优惠50亿人民币，大陆方面产品也享受到相应待遇，出口台湾的产品大概28亿，享受优惠关税，减免关税额是5.8亿人民币。三是协议签署以后，两岸成立了两岸经济合作委员会，为两岸经贸交流搭建了机制性的平台，在经合会下面成立了6个工作组，涉及货物贸易、服务贸易、投资保护、争端协议商谈、海关合作、产业合作。在6个工作组机制平台上，双方全方位开展交流与合作，奠定了非常好的合作机制平台。而且就重要议题进行商谈，比如今年初两岸经贸社团互设了办事机构，这也是史上一个重大突破。有一些双方有兴趣的试点项目合作也逐步取得了成果，比如LED照明、液晶面板、电动汽车、无线城市、冷链物流作为重点推动的试点项目，取得了很好成果，选定了试点城市，拟定了下一步的发展规划。

7. ECFA 中服务业早期收获计划执行成果如何？

（一）金融服务业：1. 银行业部分，截至 2014 年 4 月，台湾当局已核准 13 家境内银行赴大陆设立分行，其中 11 家已开业，分别是：土银－上海、合库－苏州、一银－上海、华南－深圳、彰银－昆山、国泰世华－上海、中国信托－上海、兆丰－苏州、台银－上海、玉山－东莞、台湾企银－上海。4 家银行设有代表人办事处。2. 证券期货业部分，截至 2014 年 4 月，台湾当局已核准 5 家投信事业赴大陆参股设立基金管理公司，其中 4 家已营业，另并有 11 家证券商赴大陆设立 23 处办事处，1 家投信事业赴大陆设立办事处。截至 2014 年 4 月，有 16 家获大陆证券监理机构核准资格，其中 15 家取得投资额度合计 20.2 亿美元；另有 10 家境内保险业向大陆提出申请 QFII 资格，均获大陆证券监理机构核准资格并取得投资额度合计 17 亿美元。3. 保险业部分，截至 2014 年 4 月，台湾当局已核准 9 家境内保险业赴大陆参股投资，其中 6 家已营业，另并设有 14 处代表人办事处；另已有 1 家保险经纪人公司赴大陆参股投资。4. 陆银来台部分，截至 2014 年 4 月，陆银在台设立 3 家分行，分别是中国大陆中国银行、交通银行及中国建设银行台北分行，以及 1 家办事处，即招商银行。

（二）非金融服务业：1.ECFA 服务业早期收获计划投资情形。台湾当局统计，截至 2014 年 4 月，累积 ECFA 服务业早收计划陆资来台核准投资金额 1.7 亿美元，累积 ECFA 服务业早收计划赴陆投资核准投资金额 6 亿美元。2. 中国大陆首家台商独资医疗机构、台湾联新国际医疗集团“上海禾新医院”2012 年 6 月 26 日开业，上海禾新医院是 ECFA 签订后核准设立的第一家台商独资医疗机构，投资金额约 2,357 万美元。3. 截至 2014 年 5 月台湾共有 17 部台湾电影片依据 ECFA 服务贸易早期收获计划，申请通过大陆广电总局审批，其中 16 部已在中国大陆上映。

8. 大陆对台湾谈判时提出什么要求?

大陆希望台湾方面能够对大陆履行其世贸组织的承诺，把所有对 WTO 承诺的待遇都给予大陆，大陆方面也在积极推进这方面工作。2009 年以来，台湾分三批对大陆资本进行开放，现在制造业已经开放了 204 项，服务业已经开放了 161 项，公共建设项目开放了 43 项。随着台湾方面对大陆企业资金的开放，大陆企业赴台投资逐步增加，现在有 140 家，有 3.46 亿美元资金，涉及领域有批发、零售、通讯、餐饮，也有金融、旅游这样一些企业。像中银、交行这些金融企业都先后在岛内设立办事处，大陆方面非常欢迎台湾方面的这种开放，也觉得这种开放是一个趋势。但这种开放当然还远远不够，两岸服务贸易协议的签署，两岸是正常化和自由化同步推进，所谓自由化就是双方在 WTO 承诺基础上进一步开放，所谓正常化就是希望台湾方面能够对于大陆履行其世贸组织的承诺，把所有对 WTO 承诺的这种待遇都给予大陆，大陆方面也在积极推进这方面的工作。总体来看，由于台湾方面开放的领域有限，时间也不长，所以大陆的企业赴台投资还刚刚起步，也有熟悉市场、培育市场的过程，今后大陆方面会出台一些相应政策措施，也会鼓励和支持大陆企业赴台投资，当然也很希望台湾进一步开放投资领域，为大陆企业提供更好投资环境，提供更好的服务和便利条件。

9.《服贸协议》的开放承诺何时实施？下一步是否签署补充协议，进一步开放市场？

根据《服贸协议》第二十四条规定，《服贸协议》所列市场开放承诺将在《服贸协议》生效后尽速实施。两岸都同意在必要的内部程序生效以后，尽快实施海峡两岸服务贸易协议。台湾签署协议以后有一个内部审议程序，大陆方面在协议签署以后也要进行法律法规修改，因为毕竟开放的措施是在 WTO 承诺基础上的开放，很多开放措施已经突破了现有的法律法规，而且大陆开放的措施又比较多。商务部将会同各有关业务主管部门尽快出台相关配套措施。服务贸易领域宽、涉及面广的特性决定了其开放不可能一蹴而就，是一个循序渐进的过程。根据《服贸协议》文本第十六条规定，未来双方可视需要，在互惠互利的基础上，就服务贸易的进一步市场开放展开磋商。

10.《服贸协议》中大陆对台开放水平如何？

大陆开放的措施 80 多条都是在 WTO 基础上的进一步开放，水平是比较高的，普遍优于 WTO 承诺水平。按照 WTO 的规则，双方相互开放，应该是在各自对于 WTO 承诺的基础上进一步的开放。两岸服务贸易协议既要符合 WTO 的规则，也需要有两岸的特色。两岸虽然都是 WTO 成员，但是两岸是一家人，两岸在签署服务贸易协议时，把正常化和自由化同步推进。现在的开放水平是两岸业务主管部门经过 60 多场业务部门对口沟通以后达成的共识，采取这样相互开放的措施，大陆方面认为不管有没有超过 WTO，但对于对方来讲都是各自市场进一步的开放，都有利于相互投资、交流和合作。大陆方面觉得，未来两岸服务业还能够进一步地相互开放，推动两岸服务业更好地发展和合作。

11.《服贸协议》对中小企业有没有好处？

两岸服务贸易协议开放的80多项措施里，有涉及像金融、电信这样的现代服务业领域，也涉及许多贴近民生的行业。有一些行业，虽然没有体现在服务贸易协议里头，但是就大陆而言，这些内容都已经实行“国民待遇”了，比如说在大陆的市场，经常可以看到台湾餐饮业、美容美发业发展都比较不错，台湾相关的中小企业都可以进入大陆。大陆服务市场非常广大，通过服务贸易协议的签署，相信台湾中小企业，尤其是对大陆有兴趣的中小企业，一定会抓住这个商机到大陆来投资、创业，发展和壮大自己。事实上，即使是2010年两岸签署经济合作框架协议(ECFA)后，也没有出现“肥到大企业，苦到小店家”的情况。ECFA早期收获有200多家台资企业到大陆，已经收获到优惠措施。在200多家里头，有180多家都是中小企业，所以从早期收获来看，受益的已经是中小企业。

12.《服贸协议》实施过程中如出现问题，如何处理？

根据《服贸协议》规定，经合会服务贸易工作小组将负责处理《服贸协议》及与服务贸易相关事宜，包括负责协调和解决《服贸协议》实施过程中出现的问题。2011年1月，经合会在海协会与台湾海基会框架下正式成立，负责ECFA的执行和磋商，以及与ECFA有关的其他事项。同年2月经合会召开第一次例会，会上成立了货物贸易、服务贸易、投资、争端解决、产业合作、海关合作6个工作小组，并正式启动ECFA后续协议的商谈工作。经合会迄今已召开了 4 次例会，推动了两岸投保协议和服务贸易协议的成功签署，推进货物贸易、争端解决协议商谈工作有序进行，督促 ECFA 早期收获计划有效落实并不断扩大执行成效。

13．对《服贸协议》解释、实施和适用的争端如何处理？

目前，双方正就 ECFA 及其后续协议，包括两岸服务贸易协议解释、实施和适用的争端解决程序进行磋商。在该争端解决协议达成并生效之前，对本《服贸协议》解释、实施和适用的争端，可以由双方通过协商解决，或提交经合会服务贸易工作小组以适当方式加以解决。

14．什么是“服务提供者证明书”？为什么要办理“服务提供者证明书”？哪些企业需要办理？如何办理？

“服务提供者证明书”实际上就是服务贸易的“原产地证书”，是为了防止第三方搭便车，对服务提供者资质进行审查的规定，是服务贸易通行规则之一。根据协议附件二规定，凡是计划利用 ECFA 开放承诺中超出入世承诺水平的优惠措施，到对方设立商业存在的服务提供者都必须先申请办理“服务提供者证明书”。举例说明，如果一家大陆企业计划利用某一 ECFA 优惠措施到台湾投资，设立商业机构，该优惠措施超出了台湾入世承诺水平，则这家大陆企业需要向大陆有关部门申请办理“服务提供者证明书”。具体申请部门和申请流程将另行公布。

15.《服贸协议》实施后，是否影响ECFA服务贸易早期收获的继续实施？

不会影响。《服贸协议》是在ECFA服务贸易早期收获基础上的进一步开放，《服贸协议》文本中关于两岸服务贸易的相关规范同样适用于ECFA服务贸易早期收获开放措施。另外，根据ECFA规定，《服贸协议》生效后，ECFA附件五规定的服务提供者定义将终止适用，ECFA服务贸易早期收获开放措施将一并适用本《服贸协议》附件二关于服务提供者的具体规定。

16.《服贸协议》文本第十七条提到“承诺表的修改”，是否意味着承诺表具有不确定性？

不是。首先，修改承诺的时间须在该承诺实施三年以后；其次，对于低于承诺方入世承诺水平的承诺只能朝更加开放的方向修改，不得撤销，也不受三年实施时间的限制；再次，修改承诺之前必须履行通知程序、补偿性调整磋商程序等，这就意味着承诺表的修改或撤销不具有随意性。

17.《服贸协议》中的服务提供者能否受到《两岸投保协议》对投资者的保护？

依据《两岸投保协议》规定，其保护对象是两岸投资者及其投资，不论是在农业、制造业还是在服务业领域，只要是以WTO规定的服务提供模式中商业存在形式提供服务的，其本质上均属投资范畴，此类服务提供者均可援引《两岸投保协议》的相关规定获得保护。

18．如何理解《服贸协议》文本中关于资格要求、资格程序等不能构成不必要的服务贸易壁垒的规定？

为了规范行业管理并保证服务的质量和水平，对于专业性和技术性较强的服务行业，两岸均有相应的专业资格和程序要求，如建筑、医疗、会计、金融等行业。按照《服贸协议》规定，这意味着双方关于资格要求、资格程序的标准和规定必须公开、客观、透明、合理。审批部门不能以申请者无法负担的资格要求或资格程序作为不予批准的理由。

19．《服贸协议》在岛内审议受阻后，大陆暂停包括货贸协议以及争端解决机制在内的两岸协商了吗？

没有。关于货物贸易协议和争端解决协议商谈，两岸有关方面，包括业务主管部门和产业界一直保持着沟通和意见交换。大陆对持续推进两岸经济合作制度化建设，推动 ECFA 后续协商的态度没有改变。国台办表示希望继续加强两岸经济合作，造福两岸同胞，不希望这一进程受到影响。

20．大陆方面说“要多聆听青年的声音”是不是为《服贸协议》重新讨论开启了空间？

不能这么理解。大陆一直没有停止，也没有拒绝 ECFA 各项后续事宜的讨论。在大陆方面看来，《服贸协议》是一个已经签署完成的协议，在台湾方面等待履行相关程序。当然，习总书记重视两岸青年交流，指示要采取措施加强两岸青年交流，这在两岸关系发展中是十分重要的。两岸青年是两岸关系的未来，而两岸关系的前途也会直接影响到两岸青年的前途命运。所以，加强青年交流应该是两岸关系中重要的主题。

21．大陆如何看待台湾的“两岸协议监督条例”？

2008 年以来，两岸恢复协商并已经达成了 21 项协议和多项共识，这些协议和共识为两岸同胞带来了实实在在的利益，也受到两岸主流民意的支持和国际社会的欢迎。两岸平等协商的正常进程不应该受到干扰和阻碍。需要指出的是，“台独”势力借两岸协议监督之名，企图将“两国论”和“一边一国”的“台独”主张塞入法条，达到其破坏两岸协商和两岸关系和平发展的目的。大陆反对“台独”的立场是坚定不移的。两岸同胞都不会允许“台独”势力以任何方式开历史倒车，将两岸关系拉回到紧张动荡的老路上去，损害两岸同胞的利益。

22．岛内反服贸事件后大陆会调整对台让利政策吗？

不会。国台办表示，当前两岸经济合作面临重要的契机，我们愿意本着“两岸一家亲”的理念，首先与台湾同胞分享大陆经济发展带来的机遇，在两岸经济合作中照顾台湾同胞的利益，在对外开放的时候先一步对台湾开放，扩大和深化两岸经济合作，促进两岸经济融合与共同发展、互利双赢。

23．大陆方面如何看待岛内反服贸运动？

国台办表示，2008 年以来，在两岸同胞的共同努力下，开创了两岸关系和平发展新局面，取得一系列成果。台海地区保持了和平稳定，两岸交流合作造福了两岸同胞。两岸关系和平发展局面来之不易，值得倍加珍惜。大陆相信，包括绝大多数台湾同胞在内的两岸民众都不愿意看到这一进程遭到干扰和破坏。大陆推动两岸经济合作和各项交流的出发点和落脚点，都是为两岸民众特别是为台湾同胞谋福祉，也为台湾同胞带来了实实在在的利益。这都是有目共睹的。随着两岸交流合作的深入，大陆愿意进一步听取台湾各阶层对两岸交流合作的意见，让更多的台湾民众能够从两岸关系和平发展中受益。

24. 大陆为什么称《服贸协议》“是个好协议”？

两岸《服贸协议》从内容上看，确实是一个互利双赢的好协议，而且是一个最大程度地照顾了台湾中小企业服务业者的协议。因为在大陆推出的80多项措施中，更多的是对台湾中小企业有利的。比如说，大陆开放台湾的工程设计，台湾的工程设计企业可能不全是大企业。大陆开放台湾的旅行社从事大陆境内旅游，台湾的旅行社也不都是大企业。大陆在福建开放台湾企业独资从事电子商务活动，台湾的电子商务网站也不全是大企业。更何况对印刷业、美容美发等行业来说，由于大陆市场的开放和提供的机遇，只要他们愿意，完全可以摆脱岛内激烈竞争来大陆寻求发展。实际上，像康师傅、旺旺等台资企业，在当年来大陆投资之前也是不知名的中小企业，它们的发展壮大是充分利用了大陆市场提供的机遇。两岸《服贸协议》从内容上看，是真心实意为台湾中小企业谋福祉的好协议。同时，坦率地讲，互利双赢不等于对等开放。因为两岸是兄弟，所以在大陆资本进入台湾方面，大陆做了最大的克制。从2009年陆资开放入台以来，据大陆统计，陆资在台湾投资区区10亿美元，据台湾方面统计，区区8亿多美元，这能给台湾的服务业和中小企业造成什么样的冲击呢？显然没有。大陆的餐饮业、厨具业已经落地台湾了，没有人听说过他们给台湾的同行造成了竞争困扰。将来《服贸协议》如果生效，大陆资金去台湾，也不会对台湾的同行产生排挤效应。所以说，既然台湾的大多数民众赞成两岸经济合作，既然大家认为对外开放、自由贸易也是台湾经济发展必须要走的一条路，那么大家就认认真真的潜下心来，好好看一看《服贸协议》内容，它的通过将是台湾中小企业的福音。

25.《服贸协议》在岛内审议受阻后，大陆会调整对台政策吗？反服贸运动会影响两岸政治议题协商吗？

不会。2014 年 5 月 7 日，中共中央总书记习近平在会见台湾亲民党主席宋楚瑜先生一行时指出“大陆推动两岸关系和平发展的方针政策不会改变，促进两岸交流合作、互利共赢的务实举措不会放弃，团结台湾同胞共同奋斗的真诚热情不会减弱，制止‘台独’分裂图谋的坚强意志不会动摇”。习总书记的讲话面向广大台湾同胞，表明了大陆对台工作的基本方针政策。首先，两岸关系和平发展符合时代潮流，是两岸同胞的共同选择。事实证明，这是一条维护两岸和平、促进共同发展、走向民族复兴、造福两岸同胞的正确道路。大陆将排除一切干扰，坚定不移地继续推动两岸关系和平发展。其次，这些年来，大陆采取了一系列促进两岸关系和平发展的务实措施，增进了两岸同胞福祉，维护了民族整体利益，今后大陆将继续推行这些行之有效的措施，并在实践中不断改进完善，使更多的台湾各阶层民众在两岸交流合作中受益。第三，两岸同胞一家亲。虽然由于不同的历史遭遇和现实状况，难免有隔膜，但两岸毕竟是一家人，血脉相连、命运与共，没有解不开的心结。大陆将继续扩大两岸社会各界各阶层民众的接触面，加强两岸青少年交流，为两岸同胞加深理解、融洽感情、增进互信创造条件。最后，反对“台独”是两岸关系和平发展的必要条件。大陆坚决反对任何形式的“台独”分裂活动，在这一点上没有任何妥协的空间。

关于两岸政治议题协商问题，大陆方面向来主张两岸关系全面发展。两岸可以在持续推动经济文化等领域交流合作的同时，探讨协商逐步解决政治分歧问题，从而为两岸关系和平发展开辟更加宽广的道路。大陆方面也鼓励支持两岸的民间学者先行一步进行探讨。对于两岸之间长期存在的政治分歧问题，大陆方面愿在一个中国框架内，同台湾方面进行平等协商，作出合情合理的安排。

台湾篇

1.《服贸协议》对台湾服务业的整体效益与影响有哪些？

（一）扩大服务业输出动能：提高台商对大陆经营据点的控制力、扩大经营范围，及通过简化审批程序等可快速进入大陆市场，能增加台湾业者在大陆的竞争力，扩大服务业出口动能。

（二）活络经济，增加就业机会：目前台湾服务业相对大陆仍具有竞争优势，借新增开放项目，扩大吸引陆资赴台，增加就业机会，并通过竞争带动产业调整。

（三）参与全球经济整合：两岸服务贸易协议台湾市场开放承诺约有三分之一超出其在 WTO 入会承诺，有利其产业及早应对贸易自由化，为台湾参与其他区域经济整合奠定基础。

至于具体的效益部分，台湾的中华经济研究院进行的整体评估显示：

（一）总体面：估计将使台湾总体实质 GDP 增加 9,700 万美元至 1.34 亿美元，增加率介于 0.025%—0.034%。

（二）服务业进出口贸易变化：1. 两岸服务业进出口变化：台湾对大陆出口值成长约 4.02 亿美元（37.2%）；相对于此，自大陆的服务业进口值增加约 9,200 万美元（9.08%），对台湾服务业进口影响相对有限。2. 台湾服务业总出口变化：台湾服务业总出口可望增加约 3.78 亿美元（1.61%），显示大陆对台湾开放服务业，可带动台湾服务业总出口。而在总进口方面，则因台湾对大陆开放幅度不大，进口成长幅度相对较小，总进口约增加 6,100 万美元至 6,300 万美元之间（0.30%）。

(三) 对台湾服务产业影响：1. 协议对台湾服务业产值具正向成长效益。服务业总产值估计将增加约 3.9 亿美元至 4.28 亿美元，成长幅度平均介于 0.10% 至 0.11%。2. 以成长幅度观察：空中运输服务业产值估计约成长 0.55%，产值增加约 3,500 万美元左右，成长幅度变化最大。其次是运输仓储业，开放后产值约增加 6,400 万美元，估计约成长 0.33% 至 0.34%。3. 以变化值大小观察：商品买卖业的产值成长最多，约可增加 1.35 亿美元至 1.43 亿美元之间（0.17%成长率），其次是运输仓储业（约增加 6,200 万美元—6,400 万美元），工商服务业则排名第三，产值约增加 5,200 万美元—5,600 万美元。总体而言，两岸服务贸易协议对台湾各服务产业的总产值均具有正向效果。

(四) 对服务业就业之影响：1. 两岸服务贸易协议对台湾服务业就业有正向效益。服务业总就业人数估计约可增加 11,380 至 11, 923 人，总就业成长幅度约为 0.15%—0.16%。2. 就业人数增加数来看，商品买卖业的就业人数成长最多，约可增加 5,000 多人的就业需求。其次如公共行政、教育医疗及其他服务业，就业需求可增加 2,000 余人。再如运输仓储业、工商服务业等，其就业需求可望增加千人以上。

(五) 总评：评估结果均为正面效益，但效益幅度不甚显著。究其原因，主要在于两岸双方目前开放程度仍相对有限，特别是台湾开放程度上，仍有相当多部门尚未给予等同于外资待遇，而大陆承诺也有若干限制，效益亦自然难以彰显。对此，仍有待两岸未来持续协商降低贸易障碍。

2. 台湾当局签署《服贸协议》前对台湾产业及就业影响做过怎样评估？

（一）针对《服贸协议》协商内容，各主管机关在事前均利用个别拜访、电话联系、开会讨论及委托研究等小规模、非公开的方式，与业者沟通，通过征询业者意见，评估市场开放可能造成的冲击，例如涉及服务质量（如律师等专业服务）、公共安全（如工程设计）、国家安全（如第一类电信服务），均经主管机关检查后未纳入开放范围，整体评估利大于弊后才同意完成协商并签署。

（二）“经济部”及相关服务业主管机关在协商过程中，已通过征询业者意见等非正式沟通方式，对可能冲击进行评估。整体而言，台湾开放程度主要以落实 WTO 承诺为主，且开放陆资有助于活络市场，增加外商赴台投资诱因，扩大就业机会。

（三）针对可能受冲击行业，台湾除针对开放程度加以设限（如持股上限、不得具控制力等），以让业者有时间积极整备应对竞争外，并编列预算针对不同对象进行振兴辅导、体质调整、损害救济等支持策略。

（四）“经济部”2009 年委托智库进行“两岸服务贸易全面自由化”情境下推估，结果是台湾 GDP 增长 0.57%，投资增加 2.97%；另据“两岸洽签服务贸易协议对我总体经济及产业之影响评估”的研究，预估可让台湾服务业总产值增加约 4 亿美元（增长 0.11%），就业增加约 1.2 万人（增长 0.16%）；台湾服务业输出大陆总值约增加 4.27 亿美元（增长 39.5%），大陆服务业输出台湾总值约增加 0.92 亿美元（增长 9.09%）。台湾出口增加值与增长率都比中国大陆高出三倍以上。

3.《服贸协议》生效后会发生大陆劳工赴台抢工作的情形吗？

（一）在《服贸协议》中，并不涉及开放大陆劳工议题，有关承诺开放自然人移动问题，仍依现行规定，并未开放大陆劳工赴台工作。目前台湾承诺开放的范围，只包括短期商务访客、跨国企业内部调动陆籍主管及专门技术人员赴台从事经贸专业活动，并在资格条件有严格限制。至于大陆投资人、主管或技术人员赴台系台湾比照外资赴台规定所做的单方面规定，并未列在《服贸协议》承诺内，且在资格条件与数量上有严格限制。

（二）依据服务贸易特性，陆资赴台虽带来少数投资人及白领管理人员，但有助于创造就业机会。据“经济部”统计，截至 2013 年 12 月底，陆资赴台投资已有 483 件，其申请大陆籍白领管理人员赴台数合计有 259 人次，在台湾雇用 9,624 人。预期在《服贸协议》生效后，陆资赴台投资增加可增加台湾就业机会。

（三）台湾在《服贸协议》中的开放方式是比照台湾在 WTO 的承诺，均依现行规定，并未改变现状。只有符合条件的三类白领人士（即商业访客、跨国企业内部调动人员及履约服务提供者）才能赴台暂时性地提供服务，因此不会有大量陆籍白领人士赴台的情形。

4.《服贸协议》中是否开放互相承认证照？

目前双方无此安排，仅仿照 WTO 规定，设计非强制性的相互认许机制。但在台湾当局对外说明过程中，部分业界如旅游服务业、金融服务业等曾反映盼大陆认许台湾专业人员资格等，未赴台湾当局会在业界有需要并且同意前提下，才与大陆讨论相互认许事宜。

5．开放陆资赴台会冲击到台湾中小企业吗？

（一）不会。台湾当局自2009年6月30日开放陆资赴台投资至《服贸协议》签署前，已开放161项服务业。依过去开放陆资赴台经验并无重大负面影响。

（二）《服贸协议》生效后，陆资如果提出的投资申请，会对经济上产生具有独占、寡占或垄断性地位，或者对政治、社会、文化上产生具有敏感性或影响社会安全，以及对台湾经济发展或金融稳定，发生不利影响等可能时，台湾仍可禁止其投资；陆资企业如果有杀价等不当竞争情形，即可依公平交易管理机制依法处理，台湾当局也会视协议执行情形，适时强化或改善相关行政管理措施，以避免对台湾业者产生重大的不利影响。

（三）《服贸协议》没有开放大陆劳工，更没有开放移民，陆资赴台必须雇用台湾本地的员工，对台湾的就业市场应有正面帮助。

（四）针对可能受贸易自由化影响的行业，台湾“经济部”已通过“应对贸易自由化产业调整支持方案”，编列982亿元新台币经费，针对不同对象实行振兴辅导、体质调整、损害救济等调整支持策略，协助传统及中小企业升级转型，提升产业竞争力。

6．《服贸协议》是否只对大企业有利，中小企业却无利可图？

（一）中小企业在台湾经济发展过程中，一直扮演举足轻重的角色，也一直面对高度竞争环境，调适能力甚强，目前许多大型企业也是从原本中小企业茁壮而成。台湾的企业有九成八是中小企业，就业人数接近 850 万人。推动签署两岸《服务贸易协议》，大陆广大市场正好提供台湾有企图心的中小企业一展身手的机会。是否有利可图，还是要看企业经营者有无雄心壮志。

（二）在两岸《服务贸易协议》中，大陆对台开放的项目，并非只有金融、电信、运输等适合大企业经营的服务业，还有许多适合中小企业经营的行业，例如：计算机相关服务、一般商品的零售、市场调查、摄影、包装装潢印刷品的印刷、影印、笔译和口译、录音录像带分销、旅行社、建筑物清洁及环境服务（排污、废物处理、废气清理、降低噪音等服务）等。根据以往的经验，许多台湾中小企业业者，赴大陆发展后，因为有广大的市场支持，可以发展成为大型企业，例如：象王洗衣、都可茶饮（COCO）、85 度 C、丽婴房、自然美等，都是中小企业获利的例子。还有，未赴台湾业者在福建经营电子商务网络平台，持股比例可达 55%，台湾中小企业生产的农、工产品或是微型卖家贩卖的小商品，都可以通过这些台资控股的网站，把商品卖到全大陆。显然两岸《服务贸易协议》不仅照顾大企业，同时也为中小企业争取到更有利的发展条件，帮助业者到大陆做生意。

（三）至于开放陆资赴台部分，对中小企业有利的部分，主要在于吸引外资进入台湾市场，活络台湾的经济，刺激本地消费，可为中小企业创造进一步发展空间，包括陆资企业所需的场地、装潢、日常消费等等可带动本地中小型服务业的发展。其营运所需原物料或商品仍然会增加本地采购，有利中小企业的发展。以麦当劳等餐饮业为例，在台设立多家分店所用的食材大多在台湾取得，并在台雇用员工，批发零售业也是如此。

（四）陆资赴台后，台湾中小企业可通过与陆资合作方式，发挥彼此强项，一方面经营台湾市场，另一方面也可藉合作经验，回头合作经营大陆市场，为台湾中小企业发展另一种拓展大陆市场的模式。

7. 陆资赴台投资的审查及管理机制是怎样的?

（一）采事前许可制：大陆地区人民、法人、团体、其他机构或其于第三地区投资公司，须事先取得经济部许可后，始得赴台设立子公司、分公司、独资或合伙事业。另大陆地区营利事业，也须事先取得台湾当局许可后，始得在台湾地区设立分公司或办事处。

（二）直接或间接投资：大陆地区的人民、法人、团体或其他机构，除直接赴台投资外，其直接或间接持有第三地区公司股份或出资额超过 30%，或对该第三地区公司具有控制能力，则该第三地区公司也视为陆资投资人，须依“大陆地区人民赴台投资许可办法”办理。大陆企业投资台湾的上市、上柜及兴柜公司的股票，如果单次或累计投资股份在 10%以上者，视为直接投资，也须依许可办法办理。

（三）订定防御条款：针对陆资投资申请案，均对投资人相关背景进行事前查核，投资人如为大陆地区军方投资或具有军事目的的企业，主管机关将限制其赴台投资。此外，陆资赴台投资在经济上具有独占、寡占或垄断性地位，或在政治、社会、文化上具有敏感性或影响安全，或对岛内经济发展或金融稳定有不利影响，主管机关得禁止其投资。

（四）事后管理机制：1. 依据许可办法规定，实收资本额达新台币 3,000 万元以上的陆资投资事业，应于每届会计年度终了后 6 个月内，出具会计师签证的财务报表，并同股东名簿，报主管机关备查。2. 主管机关为查验前项资料，或掌握陆资投资事业的经营活动，必要时，可以派员前往调查，陆资投资事业不得规避、妨碍或拒绝。

（五）违法违规依法处分：陆资赴台投资如违反两岸条例相关规定，可处以新台币 12 万以上 60 万元以下罚款及停止其股东权利，并限期命其停止或撤回投资，届期仍未改正，可以连续处罚至其改正为止。

8.《服贸协议》执行过程中是否有“刹车机制”？

有。依据《服贸协议》第八条，双方若因实施服务贸易协议造成实质性负面影响时，可要求协商寻求解决；有违反公平贸易情事，协议也有相关规范 (第七条)。双方倘对《服贸协议》解释、实施和适用发生争端，可通过未来将签署的争端解决协议处理。

9. 按照《服贸协议》台湾开放陆资赴台投资的效益有哪些？

台湾当局统计数据显示，自开放陆资赴台投资以来，已产生正面且具体的效果，包括：

（一）创造就业机会：截至 2013 年 12 月底，陆资赴台投资事业已雇用台湾员工人数计 9,624 人。

（二）增加公库税收：陆资赴台投资事业 2011 年缴交的营利事业所得税及营业税分别为新台币 2.5 亿元及新台币 1.99 亿元。

（三）促进对外贸易：陆资赴台投资事业 2012 年的进出口金额为新台币 87.55 亿元，如：大陆中钢集团在台投资中国金贸有限公司，从事钢铁需求原物料批发业务，供应台湾中钢、烨联集团、长荣钢铁、华新丽华四大钢铁厂使用，并协助采购台湾钢铁厂商产品销往大陆以外的全球地区。

10. 台湾针对可能受冲击的产业有无配套措施?

有。（一）台湾当局针对可能受贸易自由化影响的产业、企业与劳工提供积极、有效的支持措施，已编列 982 亿元新台币经费，自 2010 年至 2019 年推动“应对贸易自由化产业调整支持方案”，针对不同对象实行振兴辅导、体质调整、损害救济等 3 种调整支持策略，提升其竞争力及辅导转型。

（二）应对开放可能对产业带来冲击，两岸的协议文本中也规定，如果因为实施本协议对台湾的服务部门有实质性负面影响时，可要求与大陆磋商，寻求解决方案。

11. 台湾当局采取何种措施推广服务业进入大陆市场?

台湾当局协助台湾服务业者积极争取大陆市场商机有下列具体推广作法：

1. 协助业者建构服务业输出能量。(1) 协助掌握大陆服务业商情及商机信息：“经济部”在台湾服务贸易商情网增辟两岸服务贸易协议商机专区，协助业者掌握中国大陆市场商机、商情、服务业发展趋势、商展讯息与服务、研发成果等信息。(2) 提供人才培训资源：“经济部”针对两岸服务贸易协议人才培训，规划会展产业、物流、美食及连锁业办理相关专业知识、技术等中高阶管理人才培训，与国际接轨。(3) 提供中小企业拓销咨询服务：“经济部”在台湾服务贸易商情网增辟名家专栏，提供各服务业的产业知识信息，协助台湾服务业者掌握布局中国大陆市场所需的市场调查法规及两岸投资保护协议等信息。

2. 广邀大陆 B2B 服务业需求者赴台与台湾业者合作。针对有商机的服务产业，通过外贸协会在海外据点协助洽邀潜在客户、策略合作伙伴等赴台举办商机媒合会、安排实地参访等方式，与台湾服务业者进行商机牵媒。

3. 协助业者赴大陆布局及设立据点。(1) 媒合投资对象：发掘投资对象，协助媒合两岸具投资意愿的服务业者，或媒合欲通过两岸服务贸易协议进入大陆的非大陆外资，投资台湾服务业者布局大陆。(2) 办理展团营销活动：通过外贸协会及产业公协会筹组参展团、拓销团及于展团活动设置体验馆方式，安排中国大陆市场服务业通路业者与台湾业者洽谈，以协助台湾业者洽觅合作伙伴并设立据点。(3) 加强两岸合作及策略联盟，建立转介平台及通路。

4. 建立两岸绵密交流网络。(1) 建立与大陆公协会的交流渠道。(2) 通过大陆台商协会引介合作案源：联合外贸协会、产业公协会与大陆台商协会资源，发掘投资商机，引介合作案源，或协助解决赴陆投资的台商取得据点的相关问题。

5. 提升台湾服务业者大陆能见度。(1) 通过举办论坛、记者会、研讨会等方式，推广台湾优质服务形象。(2) 洽邀大陆媒体赴台，期通过实地参访深入报导优质服务产业。(3) 大陆主要公共场所（如机场、商圈等）刊登台湾优质服务产业广告，以增进能见度及知名度。

12．台商在大陆投资若遭遇障碍或困难可寻求何种协助？多久可解决？

目前两岸已签署《海峡两岸投资保障和促进协议》（以下简

称两岸投保协议），台商在大陆投资倘遇有障碍或困难，可依据两岸投保协议规定寻求解决。1. 台商可请求进行协商、协调、协处、行政及司法救济等多元渠道解决经营中与大陆主管部门的分歧，其中有关征收补偿金额过低的争端，台商可通过调解机制，由两岸的投资争端解决机构来协调合理的补偿金额；2. 当台商与私人、企业、国有企业或政府部门因投资发生的商务纠纷，经双方当事人合意，可选择两岸的仲裁机构，在双方当事人合意的仲裁地点进行仲裁。

13.《服贸协议》签署后，台湾印刷业是否会受到冲击？

不会，对台湾既有印刷业冲击极为有限。

（一）台湾既有印刷业大多老厂土地资产丰富，且岛内市场已饱和，加之现行开放陆资赴台的条件限制投资现有企业，不得超过 50%，因此现有台湾印刷业大厂不太可能接受陆资投资。

（二）若有部分小厂愿意接受投资，因规模小事实上陆资应无兴趣，经台湾当局评估陆资将采观望态度，投资意愿低。

（三）依据台湾过去 50 年印刷业发展经验，印刷业并无垄断市场的技术，且印刷产业客户众多及多元化，目前岛内印刷大厂个别市占率只有 1%—3%，不易形成寡占或垄断，岛内印刷产业厂家数也不会减少。

（四）印刷业以在地产业为主，就业人数、印刷机与印刷品产值的量比例固定，开放陆资赴台，岛内印刷产业厂家数不会减少，未来岛内印刷业产值应会维持稳定，不会有就业人数减少的现象。

14．台湾目前仅开放陆资投资印刷业，如果陆资兼营图书、杂志出版发行等行业，台湾如何处理？

（一）《服贸协议》仅开放陆资投资印刷业，且限投资台湾现有事业，陆资投资总股权比例不得超过50%。倘若陆资投资台湾现有事业，且台湾现有事业的营业项目包括图书、杂志出版发行等营业项目时，该申请案将不会被核准。

（二）为避免陆资投资印刷业却兼营图书、杂志出版发行等营业项目，台湾当局除将在核准函中附加条件，明定该投资事业不得兼营图书、杂志出版发行等行业外，未来也将针对已核准投资的事业，会同相关机关进行定期访视与查核，了解投资事业是否正常营运、资本额是否确实到位、所营事业与实际营运内容是否相符。

（三）倘发现陆商径行兼营图书、杂志出版发行等行业，违反“台湾地区与大陆地区人民关系条例”等相关规定，将处以新台币12万元以上60万元以下之罚款，情节严重者，命其撤回投资，逾期未改正将连续处罚至改正为止。

15．台湾开放美容美发业、洗衣业等产业是否冲击其就业市场？

（一）《服贸协议》不涉及开放劳动就业市场。亦即，陆资赴台投资美容美发或洗衣业，必须雇用本地劳工为技师，可提供台湾从业人员更多的就业机会，对就业市场是正面影响。

（二）2009年6月30日台湾当局开放陆资赴台投资，已拟定相关配套措施，其中有关人员进出部分的说明如下：

1. 陆资投资事业其投资金额达20万美元以上，可申请2人赴台进行经营管理，投资金额每增加50万美元，得申请增加1

人，最多不能超过 7 人。

2. 倘该投资事业如需申请主管或技术人员（白领）赴台，其营业额须达到新台币 1,000 万元以上，主管或技术人员须符合一定之资格条件（具学士或硕士学位，2 年以上工作经验；或具有专业技术持有证明文件，并具 5 年相关工作经验）。且已实行投资金额 30 万美元以上，得申请 1 人，每增加 50 万美元以上得申请增加 1 人，最多不得超过 7 人。

3. 有关后续管理部分，台湾当局会定期或不定期针对陆资投资事业在台的陆籍负责人、经理人、主管或技术人员进行访视，查核是否如实经营经核准许可的营业项目，以及是否从事影响安全、公共利益或假藉名义赴台工作等不法活动。如发现有前述情况，将依两岸条例予以裁罚并撤销其投资，将相关人员遣返出境。

（三）截至 2013 年 12 月底，陆资投资事业的主管或技术人员赴台仅 259 人，陆资投资事业雇用台湾员工人数达 9,624 人。显示陆资企业除指派少数高阶管理阶层人员赴台外，大多数员工仍在台湾雇用台湾人士，创造台湾就业机会。

16. 引进大陆的中药批发业者赴台湾，是否会垄断台湾的中药材批发业市场？

不可能。台湾有事前审查、事后稽查管制机制。

（一）陆资到台湾投资设立中药批发公司，仍然需要经过台湾“经济部投资审议委员会”审查。

（二）不是任何大陆企业或个人都可以赴台湾设点开店，必须依照台湾对个别行业的规定，申请独资、合资、合伙、设立分公司或子公司等方式，而设立各种商业据点须符合台湾的相关管理法规，由“经济部”会同相关主管机关进行审查。

（三）大陆企业赴台湾投资中药批发业当然也要符合台湾药事法规定，聘用台湾中医师、药师或药剂生驻店管理，且不可以从事核准批发项目以外的行为。

（四）如果发现垄断情形，台湾当局可以依据“公平交易法”及“大陆地区人民赴台投资许可办法”第 8 条第 2 项规定处理，可禁止投资。

17．台湾餐饮业开放后是否会排挤岛内就业？

（一）两岸服务贸易协议明文规定世界贸易组织 (WTO)“关于自然人移动的附件”适用本协议，也就是本协议不适用于双方有关就业、移民或永久性居留权的措施，不涉及开放劳动就业市场。亦即，陆资赴台投资餐饮业，必须雇用本地劳工，故可提供岛内从业人员更多的就业机会，因此对就业市场影响应为正面。

（二）2009 年 6 月 30 日台湾开放陆资赴台投资，已拟定相关配套措施，其中有关人员进出部分，主要系参照外国人赴台投资订定相关规定，以投资金额及营业额核定赴台人数，并进行后续管理。

（三）有关后续管理部分，台湾当局将定期或不定期针对陆资投资事业在台的陆籍负责人、经理人、主管或技术人员进行访视，查核是否如实经营经核准许可的营业项目，以及是否从事影响安全、公共利益或假藉名义赴台工作等不法活动。

18．台湾开放多项商业服务是否冲击岛内产业？

台湾开放多项商业服务 (包括机器与设备租赁、广告服务、市场研究、管理顾问、设备维修、建筑物清理、摄影、包装、复制、翻译及传译、邮寄名单编辑服务），均不会冲击岛内产业。

（一）机器与设备租赁服务业：此为现行陆资开放项目，迄今并无投资案例。事实上，台湾产业发展成熟，市场供需已呈稳定状态，陆商赴台将面对强烈竞争，原则上，台湾业者受影响有限。

（二）广告服务业：此业别原已开放陆资赴台经营非属从事广告代理或报纸、期刊、广播、电视、网络等媒体广告的设计、绘制、模塑、选择场所及装置等广告业，迄今无投资案例，本次进一步开放一般广告业。事实上，广告商品要有说服力，必须有独特的精致文化与人文素养，且需拥有说故事能力、消费者洞察感染力，如此，广告效果、质量及创意能量才能略胜一筹。鉴于台湾广告实力达成熟阶段，台湾相对大陆具有差异化利基及竞争优势，预期陆资赴台不至于对台湾产业造成太大影响。

（三）市场研究服务业：此为新增开放项目，主要影响包括：1. 台湾相关业者约 31 家，预期服务贸易协议签署后，欲赴台投资的大陆业者增加，业者为获取商情，市场研究需求量将相对增加。2. 台湾市调市场发展较早，环境较完备，台湾业者的市场调查研究相关专业能力较相对优于大陆，大陆开放有利于业务拓展。

（四）管理顾问服务业：属本次新增开放业别，台湾管理顾问业者辅导工具与服务较为成熟，对台湾企业掌握程度高，搭配相关政策资源，短期内对岛内辅导市场应无影响，预期开放陆资业者赴台有助刺激市场良性竞争，提高产业整体竞争力与服务质量。台湾管顾业仍相对具有竞争优势。另本次服务贸易协议并未开放劳工部分，故陆商可增加本地员工雇用，促进就业。

（五）设备维修服务业：此为现行陆资已开放项目，开放迄今对台暂无影响。

（六）建筑物清理服务业：此为现行陆资已开放项目。台湾清洁服务业市场正积极增长中，市场呈大型化及客制化家事服务方向发展，开放陆资赴台可能刺激市场竞争，且因本协议不涉及劳动市场进入问题，从业人员就业机会有可能因而增加。另一方面，大陆开放台湾服务提供商在大陆设立独资企业，提供建筑物清理服务，对以中小型业者为主的台湾业者，不失为一个发展契机。

（七）摄影服务业：此为现行陆资已开放项目。目前台湾摄影业 2012 年营业额不到 100 亿元新台币，从业人口 20 余万人，台湾对此项服务业发展较大陆为早，技术较为纯熟，但因内需市场不足且下滑，在台湾市场发展受限，未来两岸相互开放市场后，有助此项产业拓展经营规模，提升增长动态。

（八）包装服务业：此系新增开放项目。台湾业者包装技术专业能力、产业知识、从业人员的勤奋特质都可能优于大陆厂商，且包装服务业跟厂商的契合度必须很强，对产业的习性要非常熟悉，台湾既有市场不容易被外来厂所取代。

（九）复制服务业：此为现行陆资已开放项目。由于复合打印机发达及无纸化发展，致复制服务规模萎缩，未具市场发展性，预期大陆投入台湾市场意愿不高。台湾复制服务业具有客制化及客户信任度的优势，若进入大陆市场，可借服务业科技化方式提供大陆市场更完整的服务。

（十）翻译及传译服务业：此为现行陆资已开放项目。翻译及传译服务本来就已经跨越疆界，行之多年，台湾业者与大陆业者早有合作交流（例如延揽当地翻译师等），开放市场可促进两岸业者更紧密的合作，对台湾并无影响。

（十一）邮寄名单编辑服务：此系新增开放项目。台湾个人资料保护工作严谨，搜集台湾厂商名单及地址，须经合法程序及公开信息系统中取得，陆资业者提供服务时仍需遵守台湾有关个人资料保护规定，以保障消费者个人资料安全，并与台湾业者良性竞争，刺激服务创新与效能。

19. 开放大陆赴台投资营造业对台湾营造业的影响有哪些？台湾当局辅导本地营造厂商的应对措施有哪些？

（一）对台湾营造业的影响

《服贸协议》不涉及材料及营造业劳工输入，不会有劣质材料输入及影响相关从业人员的工作权益。因岛内业者资金取得不易、公共工程预算逐年降低，考虑未来开放大陆以合资方式投资岛内营造业，有利于提升服务质量，不会对岛内营造服务业产生冲击。

（二）台湾当局应对措施

1. 尽速完成检视营造业法及其子法等相关规定，保障岛内营造业者工作权益，陆资赴台除应遵守相关限制条件外，尚须符合营造业法等相关规定的要求，减少投资争议。2. 将积极辅导业界转型并协助争取大陆认定台湾人员资质及工程实绩并协助本地厂商开拓大陆市场。3. 辅导台湾营造业在签署服务贸易协议市场开放陆资后，让两岸做到优势互补、相互提升，促进两岸营造服务业的国际化，为业者带来更大商机。预估能增加产业投资规模，进而提升竞争力，现在营造服务业多属传产，未来在功能提升后，可转型升级进而再输出。在资金进入、及国际化的推动下，产业环境将可同步调整，进而提升竞争力，改善劳动力。4. 加强相关配套审核措施，例如：(1) 参股股权比率依营造业等级分别订定。(2) 参股比率不得大于原最大单一持股的原始股东。(3) 参股须经董事会会议同意。

20. 两岸《服务贸易协议》签订后，对台湾观光旅馆业的效益与影响评估怎样？

（一）正面效益

1. 台湾连锁旅馆可拓展大陆市场：台湾业者较大陆多具有旅馆经营管理及人事培训的经验，大陆开放承诺后，台湾业者可考虑大陆地区内需市场大，评估是否在该地区设立新据点。2. 利用大陆资金，提升旅馆的数量及质量：应对台湾观光旅游业的蓬勃发展，住宿的质量及数量都亟须提升，借由开放陆资投资，台湾业者可与大陆合作，引进大陆雄厚资金，提升既有观光旅馆的软、硬件服务质量，或兴建新的观光旅馆。3. 开拓陆客住宿市场：由于大陆地区人口众多，且近年经济增长快速，对于世界各国旅游市场来说，均为重要客源。台湾业者可与大陆合作，利用大陆对大陆游客需求取向的了解及在大陆地区内部通路的订位优势，开拓陆客住宿市场。

（二）可能产生的负面影响及应对

1. 仅开放观光旅馆，以降低一条龙营运模式的影响：目前大陆业者在世界各国多采一条龙的营运模式，可能藉由在台设点营运的陆资饭店，与大陆旅行社合作，承揽大部分的陆客团生意，影响台湾旅馆业的经营。为降低此负面影响，台湾旅宿业目前对大陆仅开放观光旅馆业，由于观光旅馆业须符合一定的建筑设备标准，其住宿质量及房价相对较高，且半数以上多为岛内、外连锁饭店，有自有的营运策略及资金来源，不易配合大陆的一条龙营运模式。2. 不致冲击既有的就业市场：一家观光旅馆的营运需要大量的基层员工，而台湾当局并未开放大陆人士赴台工作权，大陆业者仅得派少数业务主管人员赴台，故开放陆资投资新设观光旅馆，将不至于冲击既有的就业市场，反而将为台湾创造就业机会。

21．如何确保大陆赴台设立检测试验室的公信力及检测结果可靠度？

台湾当局推动的财团法人全台认证基金会(TAF)，在岛内已认可1,648家试验室，且定期对其认可的试验室执行查核，以确保其作业符合相关标准程序。为提升试验室的公信力及检测结果可靠度，台湾当局将持续推动认证体系，并建议业者如有检测需求，应优先选择通过TAF认证试验室。此外，相关单位认可或委托其他试验室执行强制性检测业务时，均会先经过评核，应可有效确保试验室检测结果品质。台湾当局表示将持续加强试验室管理，避免陆资试验室挟其庞大资金，低价抢市的情形发生。

22．台湾开放海运承揽运送业及海运辅助性服务业内容对业者的可能影响有哪些？

影响有限。

(一) 海运承揽业方面：因现阶段开放大陆以合资形式与台湾业者合作经营，并设投资比例限制，台湾业者对合资企业仍具控制能力，影响应有限。

(二) 海运辅助服务业方面：为避免开放陆资投资港埠服务业对既有经营业者造成冲击，已订定限制条件为，开放的港埠服务业项目需属BOT特许公司可经营业务范围、限制于投资新建的商港区域，不得扩及既有依商港法投资兴建或租赁经营的港区，并排除内陆货柜集散站范围、限制陆资持股比例须低于50%，不得超过其他非陆资最大股东的持股比例，且对投资事业不得具有控制能力，避免陆资掌控经营权，影响港埠正常运作。

（三）有关海运既有就业市场方面：因台湾当局未开放大陆人士赴台工作权，大陆投资业者仅得派少数业务主管人员赴台，实际码头工作权属本地居民，不致剥夺港区既有劳工的工作权益。反之，开放陆资投资经营的目的为扩大岛内市场版图并强化竞争力，为台湾创造就业机会。

23．开放大陆业者赴台经营运动场馆业可能会带来哪些冲击？

冲击有限。运动场馆业是为从事室内（外）运动场馆经营管理的行业，如球类运动馆、室内外游泳池、拳击馆、棒球打击场、健身中心等，岛内现况以撞球场、健身中心和游泳池为大宗。台湾现已订定“健身中心定型化契约应记载及不得记载事项”、“体育场馆业发行商品（服务）礼券定型化契约应记载及不得记载事项”和“游泳池管理规范”等，对运动消费市场已订定相当周延的法规，加上台湾人民消费保护意识高涨，台湾市场对陆资企业较不具吸引力，冲击应属有限。相较之下，大陆市场及经济规模皆大于台湾，且人民健康意识抬头，运动消费市场大有可为，兼以台湾业务服务水平高于大陆，开放市场将对台湾业者机会更多。

24．台湾有无开放出租车相关行业？

没有开放。台湾“交通部”主管的“出租车客运业”及“出租车客运服务业”等二项业别，均属须经公路主管机关核准的特许经营行业，现行法令并未开放外国人及陆资赴台投资，且本次两岸服务贸易协议签署的项目也未纳入出租车相关行业，台湾当局并无任何开放计程车相关行业的计划或措施。

25.《服贸协议》对台湾服务业发展有哪些机遇与挑战？

（一）两岸服务贸易协议对台湾服务业的机遇：1. 大陆目前对外资限制较多，而台湾具竞争优势的产业，大陆在开放内容上均超出其 WTO 承诺水平。2. 台湾业者能享有协议中的提高持股比例、扩大业务范围和贸易便利化等措施，可增加其在大陆的掌控力与竞争力。3. 台湾刻正推动“三业四化”(制造业服务化、服务业科技化与国际化、传统产业特色化)，加以制造业在大陆已深耕良久，台湾服务业拓展大陆市场，将有助发挥整合制造业的相辅相成效果。4. 台湾服务业具创新、精致、专业等特质，发展经验早于大陆，适逢大陆“十二五”计划开始积极推动扩大内需，着力民间消费、发展服务业以及城镇化策略，台湾将可利用市场开放商机积极布局。5. 吸引欧、美、日等外国企业或资金和台商合作，以台湾作为进入大陆市场跳板，并成为亚太营运的枢纽。

（二）两岸服务贸易协议对台湾服务业在大陆市场的挑战：1. 大陆市场庞大、市场信息复杂且不够透明，台湾服务业者以中小企业居多，若须以合资、合作进入市场，需补强市场布局信息能量。2. 大陆幅员辽阔，风土民情与地方规范存在差异，台湾服务业者须清楚自身定位，并选择相应的地区与进入策略，在一线城市饱和，二线、三线城市兴起之下，对于二线、三线的地方认知与在地性尚有加强空间。3. 协议虽开放部分服务贸易便利化措施，但面对大陆的投资或设立据点等相关规范，台湾服务业者需设法全盘了解掌握。

海峡两岸服务贸易协议（全文）

为加强海峡两岸经贸关系，促进服务贸易自由化，依据《海峡两岸经济合作框架协议》及世界贸易组织《服务贸易总协定》，海峡两岸关系协会与财团法人海峡交流基金会经平等协商，达成协议如下：

第一章　总　则

第一条　目标

本协议致力于：

一、逐步减少或消除双方之间涵盖众多部门的服务贸易限制性措施，促进双方服务贸易进一步自由化及便利化；

二、继续扩展服务贸易的广度和深度；

三、增进双方在服务贸易领域的合作。

第二条　定义

就本协议而言：

一、“服务贸易”指：

（一）自一方内向另一方内提供服务；

（二）在一方内向另一方的服务消费者提供服务；

（三）一方服务提供者通过在另一方内的商业存在提供服务；

（四）一方服务提供者通过在另一方内的自然人存在提供服务。

二、“服务部门”指：

（一）对于一具体承诺，指一方承诺表中列明的该项服务的一个、多个或所有次部门；

（二）在其他情况下，指该服务部门的全部，包括其所有的次部门。

三、“人”指自然人或法人。

四、“法人”指根据两岸任一方相关规定在该方设立的实体。

五、“服务提供者”指两岸任一方提供服务的任何人。如该服务不是由法人直接提供，而是通过分支机构或代表处等其他形式的商业存在提供，则该服务提供者（即该法人）仍应通过该商业存在享有本协议所给予的待遇。此类待遇应扩大至提供该服务的存在方式，但不需扩大至该服务提供者位于提供服务的一方之外的任何其他部分。

六、“服务消费者”指接受或使用服务的任何人。

七、“措施”指两岸任一方的规定、规则、程序、决定或任何其他形式的措施。

八、“一方影响服务贸易的措施”包括关于下列事项的措施：

（一）服务的购买、支付或使用；

（二）与服务提供有关，且该方要求向公众普遍提供的服务的获得和使用；

（三）另一方的人为在该方内提供服务的存在，包括商业存在。

九、“商业存在”指任何类型的商业或专业机构，包括以下列方式在一方内提供服务：

（一）设立、收购或维持一法人，或

（二）设立或维持一分支机构或代表处。

第三条 范围

一、本协议适用于双方影响服务贸易的措施。

二、本协议不适用于：

（一）公共采购；

（二）在一方内为行使公共部门职权时提供的服务；

（三）一方提供的补贴或补助，或者附加于接受或持续接受这类补贴的任何条件。但如果前述补贴显著影响一方在本协议下所作具体承诺，另一方可请求磋商，以友好解决该问题。应另一方请求，一方应尽可能提供与本协议下所作具体承诺有关的补贴讯息；

（四）两岸间航空运输安排，即《海峡两岸空运协议》与《海峡两岸空运补充协议》及其后续修正文件所涵盖的措施及内容；

（五）与两岸间航空运输安排的行使直接有关的服务，但不包括《海峡两岸经济合作框架协议》及其后续协议项下的服务贸易市场开放承诺表所列措施；

（六）双方有关海运协议的相关措施，但不包括《海峡两岸经济合作框架协议》及其后续协议项下的服务贸易市场开放承诺表所列措施；

（七）双方同意的其他服务或措施。

三、世界贸易组织《服务贸易总协定》关于自然人流动的附件经必要调整后适用于本协议。

四、双方各级业务主管部门及其授权的机构应履行本协议项下的义务和承诺。

第二章 义务与规范

第四条 公平待遇

一、一方对于列入其在世界贸易组织中所作服务贸易具体承诺减让表、《海峡两岸经济合作框架协议》附件四“服务贸易早期收获部门及开放措施”及本协议附件一“服务贸易具体承诺表”的服务部门，在遵守前述减让表、开放措施或承诺表所列任何条件和资格的前提下，就影响服务提供的所有措施而言，对另一方的服务和服务提供者所给予的待遇，不得低于其给予该一方同类服务和服务提供者的待遇。

二、本条第一款不适用于一方现有的不符措施及其修改，但该一方应逐步减少或消除该等不符措施，且对该等不符措施的任何修改或变更，不得增加对另一方服务和服务提供者的限制。

三、根据本条第一款所作的具体承诺不得解释为要求任一方对于因相关的服务或服务提供者的非当地特性而产生的任何固有的竞争劣势作出补偿。

四、一方可对另一方的服务和服务提供者给予与该一方同类服务和服务提供者形式上相同或不同的待遇，以满足本条第一款要求。如此类形式上相同或不同的待遇改变竞争条件，且与另一方的同类服务或服务提供者相比有利于该一方的服务或服务提供者，则应被视为较为不利的待遇。

五、关于一方影响服务贸易的措施，除符合世界贸易组织《服务贸易总协定》第二条第二款规定的豁免外，该一方对另一方的服务和服务提供者所给予的待遇，不得低于该一方给予的普遍适用于其他任何世界贸易组织成员的同类服务和服务提供者的待遇。

六、本条第五款不适用于一方现有的不符措施及其修改，但该一方应逐步减少直至消除该等不符措施，且对该等不符措施的任何修改或变更，不得增加对另一方服务和服务提供者的限制。

第五条　讯息公开与提供

一、一方应依其规定，及时公布或用其他方式使公众知悉普遍适用的或针对另一方与服务贸易有关的措施。

二、应另一方请求，一方应依其规定，及时就已公布并影响另一方服务提供者的措施的变化提供讯息。

三、一方不得要求另一方提供一经披露即妨碍执行相关规定或有违公共利益，或损害特定企业正当商业利益的机密讯息。

第六条　管理规范

一、一方对已作出具体承诺的部门，应确保所有影响服务贸易的普遍适用措施以合理、客观且公正的方式实施。

二、双方应依其规定赋予受影响的服务提供者对业务主管部门作出的决定申请行政救济的权利，并确保该行政救济程序提供客观和公正的审查。

三、对已作出具体承诺的服务，如提供此种服务需要取得许可，则一方业务主管部门应依其规定在申请人提出完整的申请资料后的一定期间内，将申请的审核结果通知申请人。应申请人请求，该一方业务主管部门应提供有关申请的讯息，不得有不当迟延。

四、为确保有关资格要求、资格程序、技术标准和许可要求的各项措施不构成不必要的服务贸易壁垒，对于一方已作出具体承诺的部门，该方应致力于确保上述措施：

（一）依据客观及透明的标准，例如提供服务的能力；

（二）不得比为确保服务品质所必需的限度更难以负担；

（三）如属许可程序，则该程序本身不成为对服务提供的限制。

五、一方可依其规定或其他经双方同意的方式，承认另一方服务提供者在该另一方已获得的实绩、经历、许可、证明或已满足的资格要求。

六、在已就专业服务作出具体承诺的部门，一方应提供适当程序，以验证另一方专业人员的能力。

第七条 商业行为

一、一方应确保该方内的任何垄断服务提供者在相关市场提供垄断服务时，并未采取违反其在本协议附件一及《海峡两岸经济合作框架协议》附件四中所作承诺的行为。

二、一方的垄断服务提供者直接或经关联企业，参与其垄断权范围外且属该方具体承诺表中服务的竞争时，该方应确保该服务提供者不滥用其垄断地位在该方内采取违反此类承诺的行为。

三、一方有理由认为另一方的垄断服务提供者的行为违反本条第一款或第二款规定时，在该方请求下，经双方协商，可由另一方提供有关经营的讯息。

四、一方在形式上或事实上授权或设立且实质性阻止少数几个服务提供者在该方内相互竞争时，本条第一款及第二款规定应适用于此类服务提供者。

五、除本条第一款至第四款所指的商业行为外，服务提供者的相关商业行为可能会抑制竞争，从而限制服务贸易。在此情形下，一方应就另一方请求进行磋商，以期消除此类商业行为。被请求方对此类请求应给予充分和积极的考虑，并尽可能提供与所涉事项有关且可公开获得的非机密讯息。被请求方依其规定，在与请求方就保障机密性达成一致的前提下，应向请求方提供其他可获得的讯息。

第八条　紧急情况的磋商

若因实施本协议对一方的服务部门造成实质性负面影响，受影响的一方可要求与另一方磋商，积极寻求解决方案。

第九条　支付和转移

除本协议第十条规定的情况外，一方不得对与其具体承诺有关的经常项目交易的对外资金转移和支付实施限制。

第十条　确保对外收支平衡的限制

一方对外收支出现或可能出现严重失衡时，可依规定或惯例暂时限制与服务贸易相关的资金转移和支付，但实施该等限制应遵循公平、非歧视和善意的原则。

第十一条　例外

本协议的任何规定不得解释为妨碍一方采取或维持与世界贸易组织《服务贸易总协定》规则相一致的例外措施。

第十二条　合作

双方应本着互惠互利的原则，加强各个服务部门的合作，以进一步提升双方服务部门的能力、效率与竞争力。

第三章　具体承诺

第十三条　市场开放

对于本协议第二条第一款所指的服务提供模式的市场开放，一方对另一方的服务和符合本协议附件二及本协议其他所列条件的服务提供者给予的待遇，不得低于该方在本协议附件一及《海峡两岸经济合作框架协议》附件四中列明的内容和条件。对以本协议第二条第一款第一项、第三项所指模式提供的服务，如一方就其作出市场开放承诺，则该方应允许相关的资本移动。

第十四条　其他承诺

双方可就影响服务贸易，但不属于依本协议第十三条列入具体承诺表的措施，包括资格、标准、许可事项或其他措施，展开磋商，并将磋商结果列入具体承诺表。

第十五条　具体承诺表

一、双方经过磋商达成的具体承诺表，作为本协议附件一。

二、具体承诺表应列明：

（一）作出承诺的部门或次部门；

（二）市场开放承诺；

（三）本协议第十四条所述其他承诺；

（四）双方同意列入的其他内容。

三、本协议附件一所列金融服务部门的开放承诺方式不受本条第二款规定的限制。

四、本协议附件一及《海峡两岸经济合作框架协议》附件四所列服务部门及市场开放承诺适用本协议附件二关于服务提供者的具体规定。

第十六条　逐步减少服务贸易限制

一、为逐步减少或消除双方之间涵盖众多部门的服务贸易限制性措施，促进服务贸易自由化，经双方同意，可在互惠互利的基础上，就服务贸易的进一步市场开放展开磋商。

二、依据本条第一款展开磋商形成的结果，构成本协议的一部分。

三、任一方均可在本协议规定的开放承诺的基础上自主加速开放或消除限制性措施。

第十七条　承诺表的修改

一、在承诺表中任何承诺实施之日起三年期满后的任何时间，一方可依照本条规定修改或撤销该承诺。如该承诺不超出其在世界贸易组织承诺水平，则对该承诺的修改不得比修改前更具限制性。

二、修改一方应将本条第一款所述修改或撤销承诺的意向，在不迟于实施修改或撤销的预定日期前三个月通知另一方。

三、应受影响一方的请求，修改一方应与其进行磋商，以期就必要的补偿性调整达成一致，调整后结果不得低于磋商前具体承诺的总体开放水平。

四、如双方无法就补偿性调整达成一致，可根据本协议第二十条规定解决。修改一方根据争端解决结果完成补偿性调整前，不得修改或撤销其承诺。

第四章　其他条款

第十八条　联系机制

一、双方同意由两岸经济合作委员会服务贸易工作小组负责处理本协议及与服务贸易相关事宜，由双方业务主管部门各自指定的联络人负责联系，必要时，经双方同意，可指定其他单位负责联络。

二、服务贸易工作小组可视需要设立工作机制，处理本协议及与服务贸易相关的特定事项。

第十九条　审议

自本协议生效之日起十二个月后，双方可每年召开会议审议本协议，以及双方同意的其他与服务贸易相关的议题。

第二十条 争端解决

双方关于本协议解释、实施和适用的争端，应依《海峡两岸经济合作框架协议》第十条规定处理。

第二十一条 文书格式

基于本协议所进行的业务联系，应使用双方商定的文书格式。

第二十二条 附件

本协议的附件构成本协议的一部分。

第二十三条 修正

本协议修正，应经双方协商同意，并以书面形式确认。

第二十四条 生效

一、本协议签署后，双方应各自完成相关程序并以书面通知另一方。本协议自双方均收到对方通知后次日起生效。

二、本协议附件一所列内容应于本协议生效后尽速实施。

本协议于 6 月 21 日签署，一式四份，双方各执两份。四份文本中对应表述的不同用语所含意义相同，四份文本具有同等效力。

附件一 服务贸易具体承诺表

附件二 关于服务提供者的具体规定

海峡两岸关系协会　　财团法人海峡交流基金会

会长 陈德铭　　董事长 林中森

附件一　服务贸易具体承诺表

大陆方面非金融服务部门的开放承诺[①]

服务提供模式：(1) 跨境交付 (2) 境外消费 (3) 商业存在 (4) 自然人流动

部门或次部门	市场开放承诺	其他承诺
1. 商业服务		
A. 专业服务 b. 会计、审计和簿记服务（CPC862）	（1）没有限制 （2）没有限制 （3）允许台湾会计师在大陆设立的符合大陆《代理记账管理办法》规定的中介机构从事代理记账业务。从事代理记账业务的台湾会计师应取得大陆会计从业资格，主管代理记账业务的负责人应当具有大陆会计师以上（含会计师）专业技术资格。 （4）除加入世界贸易组织水平承诺中内容外，不作承诺。	①对已持有大陆注册会计师执业资格并在大陆执业的台湾会计师（包括合伙人）每年在大陆的工作时间要求比照大陆注册会计师实行。 ②台湾会计师事务所在大陆临时开展审计业务时申请的《临时执行审计业务许可证》有效期为2年；适当简化对台湾会计师事务所在大陆临时执业的申报材料要求。

① 部门分类使用世界贸易组织《服务贸易总协定》服务部门分类（GNS/W/120），部门的内容参考相应的联合国临时中央产品分类（CPC，United Nations Provisional Central Product Classification，ST/ESA/STAT/SER.M/77）。

服务提供模式：(1) 跨境交付 (2) 境外消费 (3) 商业存在 (4) 自然人流动

部门或次部门	市场开放承诺	其他承诺
A. 专业服务 d. 建筑设计服务(CPC8671) e. 工程服务(CPC8672) f. 集中工程服务(CPC8673)	(1) 对于方案设计没有限制 要求与大陆专业机构进行合作，方案设计除外。 (2) 没有限制 (3) ①台湾服务提供者在大陆设立建设工程设计企业，对于个人业绩，其在台湾和大陆的业绩可共同作为评定依据，但在台湾完成的业绩规模标准应符合大陆建设项目规模划分标准。 ②允许台湾服务提供者在大陆设立的建设工程设计企业聘用台湾注册建筑师、注册工程师，并将其作为本企业申请建设工程设计资质的主要专业技术人员，在资质审查时不考核其专业技术职称条件，只考核其学历、从事工程设计实践年限、在台湾的注册资格、工程设计业绩及信誉。 ③台湾服务提供者在大陆设立的建设工程设计企业中，出任主要技术人员且持有台湾方面身份证明文件的自然人，不受每人每年在大陆累计居住时间应当不少于6个月的限制。 ④台湾服务提供者在大陆以合资、合作形式设立建设工程设计企业时，其大陆合营者出资额占注册资本的比例不受限制。 (4) 除加入世界贸易组织水平承诺中内容和下列内容外，不作承诺： 合同服务提供者——为履行雇主从大陆获取的服务合同，进入大陆提供临时性服务的持有台湾方面身份证明文件的自然人。其雇主为在大陆无商业存在的台湾的公司 / 合伙人 / 企业。合同服务提供者在外期间报酬由雇主支付。合同服务提供者应具备与所提供服务相关的学历和技术（职业）资格。在大陆停留期间每次可申请不超过两年多次有效来往大陆签注；如有需要可申请延期。在大陆停留期间不得从事与合同无关的服务活动。	①注册建筑师继续教育中选修课部分台湾服务提供者可以在台湾完成或由大陆派师资授课，选修课继续教育方案须经大陆认可。 ②允许符合相关规定的持有台湾方面身份证明文件的自然人参加大陆监理工程师资格考试，成绩合格者，发给资格证书。 ③允许取得大陆监理工程师资格的台湾专业人士在福建省注册执业，不受在台湾注册执业与否的限制。

服务提供模式：(1) 跨境交付 (2) 境外消费 (3) 商业存在 (4) 自然人流动

部门或次部门	市场开放承诺	其他承诺
B. 计算机及其相关服务 b. 软件实施服务（CPC842）	（1）没有限制 （2）没有限制 （3）允许台湾服务提供者在大陆设立独资、合资企业，提供软件实施服务。 （4）除加入世界贸易组织水平承诺中内容和下列内容外，不作承诺： 合同服务提供者——为履行雇主从大陆获取的服务合同，进入大陆提供临时性服务的持有台湾方面身份证明文件的自然人。其雇主为在大陆无商业存在的台湾的公司/合伙人/企业。合同服务提供者在外期间报酬由雇主支付。合同服务提供者应具备与所提供服务相关的学历和技术（职业）资格。在大陆停留期间每次可申请不超过两年多次有效来往大陆签注；如有需要可申请延期。在大陆停留期间不得从事与合同无关的服务活动。	允许在台湾注册的企业法人按照大陆有关规定参加大陆计算机信息系统集成企业资质认定。 申请大陆计算机信息系统集成企业资质，按照下列条件进行评定： a. 不考核职称要求，但应考核相关学历及从业经历； b. 系统集成的业绩包括在大陆和台湾从事的项目； c. 应在大陆设立相应的分支机构。 其他评定条件按照大陆有关规定执行。
D. 房地产服务 b. 以收费或合同为基础的房地产服务（CPC822）	（1）没有限制 （2）没有限制 （3）台湾服务提供者在大陆设立的独资物业服务企业，在申请企业资质时，可以将在台湾和大陆承接的物业建筑面积共同作为评定依据，但在大陆承接的面积不得低于50%，在台湾承接的面积不得用于其在大陆设立的多家企业申请资质时重复计算。 （4）除加入世界贸易组织水平承诺中内容和下列内容外，不作承诺： 合同服务提供者——为履行雇主从大陆获取的服务合同，进入大陆提供临时性服务的持有台湾方面身份证明文件的自然人。其雇主为在大陆无商业存在的台湾的公司/合伙人/企业。合同服务提供者在	

续表

部门或次部门	市场开放承诺	其他承诺
	外期间报酬由雇主支付。合同服务提供者应具备与所提供服务相关的学历和技术（职业）资格。在大陆停留期间每次可申请不超过两年多次有效来往大陆签注；如有需要可申请延期。在大陆停留期间不得从事与合同无关的服务活动。	

服务提供模式：(1) 跨境交付 (2) 境外消费 (3) 商业存在 (4) 自然人流动

部门或次部门	市场开放承诺	其他承诺
F. 其他商业服务 b. 市场调研服务（CPC86401**，限于市场分析、消费者态度和偏好的分析）	（1）不作承诺 （2）不作承诺 （3）允许台湾服务提供者在大陆设立合资、合作企业，提供市场调研服务。 （4）除加入世界贸易组织水平承诺中内容外，不作承诺，且须设立商业存在。	
F. 其他商业服务 e. 技术测试和分析服务（CPC8676）及 CPC749 涵盖的货物检验服务，不包括货物检验服务中的法定检验服务	（1）没有限制 （2）没有限制 （3）①允许台湾服务提供者在大陆设立合资与独资认证机构、检查机构和实验室，并提供内外销和当地检测服务。 ②在参与认证检测活动中比照大陆认证机构、检查机构和实验室给予台湾服务提供者在大陆设立的合资与独资认证机构、检查机构和实验室同等待遇。 ③在互信互利的基础上，允许在台湾的认证检测机构与大陆认证检测机构开展检测数据（结果）的接受合作。具体合作安排另行商定。 （4）除加入世界贸易组织水平承诺中内容和下列内容外，不作承诺：	

续表

部门或次部门	市场开放承诺	其他承诺
	合同服务提供者——为履行雇主从大陆获取的服务合同，进入大陆提供临时性服务的持有台湾方面身份证明文件的自然人。其雇主为在大陆无商业存在的台湾的公司 / 合伙人 / 企业。合同服务提供者在外期间报酬由雇主支付。合同服务提供者应具备与所提供服务相关的学历和技术（职业）资格。在大陆停留期间每次可申请不超过两年多次有效来往大陆签注；如有需要可申请延期。在大陆停留期间不得从事与合同无关的服务活动。	
F. 其他商业服务 o. 建筑物清洁服务 (CPC874）	（1）不作承诺[①] （2）没有限制 （3）允许台湾服务提供者在大陆设立合资、合作或独资企业，提供建筑物清洁服务。 （4）除加入世界贸易组织水平承诺中内容和下列内容外，不作承诺： 合同服务提供者——为履行雇主从大陆获取的服务合同，进入大陆提供临时性服务的持有台湾方面身份证明文件的自然人。其雇主为在大陆无商业存在的台湾的公司 / 合伙人 / 企业。合同服务提供者在外期间报酬由雇主支付。合同服务提供者应具备与所提供服务相关的学历和技术（职业）资格。在大陆停留期间每次可申请不超过两年多次有效来往大陆签注；如有需要可申请延期。在大陆停留期间不得从事与合同无关的服务活动。	

① 由于缺乏技术可行性，因此不作承诺。

服务提供模式：（1）跨境交付（2）境外消费（3）商业存在（4）自然人流动

部门或次部门	市场开放承诺	其他承诺
F. 其他商业服务 p. 摄影服务(CPC875)	（1）没有限制 （2）没有限制 （3）允许台湾服务提供者在大陆设立合资、合作或独资企业，提供摄影服务。 （4）除加入世界贸易组织水平承诺中内容和下列内容外，不作承诺： 合同服务提供者——为履行雇主从大陆获取的服务合同，进入大陆提供临时性服务的持有台湾方面身份证明文件的自然人。其雇主为在大陆无商业存在的台湾的公司/合伙人/企业。合同服务提供者在外期间报酬由雇主支付。合同服务提供者应具备与所提供服务相关的学历和技术（职业）资格。在大陆停留期间每次可申请不超过两年多次有效来往大陆签注；如有需要可申请延期。在大陆停留期间不得从事与合同无关的服务活动。	
F. 其他商业服务 r. 印刷及其辅助服务(CPC88442**)	（1）不作承诺 （2）不作承诺 （3）①允许台湾服务提供者在大陆设立合资、合作企业，从事出版物和其他印刷品的印刷业务，大陆投资者应当控股或占主导地位。 ②允许台湾服务提供者在大陆设立合资、合作或独资企业，从事包装装潢印刷品的印刷业务。 ③台湾服务提供者在大陆设立包装装潢印刷品印刷企业的最低注册资本要求，比照大陆企业实行。 ④允许台湾服务提供者在大陆设立合资、合作或独资企业，从事图书的校对、设计、排版等印前工作。 （4）除加入世界贸易组织水平承诺中内容和下列内容外，不作承诺：	

续表

部门或次部门	市场开放承诺	其他承诺
	合同服务提供者——为履行雇主从大陆获取的服务合同，进入大陆提供临时性服务的持有台湾方面身份证明文件的自然人。其雇主为在大陆无商业存在的台湾的公司/合伙人/企业。合同服务提供者在外期间报酬由雇主支付。合同服务提供者应具备与所提供服务相关的学历和技术（职业）资格。在大陆停留期间每次可申请不超过两年多次有效来往大陆签注；如有需要可申请延期。在大陆停留期间不得从事与合同无关的服务活动。	简化台湾图书进口审批程序，建立台湾图书进口绿色通道。

服务提供模式：(1) 跨境交付 (2) 境外消费 (3) 商业存在 (4) 自然人流动

部门或次部门	市场开放承诺	其他承诺
F. 其他商业服务 s. 会议服务和展览服务（CPC87909**）	（1）会议服务没有限制 展览服务除与本部门“其他承诺”有关者外，不作承诺。 （2）没有限制 （3）允许台湾服务提供者在大陆以合资、合作或独资形式设立会议展览公司，依规定提供会议服务和展览服务。 （4）除加入世界贸易组织水平承诺中内容和下列内容外，不作承诺： 合同服务提供者——为履行雇主从大陆获取的服务合同，进入大陆提供临时性服务的持有台湾方面身份证明文件的自然人。其雇主为在大陆无商业存在的台湾的公司/合伙人/企业。合同服务提供者在外期间报酬由雇主支付。合同服务提供者应具备与所提供服务相关的学历和技术（职业）资格。在大陆停留期间每次可申请不超过两年多次有效来往大陆签注；如有需要可申请延期。在大陆停留期间不得从事与合同无关的服务活动。	①允许台湾服务提供者以跨境交付方式，在上海市、福建省、广东省试点举办展览。 ②委托江苏省、浙江省、福建省、山东省、广东省、重庆市、四川省商务主管部门审批在当地举办的涉台经济技术展览会，但须符合相关规定。

续表

部门或次部门	市场开放承诺	其他承诺
F. 其他商业服务 t. 其他 - 复制服务（CPC87904）	（1）不作承诺 （2）没有限制 （3）允许台湾服务提供者在大陆设立合资、合作或独资企业，提供复制服务。 （4）除加入世界贸易组织水平承诺中内容和下列内容外，不作承诺： 合同服务提供者——为履行雇主从大陆获取的服务合同，进入大陆提供临时性服务的持有台湾方面身份证明文件的自然人。其雇主为在大陆无商业存在的台湾的公司 / 合伙人 / 企业。合同服务提供者在外期间报酬由雇主支付。合同服务提供者应具备与所提供服务相关的学历和技术（职业）资格。在大陆停留期间每次可申请不超过两年多次有效来往大陆签注；如有需要可申请延期。在大陆停留期间不得从事与合同无关的服务活动。	

服务提供模式：（1）跨境交付（2）境外消费（3）商业存在（4）自然人流动

部门或次部门	市场开放承诺	其他承诺
F. 其他商业服务 t. 其他 - 笔译和口译服务（CPC87905）	（1）没有限制 （2）没有限制 （3）允许台湾服务提供者在大陆设立合资、合作或独资企业，提供笔译和口译服务。 （4）除加入世界贸易组织水平承诺中内容和下列内容外，不作承诺： 合同服务提供者——为履行雇主从大陆获取的服务合同，进入大陆提供临时性服务的持有台湾方面身份证明文件的自然人。其雇主为在大陆无商业存在的台湾的公司 / 合伙人 / 企业。合同服务提供者在外期间报酬由雇主支付。合同服务提供者应具备与所提供服务相关的学历和技术（职业）资格。在大陆停留期间每次可申请不超过两年多次有效来往大陆签注；如有需要可申请延期。在大陆停留期间不得从事与合同无关的服务活动。	

续表

部门或次部门	市场开放承诺	其他承诺
2. 通讯服务		
C. 电信服务 增值电信服务，包括： - 因特网接入服务 - 呼叫中心 - 离岸呼叫中心	（1）见模式（3） （2）没有限制 （3）①允许台湾服务提供者在大陆设立合资企业，提供因特网接入服务业务、呼叫中心业务，无地域限制，台资股权比例不超过50%。 ②新增福州市作为试点城市，允许台湾服务提供者设立独资或合资企业，经营离岸呼叫中心业务，台资股权比例不设限制。 （4）除加入世界贸易组织水平承诺中内容和下列内容外，不作承诺： 合同服务提供者——为履行雇主从大陆获取的服务合同，进入大陆提供临时性服务的持有台湾方面身份证明文件的自然人。其雇主为在大陆无商业存在的台湾的公司/合伙人/企业。合同服务提供者在外期间报酬由雇主支付。合同服务提供者应具备与所提供服务相关的学历和技术（职业）资格。在大陆停留期间每次可申请不超过两年多次有效来往大陆签注；如有需要可申请延期。在大陆停留期间不得从事与合同无关的服务活动。	
C. 电信服务 增值电信服务 - 在线数据处理与交易处理（仅限于经营性电子商务网站）	（1）见模式（3） （2）没有限制 （3）允许台湾服务提供者在福建省设立合资企业，提供在线数据处理与交易处理业务，台资股权比例不超过55%。 （4）除加入世界贸易组织水平承诺中内容和下列内容外，不作承诺： 合同服务提供者——为履行雇主从大陆获取的服务合同，进入大陆提供临时性服务的持有台湾方面身份证明文件的自然人。其雇主为在大陆无商业存在的台湾的公司/合伙人/企业。合同服务提供者在外期间报酬由雇主支付。合同服务提供者应具备与所提供服务相关的学历和技术（职业）资格。在大陆停留期间每次可申请不超过两年多次有效来往大陆签注；如有需要可申请延期。在大陆停留期间不得从事与合同无关的服务活动。	

服务提供模式：(1) 跨境交付 (2) 境外消费 (3) 商业存在 (4) 自然人流动

部门或次部门	市场开放承诺	其他承诺
D. 视听服务 - 电影或录像带制作服务（CPC96112）	（1）不作承诺 （2）除下列内容外，不作承诺： 允许大陆电影片及合拍片在台湾进行后期制作及冲印作业。 （3）不作承诺 （4）除加入世界贸易组织水平承诺中内容和下列内容外，不作承诺： 合同服务提供者——为履行雇主从大陆获取的服务合同，进入大陆提供临时性服务的持有台湾方面身份证明文件的自然人。其雇主为在大陆无商业存在的台湾的公司 / 合伙人 / 企业。合同服务提供者在外期间报酬由雇主支付。合同服务提供者应具备与所提供服务相关的学历和技术（职业）资格。在大陆停留期间每次可申请不超过两年多次有效来往大陆签注；如有需要可申请延期。在大陆停留期间不得从事与合同无关的服务活动。	允许台湾影片因剧情需要，在影片中如有方言，可以原音呈现，但须加注标准汉语字幕。
D. 视听服务 - 录像的分销服务，包括娱乐软件及（CPC83202） - 录音制品分销服务	（1）没有限制 （2）没有限制 （3）允许台湾服务提供者在大陆设立合资、合作或独资企业，从事音像制品的分销服务。 （4）除加入世界贸易组织水平承诺中内容和下列内容外，不作承诺： 合同服务提供者——为履行雇主从大陆获取的服务合同，进入大陆提供临时性服务的持有台湾方面身份证明文件的自然人。其雇主为在大陆无商业存在的台湾的公司 / 合伙人 / 企业。合同服务提供者在外期间报酬由雇主支付。合同服务提供者应具备与所提供服务相关的学历和技术（职业）资格。在大陆停留期间每次可申请不超过两年多次有效来往大陆签注；如有需要可申请延期。在大陆停留期间不得从事与合同无关的服务活动。	①允许台湾与大陆合拍影片的方言话版本，经大陆主管部门批准，在大陆发行放映。 ②允许台湾影片的方言话版本，经大陆主管部门审查批准通过后，由中影集团进出口公司统一进口，在大陆发行放映，但均须加注标准汉语字幕。

服务提供模式：(1) 跨境交付 (2) 境外消费 (3) 商业存在 (4) 自然人流动

部门或次部门	市场开放承诺	其他承诺
3. 建筑和相关的工程服务（CPC511, 512, 513[①], 514, 515, 516, 517, 518[②]）	（1）不作承诺[③] （2）没有限制 （3）①台湾服务提供者在大陆设立的建筑业企业可以聘用台湾专业技术人员作为企业经理，但须具有相应的从事工程管理工作经历。可以聘用台湾营造业专业人员作为工程技术和经济管理人员，但须满足相应的技术职称要求。 ②台湾服务提供者在大陆投资设立的建筑业企业申报资质应按大陆有关规定办理，凡取得建筑业企业资质的，可依规定在大陆参加工程投标。 ③台湾服务提供者在大陆投资设立的独资建筑业企业按照加入世界贸易组织承诺承揽合营建设项目时，不受建设项目的合营方投资比例限制。 ④台湾服务提供者在大陆设立的建筑业企业中，出任工程技术人员和经济管理人员且持有台湾方面身份证明文件的自然人，不受每人每年在大陆累计居住时间应当不少于3个月的限制。 （4）除加入世界贸易组织水平承诺中内容和下列内容外，不作承诺： 合同服务提供者——为履行雇主从大陆获取的服务合同，进入大陆提供临时性服务的持有台湾方面身份证明文件的自然人。其雇主为在大陆无商业存在的台湾的公司 / 合伙人 / 企业。合同服务提供者在外期间报酬由雇主支付。合同服务提供者应具备与所提供服务相关的学历和技术（职业）资格。在大陆停留期间每次可申请不超过两年多次有效来往大陆签注；如有需要可申请延期。在大陆停留期间不得从事与合同无关的服务活动。	

① 包括与基础设施建设有关的疏浚服务。

② CPC518的涵盖范围仅限于为台资建筑企业在其提供服务过程中所拥有和所使用的配有操作人员的建筑和 / 或拆除机器的租赁服务。

③ 由于缺乏技术可行性，因此不作承诺。

服务提供模式：(1) 跨境交付 (2) 境外消费 (3) 商业存在 (4) 自然人流动

部门或次部门	市场开放承诺	其他承诺
4. 分销服务		
B. 批发服务[①]（CPC622，不包括盐和烟草） C. 零售服务（CPC631 + 632 + 6111 + 6113 +6121，不包括烟草）	（1）批发服务不作承诺 零售服务除邮购外，不作承诺。 （2）没有限制 （3）①对于同一台湾服务提供者在大陆累计开设店铺超过30家的，如经营商品包括农药、农膜、化肥、粮食、植物油、食糖、棉花等商品，且上述商品属于不同品牌，来自不同供应商的，台湾服务提供者的出资比例不得超过65%。 ②对台湾服务提供者在大陆设立的出版物分销企业的最低注册资本要求，比照大陆企业实行。 （4）除加入世界贸易组织水平承诺中内容和下列内容外，不作承诺： 合同服务提供者——为履行雇主从大陆获取的服务合同，进入大陆提供临时性服务的持有台湾方面身份证明文件的自然人。其雇主为在大陆无商业存在的台湾的公司 / 合伙人 / 企业。合同服务提供者在外期间报酬由雇主支付。合同服务提供者应具备与所提供服务相关的学历和技术（职业）资格。在大陆停留期间每次可申请不超过两年多次有效来往大陆签注；如有需要可申请延期。在大陆停留期间不得从事与合同无关的服务活动。	
6. 环境服务（不包括环境质量监测和污染源检查）		
A. 排污服务（CPC9401） B. 固体废物处理服务（CPC9402）	（1）除环境咨询服务外，不作承诺。 （2）没有限制 （3）①台湾服务提供者在台湾和大陆从事环境污染治理设施运营的实践时间，可共同作为评定其在大陆申请企业环境污染治理设施运营资质的依据。	

① 对模式(1)下的限制不应损害世界贸易组织成员在大陆加入世界贸易组织议定书第5条中规定的贸易权。

续表

部门或次部门	市场开放承诺	其他承诺
C. 废气清理服务（CPC9404） D. 降低噪音服务（CPC9405） E. 自然和风景保护服务（CPC9406） F. 其他环境保护服务（CPC9409） G. 卫生服务（CPC9403）	②允许台湾服务提供者在大陆设立合资、合作或独资企业，提供环保服务。 （4）除加入世界贸易组织水平承诺中内容和下列内容外，不作承诺： 合同服务提供者——为履行雇主从大陆获取的服务合同，进入大陆提供临时性服务的持有台湾方面身份证明文件的自然人。其雇主为在大陆无商业存在的台湾的公司 / 合伙人 / 企业。合同服务提供者在外期间报酬由雇主支付。合同服务提供者应具备与所提供服务相关的学历和技术（职业）资格。在大陆停留期间每次可申请不超过两年多次有效来往大陆签注；如有需要可申请延期。在大陆停留期间不得从事与合同无关的服务活动。	

服务提供模式：（1）跨境交付（2）境外消费（3）商业存在（4）自然人流动

部门或次部门	市场开放承诺	其他承诺
8. 与健康相关的服务和社会服务（除专业服务中所列以外）		
A. 医院服务	（1）没有限制 （2）没有限制 （3）①台湾服务提供者在大陆可以与大陆的医疗机构、公司、企业和其他经济组织以合资、合作形式，或者以独资形式设置医疗机构。 ②台湾服务提供者在大陆设置独资医院、疗养院的，其设置地点限于省会城市和直辖市，由大陆卫生主管部门审批。 ③台湾服务提供者在大陆设置合资、合作医疗机构以及除独资医院、独资疗养院外其他独资医疗机构的，其设置的标准和要求按照大陆单位或个人设置医疗机构办理。 ④台湾服务提供者在大陆设置合资、合作医疗机构以及除独资医院、独资疗养院外其他独资医疗机构的，由省级卫生主管部门审批。	

续表

部门或次部门	市场开放承诺	其他承诺
	（4）除加入世界贸易组织水平承诺中内容和下列内容外，不作承诺： 合同服务提供者——为履行雇主从大陆获取的服务合同，进入大陆提供临时性服务的持有台湾方面身份证明文件的自然人。其雇主为在大陆无商业存在的台湾的公司 / 合伙人 / 企业。合同服务提供者在外期间报酬由雇主支付。合同服务提供者应具备与所提供服务相关的学历和技术（职业）资格。在大陆停留期间每次可申请不超过两年多次有效来往大陆签注；如有需要可申请延期。在大陆停留期间不得从事与合同无关的服务活动。	
C. 社会服务 - 通过住宅机构向老年人和残疾人提供的社会福利（CPC93311） - 非通过住宅机构提供的社会福利（CPC93323）	（1）不作承诺① （2）没有限制 （3）①允许台湾服务提供者在福建省、广东省以独资民办非企业单位形式举办养老机构。 ②允许台湾服务提供者在福建省、广东省以独资民办非企业单位形式举办残疾人福利机构。 （4）除加入世界贸易组织水平承诺中内容和下列内容外，不作承诺： 合同服务提供者——为履行雇主从大陆获取的服务合同，进入大陆提供临时性服务的持有台湾方面身份证明文件的自然人。其雇主为在大陆无商业存在的台湾的公司 / 合伙人 / 企业。合同服务提供者在外期间报酬由雇主支付。合同服务提供者应具备与所提供服务相关的学历和技术（职业）资格。在大陆停留期间每次可申请不超过两年多次有效来往大陆签注；如有需要可申请延期。在大陆停留期间不得从事与合同无关的服务活动。	

① 由于缺乏技术可行性，因此不作承诺。

服务提供模式：(1) 跨境交付 (2) 境外消费 (3) 商业存在 (4) 自然人流动

部门或次部门	市场开放承诺	其他承诺
9. 旅游和与旅游相关的服务		
B. 旅行社和旅游经营者（CPC7471）	（1）没有限制 （2）没有限制 （3）①台湾服务提供者在大陆投资设立旅行社，无年旅游经营总额的限制。 ②对台湾服务提供者在大陆设立旅行社的经营场所要求、营业设施要求和最低注册资本要求，比照大陆企业实行。 （4）除加入世界贸易组织水平承诺中内容和下列内容外，不作承诺： 合同服务提供者——为履行雇主从大陆获取的服务合同，进入大陆提供临时性服务的持有台湾方面身份证明文件的自然人。其雇主为在大陆无商业存在的台湾的公司 / 合伙人 / 企业。合同服务提供者在外期间报酬由雇主支付。合同服务提供者应具备大陆承认的与所提供服务相关的学历和技术（职业）资格。在大陆停留期间每次可申请不超过两年多次有效来往大陆签注；如有需要可申请延期。在大陆停留期间不得从事与合同无关的服务活动。	
10. 娱乐、文化和体育服务		
A. 文娱服务（除视听服务以外）（CPC9619**）	（1）不作承诺 （2）不作承诺 （3）允许台湾服务提供者在大陆设立由台方控股或占主导地位的合资、合作音乐厅、剧场等演出场所经营单位。 （4）除加入世界贸易组织水平承诺中内容和下列内容外，不作承诺： 合同服务提供者——为履行雇主从大陆获取的服务合同，进入大陆提供临时性服务的持有台湾方面身份证明文件的自然人。其雇主为在大陆无商业存在的台湾的公司 / 合伙人 / 企业。合同服务提供者在外期间报酬由雇主支付。合同服务提供	在申请材料齐全的情况下，对进口台湾研发的网络游戏产品进行内容审查（包括专家审查）的工作时限为2个月。

续表

部门或次部门	市场开放承诺	其他承诺
	者应具备与所提供服务相关的学历和技术（职业）资格。在大陆停留期间每次可申请不超过两年多次有效来往大陆签注；如有需要可申请延期。在大陆停留期间不得从事与合同无关的服务活动。	

服务提供模式：(1) 跨境交付 (2) 境外消费 (3) 商业存在 (4) 自然人流动

部门或次部门	市场开放承诺	其他承诺
D. 体育和其他娱乐服务（CPC96411, 96412, 96413）	（1）没有限制 （2）没有限制 （3）允许台湾服务提供者在大陆设立合资、合作或独资企业，提供体育活动的推广、组织和体育设施（高尔夫球场除外）的经营服务。 （4）除加入世界贸易组织水平承诺中内容和下列内容外，不作承诺： 合同服务提供者——为履行雇主从大陆获取的服务合同，进入大陆提供临时性服务的持有台湾方面身份证明文件的自然人。其雇主为在大陆无商业存在的台湾的公司 / 合伙人 / 企业。合同服务提供者在外期间报酬由雇主支付。合同服务提供者应具备与所提供服务相关的学历和技术（职业）资格。在大陆停留期间每次可申请不超过两年多次有效来往大陆签注；如有需要可申请延期。在大陆停留期间不得从事与合同无关的服务活动。	
11. 运输服务		
	（1）不作承诺[①] （2）没有限制 （3）①允许台湾服务提供者在福建省设立独资企业，经营港口装卸、堆场业务。	

① 由于缺乏技术可行性，因此不作承诺。

续表

部门或次部门	市场开放承诺	其他承诺
A. 海洋运输服务 - 货物装卸服务（CPC741） - 集装箱堆场服务	②台湾服务提供者投资建设港埠设施并经营港口装卸、堆场和仓储业务，其资本额和设立分公司的条件比照大陆企业实行。 （4）除加入世界贸易组织水平承诺中内容和下列内容外，不作承诺： 合同服务提供者——为履行雇主从大陆获取的服务合同，进入大陆提供临时性服务的持有台湾方面身份证明文件的自然人。其雇主为在大陆无商业存在的台湾的公司 / 合伙人 / 企业。合同服务提供者在外期间报酬由雇主支付。合同服务提供者应具备与所提供服务相关的学历和技术（职业）资格。在大陆停留期间每次可申请不超过两年多次有效来往大陆签注；如有需要可申请延期。在大陆停留期间不得从事与合同无关的服务活动。	

服务提供模式：（1）跨境交付（2）境外消费（3）商业存在（4）自然人流动

部门或次部门	市场开放承诺	其他承诺
C. 航空运输服务 - 空运服务的销售和营销服务[①] （仅限于航空运输销售代理）	（1）没有限制 （2）没有限制 （3）允许台湾服务提供者在大陆以合资、合作或独资形式设立航空运输销售代理企业，最低注册资本要求比照大陆企业实行。 （4）除加入世界贸易组织水平承诺中内容和下列内容外，不作承诺： 合同服务提供者——为履行雇主从大陆获取的服务合同，进入大陆提供临时性服务的持有台湾方面身份证明文件的自然人。其雇主为在大陆无商业存在的台湾的公司 / 合伙人 / 企业。合	

① 适用世界贸易组织《服务贸易总协定〈关于空运服务的附件〉》的定义。

续表

部门或次部门	市场开放承诺	其他承诺
	同服务提供者在外期间报酬由雇主支付。合同服务提供者应具备与所提供服务相关的学历和技术（职业）资格。在大陆停留期间每次可申请不超过两年多次有效来往大陆签注；如有需要可申请延期。在大陆停留期间不得从事与合同无关的服务活动。	
F. 公路运输服务 b. 公路卡车和汽车货运（CPC7123）	（1）没有限制 （2）没有限制 （3）允许台湾服务提供者在大陆设立合资、合作或独资企业，提供公路卡车和汽车货运服务。对在福建省、广东省投资的生产型企业从事货运方面的道路运输业务立项和变更的申请，分别委托福建省、广东省省级交通运输主管部门进行审核或审批。 （4）除加入世界贸易组织水平承诺中内容和下列内容外，不作承诺： 合同服务提供者——为履行雇主从大陆获取的服务合同，进入大陆提供临时性服务的持有台湾方面身份证明文件的自然人。其雇主为在大陆无商业存在的台湾的公司/合伙人/企业。合同服务提供者在外期间报酬由雇主支付。合同服务提供者应具备与所提供服务相关的学历和技术（职业）资格。在大陆停留期间每次可申请不超过两年多次有效来往大陆签注；如有需要可申请延期。在大陆停留期间不得从事与合同无关的服务活动。	

服务提供模式：(1) 跨境交付 (2) 境外消费 (3) 商业存在 (4) 自然人流动

部门或次部门	市场开放承诺	其他承诺
F. 公路运输服务 - 城市间定期旅客服务（CPC71213） - 道路客货运站（场）	（1）不作承诺[①] （2）没有限制 （3）①允许台湾服务提供者在大陆设立合资企业，提供城市间定期旅客运输服务。 ②允许台湾服务提供者在大陆设立合资（台资股权比例不超过49%）或合作道路客货运站（场）和独资货运站（场）。对在福建省、广东省设立道路客货运站（场）项目和变更的申请，分别委托福建省、广东省省级交通运输主管部门进行审核或审批。 （4）除加入世界贸易组织水平承诺中内容和下列内容外，不作承诺： 合同服务提供者——为履行雇主从大陆获取的服务合同，进入大陆提供临时性服务的持有台湾方面身份证明文件的自然人。其雇主为在大陆无商业存在的台湾的公司/合伙人/企业。合同服务提供者在外期间报酬由雇主支付。合同服务提供者应具备与所提供服务相关的学历和技术（职业）资格。在大陆停留期间每次可申请不超过两年多次有效来往大陆签注；如有需要可申请延期。在大陆停留期间不得从事与合同无关的服务活动。	
H. 所有运输方式的辅助服务 c. 货物运输代理服务（CPC748，749，不包括货检服务）	（1）没有限制 （2）没有限制 （3）允许台湾服务提供者在大陆设立的合资、合作或独资货物运输代理企业在缴齐全部注册资本后设立分公司。 （4）除加入世界贸易组织水平承诺中内容和下列内容外，不作承诺： 合同服务提供者——为履行雇主从大陆获取的服务合同，进入大陆提供临时性服务的持有台湾方面身份证明文件的自然人。其雇主为在大陆无商业存在的台湾的公司/合伙人/企业。合同服务提供者在外期间报酬由雇主支付。合同服务提供者应具备与所提供服务相关的学历和技术（职业）资格。在大陆停留期间每次可申请不超过两年多次有效来往大陆签注；如有需要可申请延期。在大陆停留期间不得从事与合同无关的服务活动。	

① 由于缺乏技术可行性，因此不作承诺。

服务提供模式：（1）跨境交付（2）境外消费（3）商业存在（4）自然人流动

部门或次部门	市场开放承诺	其他承诺
12. 其他地方没有包括的服务		
- 商标代理	（1）不作承诺 （2）没有限制 （3）允许台湾服务提供者在工商行政管理机关登记并取得法定经营主体资格后，在大陆从事商标代理业务。 （4）除加入世界贸易组织水平承诺中内容和下列内容外，不作承诺： 合同服务提供者——为履行雇主从大陆获取的服务合同，进入大陆提供临时性服务的持有台湾方面身份证明文件的自然人。其雇主为在大陆无商业存在的台湾的公司 / 合伙人 / 企业。合同服务提供者在外期间报酬由雇主支付。合同服务提供者应具备与所提供服务相关的学历和技术（职业）资格。在大陆停留期间每次可申请不超过两年多次有效来往大陆签注；如有需要可申请延期。在大陆停留期间不得从事与合同无关的服务活动。	
- 殡葬设施	（1）不作承诺[①] （2）没有限制 （3）允许台湾殡葬业者在大陆以独资或合资等方式投资并经营除具有火化功能的殡仪馆以外的殡仪悼念和骨灰安葬设施。 （4）除加入世界贸易组织水平承诺中内容和下列内容外，不作承诺： 合同服务提供者——为履行雇主从大陆获取的服务合同，进入大陆提供临时性服务的持有台湾方面身份证明文件的自然人。其雇主为在大陆无商业存在的台湾的公司 / 合伙人 / 企业。合同服务提供者在外期间报酬由雇主支付。合同服务提供者应具备与所提供服务相关的学历和技术（职业）资格。在大陆停留期间每次可申请不超过两年多次有效来往大陆签注；如有需要可申请延期。在大陆停留期间不得从事与合同无关的服务活动。	

① 由于缺乏技术可行性，因此不作承诺。

大陆方面金融服务部门的开放承诺

部门名称	具体承诺
保险及其相关服务	积极支持符合资格的台湾保险业者经营交通事故责任强制保险业务，对台湾保险业者提出的申请，将根据有关规定积极考虑，并提供便利。
银行及其他金融服务（不包括证券期货和保险）	1. 大陆的商业银行从事代客境外理财业务时，可以投资符合条件的台湾金融产品。 2. 符合条件的台湾的银行可以按照现行规定申请在大陆发起设立村镇银行。 3. 台湾的银行在福建省设立的分行可以参照大陆关于申请设立支行的规定提出在福建省设立异地（不同于分行所在城市）支行的申请。 4. 若台湾的银行在大陆设立的法人银行已在福建省设立分行，则该分行可以参照大陆关于申请设立支行的规定提出在福建省设立异地（不同于分行所在城市）支行的申请。 5. 在符合相关规定的前提下，支持两岸银行业进行相关股权投资合作。 6. 台湾的银行在大陆的营业性机构，经批准经营台资企业人民币业务时，服务对象可包括依规定被认定为视同台湾投资者的第三地投资者在大陆设立的企业。
证券、期货及其相关服务	1. 允许台资金融机构以人民币合格境外机构投资者方式投资大陆资本市场。 2. 为台资证券公司申请大陆合格境外机构投资者（QFII）资格进一步提供便利，允许台资证券公司申请 QFII 资格时，按照集团管理的证券资产规模计算。 3. 允许符合条件的台资金融机构按照大陆有关规定在大陆设立合资基金管理公司，台资持股比例可达 50% 以上。 4. 允许符合设立外资参股证券公司条件的台资金融机构按照大陆有关规定在上海市、福建省、深圳市各设立 1 家两岸合资的全牌照证券公司，台资合并持股比例最高可达 51%，大陆股东不限于证券公司。 5. 允许符合设立外资参股证券公司条件的台资金融机构按照大陆有关规定在大陆批准的“在金融改革方面先行先试”的若干改革试验区内，各新设 1 家两岸合资全牌照证券公司，大陆股东不限于证券公司，台资合并持股比例不超过 49%，且取消大陆单一股东须持股 49% 的限制。 6. 允许符合外资参股证券公司境外股东资质条件的台资证券公司与大陆具备设立子公司条件的证券公司，在大陆设立合资证券投资咨询公司。合资证券投资咨询公司作为大陆证券公司的

续表

部门名称	具体承诺
	子公司，专门从事证券投资咨询业务，台资持股比例最高可达49%。 7. 在大陆批准的“在金融改革方面先行先试”的若干改革试验区内，允许台资证券公司在合资证券投资咨询公司中的持股比例达50%以上。 8. 允许符合条件的台资期货中介机构按照大陆有关规定，在大陆申请设立合资期货公司，台资合并持股比例最高可达49%。

台湾方面非金融服务部门的开放承诺①

服务提供模式：(1) 跨境提供服务 (2) 境外消费 (3) 商业据点呈现 (4) 自然人呈现

部门或次部门	市场开放承诺	其他承诺
一、商业服务业		
B. 电脑及其相关服务业		
(a) 与电脑硬体安装有关之咨询服务 (CPC841) (b) 软体执行服务 (CPC842) (c) 资料处理服务 (CPC843) (d) 资料库服务 (CPC844) (e) 其他 (CPC845+849)	(1) 没有限制。 (2) 没有限制。 (3) 允许大陆服务提供者在台湾以独资、合资、合伙及设立分公司等形式设立商业据点，提供电脑及其相关服务。 (4) 除有关下列各类自然人之进入台湾及短期停留措施外，不予承诺： i. 商业访客进入台湾停留期间不得超过三个月。 (商业访客系指为参加商务会议、商务谈判、筹建商业据点或其他类似活动，而在台湾停留的自然人，且停留期间未接受来自台湾方面支付的酬劳，亦未对大众从事直接销售的活动。)	

① 服务部门的分类使用世界贸易组织《服务贸易总协定》服务部门分类(GNS/W/120)，服务部门的内容参照联合国中央产品分类暂行版 (CPC, United Nations Provisional Central Product Classification, ST/ESA/STAT/SER.M/77)。

续表

部门或次部门	市场开放承诺	其他承诺
	ii. 跨国企业内部调动人员进入台湾初次停留期间为三年，惟可申请展延，每次不得逾三年，且展延次数无限制。 （跨国企业内部调动人员系指被其他世界贸易组织会员的法人雇用满一年，通过在台湾设立的分公司、子公司或分支机构，以负责人、高级经理人员或专家身份，短期进入台湾以提供服务的自然人。 “负责人”系指董事、总经理、分公司经理或经董事会授权的代表公司的部门负责人。 “高级经理人员”系指有权任免或推荐公司人员，且对日常业务有决策权的部门负责人或管理人员。 “专家”系指组织内拥有先进的专业技术，且对该组织的服务、研发设备、技术或管理拥有专门知识的人员。专家包括，但不限于，取得专门职业证照者。） iii. 在台湾无商业据点的大陆企业所雇用的人员得依下列条件进入台湾及停留。	

服务提供模式：（1）跨境提供服务（2）境外消费（3）商业据点呈现（4）自然人呈现

部门或次部门	市场开放承诺	其他承诺
	（i）该大陆企业已与在台湾从事商业活动的企业签订验货、售后服务、技术指导等，及其他与左列服务相关的服务契约。 （ii）此类人员应符合前述“专家”的定义。 （iii）此类人员在台湾期间不得从事其他与服务契约无关的服务活动。 （iv）本项承诺仅限于契约所定的服务行为。并未给予此类人员以取得专业证照的身份，在台湾广泛执业的资格。 每次停留的期间不得超过三个月或契约期间，以较短者为准。此类进入许可的有效期间自核发的翌日起算为三个月至三年。符合条件者可在许可有效期间内多次进入台湾。	

续表

部门或次部门	市场开放承诺	其他承诺
E. 未附操作员之租赁服务业		
(b) 航空器租赁（涉及航空权者除外）(CPC83104**)	（1）没有限制。 （2）没有限制。 （3）允许大陆服务提供者在台湾以独资、合资、合伙及设立分公司等形式设立商业据点，提供航空器租赁服务。 （4）同“电脑及其相关服务业”的承诺。	
(c) 自用小客车租赁 (CPC83101**)	（1）没有限制。 （2）没有限制。 （3）允许大陆服务提供者在台湾以独资、合资、合伙及设立分公司等形式设立商业据点，提供自用小客车租赁服务。 （4）同“电脑及其相关服务业”的承诺。	
(d) 其他机器与设备租赁 (CPC83106-83109)（电信设备及电力设备租赁除外）	（1）没有限制。 （2）没有限制。 （3）允许大陆服务提供者在台湾以独资、合资、合伙及设立分公司等形式设立商业据点，提供其他机器与设备租赁服务。 （4）同“电脑及其相关服务业”的承诺。	
F. 其他商业服务业		
广告服务业 (CPC871**)（广播电视广告业除外）	（1）没有限制。 （2）没有限制。 （3）允许大陆服务提供者在台湾以独资、合资、合伙及设立分公司等形式设立商业据点，提供广告服务。 （4）同“电脑及其相关服务业”的承诺。	

服务提供模式：(1) 跨境提供服务 (2) 境外消费 (3) 商业据点呈现 (4) 自然人呈现

部门或次部门	市场开放承诺	其他承诺
(b) 市场研究服务业 (CPC86401**，限于市场分析、消费者态度和偏好的分析)	(1) 没有限制。 (2) 没有限制。 (3) 允许大陆服务提供者在台湾设立合资、合伙企业，提供市场研究服务。 (4) 同“电脑及其相关服务业”的承诺。	
(c) 管理顾问服务业 (CPC865)	(1) 没有限制。 (2) 没有限制。 (3) 允许大陆服务提供者在台湾以独资、合资、合伙及设立分公司等形式设立商业据点，提供管理顾问服务。 (4) 同“电脑及其相关服务业”的承诺。	
(e) 技术检测与分析服务业 (CPC8676) - 车辆、机械、电机、电子、化工、度量衡、酒类产品及环境检测的技术检测及分析服务	(1) 没有限制。 (2) 没有限制。 (3) i. 允许大陆服务提供者在台湾以独资、合资、合伙及设立分公司等形式设立商业据点，提供技术检测与分析服务。 ii. 在互信互利的基础上，允许在大陆的检测验证机构与台湾检测验证机构展开检测数据（结果）的接受合作。具体合作安排另行商定。 (4) 同“电脑及其相关服务业”的承诺。	
(e) 技术检测与分析服务业 (CPC8676) - 医疗器材的非临床试验检验的技术检测及分析服务	(1) 没有限制。 (2) 没有限制。 (3) 允许大陆服务提供者在台湾以独资、合资、合伙及设立分公司等形式设立商业据点，提供非强制性检验的技术检测与分析服务。 (4) 同“电脑及其相关服务业”的承诺。	
(f) 附带于畜牧业之顾问服务业（非涉及家禽孵育及家畜禽配种者）(CPC88120**)	(1) 没有限制。 (2) 没有限制。 (3) 允许大陆服务提供者在台湾以独资、合资、合伙及设立分公司等形式设立商业据点，提供附带于畜牧业之顾问服务。 (4) 同“电脑及其相关服务业”的承诺。	

续表

部门或次部门	市场开放承诺	其他承诺
(h) 附带于矿业之服务业 (CPC883、5115)	（1）没有限制。 （2）没有限制。 （3）允许大陆服务提供者在台湾以独资、合资、合伙及设立分公司等形式设立商业据点，提供附带于矿业之服务。 （4）同“电脑及其相关服务业”的承诺。	

服务提供模式：(1) 跨境提供服务 (2) 境外消费 (3) 商业据点呈现 (4) 自然人呈现

部门或次部门	市场开放承诺	其他承诺
(m) 与科学技术有关之顾问服务业 - 限地质、矿物及其他科学勘察服务 (CPC86751)	（1）没有限制。 （2）没有限制。 （3）允许大陆服务提供者在台湾以合资形式设立商业据点，且允许大陆服务提供者拥有多数股权，提供与科学技术有关之顾问服务。 （4）同“电脑及其相关服务业”的承诺。	
(n) 设备维修服务业 (CPC633、8861-8866) (海运船只、航空器及其他运输设备除外)	（1）没有限制。 （2）没有限制。 （3）允许大陆服务提供者在台湾以独资、合资、合伙及设立分公司等形式设立商业据点，提供设备维修服务。 （4）同“电脑及其相关服务业”的承诺。	
(o) 建筑物清理服务业 (CPC874)	（1）技术上不可行。 （2）没有限制。 （3）允许大陆服务提供者在台湾以独资、合资、合伙及设立分公司等形式设立商业据点，提供建筑物清理服务。 （4）同“电脑及其相关服务业”的承诺。	
(p) 摄影服务业 (CPC875)	（1）没有限制。 （2）没有限制。 （3）允许大陆服务提供者在台湾以独资、合资、合伙及设立分公司等形式设立商业据点，提供摄影服务。 （4）同“电脑及其相关服务业”的承诺。	

续表

部门或次部门	市场开放承诺	其他承诺
(q)包装服务业(CPC876)	（1）没有限制。 （2）没有限制。 （3）允许大陆服务提供者在台湾以独资、合资、合伙及设立分公司等形式设立商业据点，提供包装服务。 （4）同“电脑及其相关服务业”的承诺。	
(r)印刷及其辅助服务业(CPC88442**)	（1）不予承诺。 （2）没有限制。 （3）允许大陆服务提供者在台湾设立合资企业，提供印刷及其辅助服务。大陆服务提供者限投资台湾现有事业。大陆服务提供者总股权比例不超过50%。 （4）同“电脑及其相关服务业”的承诺。	

服务提供模式：(1) 跨境提供服务 (2) 境外消费 (3) 商业据点呈现 (4) 自然人呈现

部门或次部门	市场开放承诺	其他承诺
(s)展览服务业(CPC87909**)	（1）不予承诺，但与《海峡两岸经济合作框架协议》附件四的开放承诺有关者除外。 （2）没有限制。 （3）允许大陆服务提供者在台湾以独资、合资、合伙及设立分公司等形式设立商业据点，与台湾会展产业的企业或公会、商会、协会等团体合办展览。 （4）同“电脑及其相关服务业”的承诺。	
(t)其他		
ii.复制服务业(CPC87904)	（1）没有限制。 （2）没有限制。 （3）允许大陆服务提供者在台湾以独资、合资、合伙及设立分公司等形式设立商业据点，提供复制服务。 （4）同“电脑及其相关服务业”的承诺。	

部门或次部门	市场开放承诺	其他承诺
iii. 翻译及传译服务业(CPC87905)	(1)没有限制。 (2)没有限制。 (3)允许大陆服务提供者在台湾以独资、合资、合伙及设立分公司等形式设立商业据点，提供翻译及传译服务。 (4)同“电脑及其相关服务业”的承诺。	
iv. 邮寄名单编辑服务业(CPC87906**)	(1)没有限制。 (2)没有限制。 (3)允许大陆服务提供者在台湾以独资、合资、合伙及设立分公司等形式设立商业据点，提供邮寄名单编辑服务。 (4)同“电脑及其相关服务业”的承诺。	
二、通讯服务业		
B. 快递服务陆地运送部分(现行由台湾邮政主管部门依规定保留之服务除外)	(1)没有限制。 (2)没有限制。 (3)允许大陆服务提供者在台湾以独资、合资、合伙及设立分公司等形式设立商业据点，提供包裹等物品的快递服务。 (4)同“电脑及其相关服务业”的承诺。	
C. 电信服务业第二类电信事业特殊业务 (1)存转网路服务 (2)存取网路服务 (3)数据交换通信服务	(1)见模式(3)。 (2)没有限制。 (3)允许大陆服务提供者在台湾投资左列业务。大陆服务提供者须为在海外或大陆上市之电信业者；大陆服务提供者总持股比例不超过50%，不具控制力。 (4)同“电脑及其相关服务业”的承诺。	

服务提供模式：(1) 跨境提供服务 (2) 境外消费 (3) 商业据点呈现 (4) 自然人呈现

部门或次部门	市场开放承诺	其他承诺
D. 视听服务业 (a) 电影或录影带之行销服务业 - 进口大陆电影片 (CPC96113)	(1) 除与“其他承诺”有关者外，不予承诺。 (2) 没有限制。 (3) 除与“其他承诺”有关者外，不予承诺。 (4) 除与“其他承诺”有关者外，不予承诺。	根据大陆有关规定设立的制片单位所拍摄、符合台湾相关规定所定义之大陆电影片，经台湾主管机关审查通过后，每年以15部为限，可在台湾商业发行映演，并应符合大陆电影片进入台湾发行映演之相关规定。
三、营造及相关工程服务业		
A. 建筑物的一般建筑工作 (CPC512) B. 土木工程的一般建筑工作 (CPC513) C. 安装和组装工作 (CPC514+516) D. 建筑物竣工和最后修整工作 (CPC517) E. 其他 (CPC511+515+518)	(1) 技术上不可行。 (2) 没有限制。 (3) 允许大陆服务提供者在台湾以合资形式设立商业据点，提供营造及相关工程服务。大陆服务提供者总持股比例不超过12%，不具控制力。 (4) 同“电脑及其相关服务业”的承诺。	

服务提供模式：(1) 跨境提供服务 (2) 境外消费 (3) 商业据点呈现 (4) 自然人呈现

部门或次部门	市场开放承诺	其他承诺
四、配销服务业		
B. 批发交易服务业 (CPC622，武器警械及军事用品、农产品市场交易法所称之农产品批发市场除外)	(1) 没有限制。 (2) 没有限制。 (3) 允许大陆服务提供者在台湾以独资、合资、合伙及设立分公司等形式设立商业据点，提供批发交易服务。 (4) 同“电脑及其相关服务业”的承诺。	

续表

部门或次部门	市场开放承诺	其他承诺
C. 零售服务业(CPC631、632、6111、6113、6121，武器警械、军事用品、药局及药房除外)	(1) 没有限制。 (2) 没有限制。 (3) 允许大陆服务提供者在台湾以独资、合资、合伙及设立分公司等形式设立商业据点，提供零售交易服务。 (4) 同“电脑及其相关服务业”的承诺。	
D. 经销 (CPC8929)	(1) 没有限制。 (2) 没有限制。 (3) 允许大陆服务提供者在台湾以独资、合资、合伙及设立分公司等形式设立商业据点，提供经销服务。 (4) 同“电脑及其相关服务业”的承诺。	
六、环境服务业		
A. 污水处理服务业 (CPC9401) B. 废弃物处理服务业 (CPC9402) D. 其他 - 废气清理服务业 (CPC9404) - 噪音与振动防制服务业 (CPC9405) - 土壤及地下水污染整治服务业 (CPC9409**)	(1) 技术上不可行。 (2) 没有限制。 (3) 允许大陆服务提供者在台湾以独资、合资、合伙及设立分公司等形式设立商业据点，提供环境服务。 (4) 同“电脑及其相关服务业”的承诺。	

服务提供模式：(1) 跨境提供服务 (2) 境外消费 (3) 商业据点呈现 (4) 自然人呈现

部门或次部门	市场开放承诺	其他承诺
八、健康与社会服务业		
A. 医院服务业 (CPC9311)	（1）没有限制。 （2）没有限制。 （3）允许大陆服务提供者在台湾以合资形式捐助设立非营利的医疗财团法人医院，提供医院服务。此外：(i) 未持有台湾方面身份证明文件的自然人担任董事会董事合计不得超过全体董事的三分之一；(ii) 全体董事的三分之一以上必须具有台湾医事人员资格。 （4）除模式 (3) 所列内容外，不予承诺。	
其他 - 无操作员医疗设备之出租或租赁服务业	（1）没有限制。 （2）没有限制。 （3）允许大陆服务提供者在台湾以独资、合资、合伙及设立分公司等形式设立商业据点，提供无操作员医疗设备租赁服务。 （4）同“电脑及其相关服务业”的承诺。	
C. 社会服务业 - 老人及身心障碍者福利机构	（1）技术上不可行。 （2）没有限制。 （3）允许大陆服务提供者在台湾以合伙形式设立小型老人及身心障碍福利机构。大陆服务提供者出资比例须低于 50%，不具控制力。 （4）同“电脑及其相关服务业”的承诺。	
九、观光及旅游服务业		
A. 旅馆及餐厅		
旅馆（限于观光旅馆）(CPC64110**)	（1）没有限制。 （2）没有限制。 （3）允许大陆服务提供者在台湾以独资、合资、合伙及设立分公司等形式设立商业据点，提供观光旅馆服务。 （4）同“电脑及其相关服务业”的承诺。	
(c) 提供食物服务 (CPC642)(包括提供相关饮料服务）	（1）没有限制。 （2）没有限制。 （3）允许大陆服务提供者在台湾以独资、合资、合伙及设立分公司等形式设立商业据点，提供餐馆服务。 （4）同“电脑及其相关服务业”的承诺。	

服务提供模式：(1) 跨境提供服务 (2) 境外消费 (3) 商业据点呈现 (4) 自然人呈现

部门或次部门	市场开放承诺	其他承诺
B. 旅行社及旅游服务业 (CPC7471)	(1) 没有限制。 (2) 没有限制。 (3) 允许大陆服务提供者在台湾以独资、合资、合伙及设立分公司等形式设立商业据点，提供旅行社及旅游服务。大陆服务提供者在台湾设立的商业据点总计以 3 家为限。经营范围限居住于台湾的自然人在台湾的旅游活动。 (4) 同“电脑及其相关服务业”的承诺。	
十、娱乐、文化及运动服务业 (视听服务业除外)		
A. 娱乐服务业 - 演出场所经营	(1) 没有限制。 (2) 没有限制。 (3) 允许大陆服务提供者在台湾以合资、合伙形式设立剧场、音乐厅演出场所的经营单位。大陆服务提供者总持股比例须低于 50%，不具控制力。 (4) 同“电脑及其相关服务业”的承诺。	
D. 运动及其他娱乐服务业 - 运动场馆营运 (CPC96413)	(1) 没有限制。 (2) 没有限制。 (3) 允许大陆服务提供者在台湾以独资、合资、合伙及设立分公司等形式设立商业据点，提供运动场馆营运服务 (高尔夫球场除外)。 (4) 同“电脑及其相关服务业”的承诺。	
E. 其他 - 游乐园及主题乐园 (非属森林游乐区者)	(1) 没有限制。 (2) 没有限制。 (3) 允许大陆服务提供者在台湾以独资、合资、合伙及设立分公司等形式设立商业据点，提供游乐园及主题乐园服务。 (4) 同“电脑及其相关服务业”的承诺。	

服务提供模式：(1) 跨境提供服务 (2) 境外消费 (3) 商业据点呈现 (4) 自然人呈现

部门或次部门	市场开放承诺	其他承诺
十一、运输服务业		
A. 海运服务业 (f) 海运辅助性服务业 (CPC745) - 港埠业 - 其他水上运输辅助业（船舶货物装卸承揽业、拖驳船业） - 货柜集散站经营业 - 船舶理货业 - 船舶小修业	（1）没有限制。 （2）没有限制。 （3）允许大陆服务提供者在台湾以合资形式设立商业据点，提供海运辅助性服务①。大陆服务提供者总持股比例须低于 50%。 （4）同“电脑及其相关服务业”的承诺。	
C. 空运服务业		
(b) 空运服务之销售及行销②	（1）没有限制。 （2）没有限制。 （3）允许经双方民航主管机关核准营运之大陆民用航空运输业者，在台湾设立商业据点销售及行销其空运服务。 （4）同“电脑及其相关服务业”的承诺。	
航空货物集散站经营业	（1）没有限制。 （2）没有限制。 （3）允许大陆服务提供者在台湾以合资形式设立商业据点，提供航空货物集散站经营服务。大陆服务提供者总持股比例不超过 10%。 （4）同“电脑及其相关服务业”的承诺。	
F. 公路运输服务业		
(a) 旅客运输（限于小客车租赁业）	（1）技术上不可行。 （2）没有限制。 （3）允许大陆服务提供者在台湾以独资、合资、合伙及设立分公司等形式设立商业据点，提供旅客运输服务。 （4）同“电脑及其相关服务业”的承诺。	

① 营运区域及业务范围限依据台湾有关投资公共建设的相关规定办理。
② 适用世界贸易组织《服务贸易总协定〈空运服务业附则〉》的定义。

续表

部门或次部门	市场开放承诺	其他承诺
(b) 货物运输	（1）技术上不可行。 （2）没有限制。 （3）允许大陆服务提供者在台湾以独资、合资、合伙及设立分公司等形式设立商业据点，提供货物运输服务。 （4）同“电脑及其相关服务业”的承诺。	

服务提供模式：(1) 跨境提供服务 (2) 境外消费 (3) 商业据点呈现 (4) 自然人呈现

部门或次部门	市场开放承诺	其他承诺
(d) 公路运输设备维修 (CPC6112+8867)	（1）没有限制。 （2）没有限制。 （3）允许大陆服务提供者在台湾以独资、合资、合伙及设立分公司等形式设立商业据点，提供公路运输设备维修服务①。 （4）同“电脑及其相关服务业”的承诺。	
(e) 公路运输支援服务业 (CPC7441) - 限公路客运的转运站、车站、调度站	（1）技术上不可行。 （2）没有限制。 （3）允许大陆服务提供者在台湾以独资、合资、合伙及设立分公司等形式设立商业据点，提供公路客运的转运站、车站、调度站服务②。 （4）同“电脑及其相关服务业”的承诺。	
(e) 公路运输支援服务业 (CPC7442) - 限公路桥梁及隧道管理	（1）技术上不可行。 （2）没有限制。 （3）允许大陆服务提供者在台湾以合资形式设立商业据点，提供公路桥梁及隧道管理服务③。大陆服务提供者总持股比例须低于 50%，不具控制力。 （4）同“电脑及其相关服务业”的承诺。	

① 营运区域及业务范围限依据台湾有关投资公共建设的相关规定办理，或系投资汽车制造业、汽车批发业所附带经营。

② 同注①。

③ 同注①。

续表

部门或次部门	市场开放承诺	其他承诺
(e) 公路运输支援服务业 (CPC7443) - 限停车场业	（1）技术上不可行。 （2）没有限制。 （3）允许大陆服务提供者在台湾以独资、合资、合伙及设立分公司等形式设立商业据点，提供停车场服务。 （4）同“电脑及其相关服务业”的承诺。	
空中缆车运输服务 (CPC71219**)	（1）技术上不可行。 （2）没有限制。 （3）允许大陆服务提供者在台湾以独资、合资、合伙及设立分公司等形式设立商业据点，提供空中缆车运输服务。 （4）同“电脑及其相关服务业”的承诺。	

服务提供模式：(1) 跨境提供服务 (2) 境外消费 (3) 商业据点呈现 (4) 自然人呈现

部门或次部门	市场开放承诺	其他承诺
H. 各类运输之辅助性服务业		
(b) 仓储服务业 (CPC742)	（1）技术上不可行。 （2）没有限制。 （3）允许大陆服务提供者在台湾以合资形式设立商业据点，提供仓储服务[①]。大陆服务提供者总持股比例须低于 50%，不具控制力。其中属保税仓储者仅限位于港区内。 （4）同“电脑及其相关服务业”的承诺。	
(c) 货运承揽服务业 (CPC7480)	（1）没有限制。 （2）没有限制。 （3）允许大陆服务提供者在台湾以合资形式设立商业据点，提供货运承揽服务，投资航空、海运货运承揽业总持股比例须低于 50%，不具控制力。 （4）同“电脑及其相关服务业”的承诺。	

① 港区内仓储的营运区域及业务范围限依据台湾有关投资公共建设的相关规定办理。

续表

部门或次部门	市场开放承诺	其他承诺
十二、其他		
洗衣及染色服务业(CPC9701)	(1)技术上不可行。 (2)没有限制。 (3)允许大陆服务提供者在台湾以独资、合资、合伙及设立分公司等形式设立商业据点，提供洗衣及染色服务。 (4)同“电脑及其相关服务业”的承诺。	
美发和其他美容服务业(CPC9702)	(1)技术上不可行。 (2)没有限制。 (3)允许大陆服务提供者在台湾以独资、合资、合伙及设立分公司等形式设立商业据点，提供美发和其他美容服务。 (4)同“电脑及其相关服务业”的承诺。	
殡仪馆及火化场	(1)技术上不可行。 (2)没有限制。 (3)允许大陆服务提供者在台湾以独资及合资形式设立殡仪馆及火化场。 (4)同“电脑及其相关服务业”的承诺。	
线上游戏业-限制作与研发服务	(1)不予承诺。 (2)没有限制。 (3)允许大陆服务提供者在台湾以独资、合资、合伙及设立分公司等形式设立商业据点，提供线上游戏制作与研发服务。 (4)同“电脑及其相关服务业”的承诺。	

台湾方面金融服务部门的开放承诺

部门名称	具体承诺
保险及其相关服务	积极审慎修正有关大陆保险业在台湾设立代表处及参股等之规定。
银行及其他金融服务（不包括证券期货和保险）	1. 尽速取消大陆的银行赴台湾设立分支机构及参股投资的OECD条件。 2. 已在台湾设有分行的大陆的银行符合条件者，可申请增设分行。 3. 单一大陆的银行得申请投资台湾上市（柜）银行、金控公司的持股比率提高至10%（如加计大陆合格境内机构投资者为15%）；投资未上市（柜）银行、金控公司的持股比率提高至15%；参股投资金控公司子银行的持股比率可达20%。参股投资金控公司或其子银行，维持现行二者择一规定。 4. 大陆的银联公司得申请赴台湾设立分支机构。
证券、期货及其相关服务	1. 大陆证券期货机构按照台湾有关规定申请在台湾设立代表人办事处须具备的海外证券、期货业务经验为2年以上，且包括香港及澳门。 2. 循序放宽大陆合格境内机构投资者投资台湾证券之限额，初期可考虑由5亿美元提高至10亿美元。 3. 积极研议放宽大陆证券期货机构参股投资台湾证券期货机构的有关限制。 4. 积极研议大陆合格境内个人投资者投资台湾资本市场。

附件二 关于服务提供者的具体规定

双方同意，关于本协议附件一和《海峡两岸经济合作框架协议》附件四所列并超出各自在世界贸易组织承诺的服务部门及市场开放承诺中的服务提供者，[①] 具体规定如下：

一、本规定所指的服务提供者，指为另一方提供服务的一方自然人或一方法人。[②]

（一）“一方自然人”指持有两岸任一方身份证明文件的自然人；

（二）“一方法人”指根据两岸任一方相关规定在该方设立的实体，包括任何公司、信托、合伙企业、合资企业、独资企业或协会（商会）。

二、一方法人服务提供者应同时具备下列条件：

（一）在该方提供服务的性质和范围，应包含其拟在另一方提供服务的性质和范围；[③]

（二）在该方从事实质性商业经营，应符合下列规定：

1. 在该方从事与拟在另一方提供服务的性质和范围相同的商业经营持续三年以上，[④] 其中：

从事建筑和相关的工程服务的一方服务提供者，应已在该方注册或登记设立且从事商业经营持续五年以上；

从事银行及其他金融服务（不包括证券期货和保险）的一方

① 仅适用于拟以商业存在模式提供服务的服务提供者。

② 不包括在一方登记的分公司、办事处、联络处和其他非法人机构。

③ 就台湾方面医疗服务提供者而言，包括：法人医疗机构；医疗机构的设置人；医疗机构设置的特定目的公司。

④ 就台湾方面医疗服务提供者而言，注③规定的医疗机构应符合此项规定。

银行机构，应在该方获得银行业监督管理机构营业许可并注册或登记设立且从事商业经营持续五年以上；

从事证券期货及其相关服务的一方证券期货公司，应在该方获得证券期货监督管理机构营业许可并注册或登记设立且从事商业经营持续五年以上；

从事保险及其相关服务的一方保险公司，应在该方获得保险业监督管理机构营业许可并注册或登记设立且从事商业经营持续五年以上；

2. 在该方缴纳所得税；

3. 在该方拥有或租用经营场所。

三、一方服务提供者为享有本协议附件一和《海峡两岸经济合作框架协议》附件四所列并超出在世界贸易组织承诺的优惠待遇，应按下列规定向该方业务主管部门或其委托机构提供文件、资料，申请“服务提供者证明书”：

（一）一方自然人服务提供者应提供身份证明文件，及业务主管部门或其委托机构认为需要提供的其他文件、资料；

（二）一方法人服务提供者应提供：

1. 注册登记证明副本；

2. 最近三年或五年的完税证明副本；

3. 最近三年或五年经审计的财务报表；

4. 拥有或租用经营场所的证明文件或其副本；

5. 其他证明提供服务性质和范围的文件或其副本；

6. 业务主管部门或其委托机构认为需要提供的其他文件、资料。

四、一方服务提供者按本附件第三条规定提供相关文件、资料，业务主管部门或其委托机构认为符合本附件规定，向其核发服务提供者证明书。

五、一方服务提供者申请在另一方提供本协议附件一和《海峡两岸经济合作框架协议》附件四所列并超出在世界贸易组织承诺的服务时，应向另一方的相关业务主管部门提交有效的服务提供者证明书，及申请所涉服务部门规定的文件、资料。

六、已在另一方提供服务的一方服务提供者可按本附件相关规定申请取得服务提供者证明书，以享有本协议附件一和《海峡两岸经济合作框架协议》附件四所列并超出在世界贸易组织承诺的优惠待遇。

附表一

GTAP 服务业部门之行业分类对照

台湾的中华经济研究院评估报告是利用“多国贸易分析模型（GTAP Model）”资料库，以 2007 年为基期，针对服务贸易协议签署后实际开放程度，对台湾总体经济及服务产业影响，进行量化评估分析。由于 GTAP 服务业部门分类是依据联合国 ISIC v3 版，而 ISIC v3 版的分类，对应到台湾行业分类表时为“行业分类对照表第七次修订版”，而不是最新的第九次修订版。

GTAP 产业部门别	行业标准分类			
	中类	小类	细类	各类名称
营造工程	38			土木工程业
		380		土木工程业
			3801	一般土木工程业
			3802	道路工程业
			3803	景观工程业
			3804	环境保护工程业
	39			建筑工程业
		390		建筑工程业
			3901	房屋建筑工程业
			3902	房屋设备安装工程业

续表

GTAP 产业部门别	行业标准分类			
	中类	小类	细类	各类名称
	40	400		机电、电信、电路及管道工程业
			4001	机电、电信及电路工程业
			4002	管道工程业
			4003	冷冻、通风及空调工程业
	41	410	4100	建物装修及装潢业
	42	420	4200	其他营造业
			9204	建筑物清洁服务业
商品买卖	44-	45		批发业
		455		汽机车及其零配件、用品批发业
			4551	汽车批发业
			4552	机车批发业
			4553	汽机车零配件、用品批发业
			4554	汽机车车胎批发业
	46-	48		零售业
		472		燃料零售业
			4721	加油站业
			4729	其他燃料零售业
		474		汽机车及其零配件、用品零售业
			4741	汽车零售业
			4742	机车零售业
			4743	汽机车零配件、用品零售业
			4744	汽机车车胎零售业
		479		其他零售业
			4791	中古商品零售业
	95			维修服务业
		951		汽车维修及汽车美容业
			9511	汽车维修业

续表

GTAP 产业部门别	行业标准分类			
	中类	小类	细类	各 类 名 称
			9512	汽车美容业
			9592	机车修理业
	44-	45		批发业
		441		农、畜、水产品批发业
			4411	米粮批发业
			4412	蔬果批发业
			4413	花卉批发业
			4414	家畜批发业
			4415	家禽批发业
			4416	水产品批发业
			4419	其他农畜水产品批发业
		442		食品什货批发业
			4421	冷冻调理食品批发业
			4422	食用油脂批发业
			4423	烟酒批发业
			4424	非酒精饮料批发业
			4425	茶叶批发业
			4429	其他食品什货批发业
		443		布匹、衣着、服饰品批发业
			4431	布匹批发业
			4432	成衣批发业
			4433	鞋类批发业
			4434	行李箱及手提袋批发业
			4435	服饰配件批发业
			4439	其他衣着、服饰品批发业
		444		家庭电器、设备及用品批发业
			4441	家庭电器批发业
			4442	家具批发业

续表

GTAP产业部门别	行业标准分类			
	中类	小类	细类	各类名称
			4443	寝具批发业
			4444	室内装设品批发业
			4445	摄影器材批发业
			4449	其他家庭设备及用品批发业
		445		药品、化妆品及清洁用品批发业
			4451	药品及医疗用品批发业
			4452	化妆品批发业
			4453	清洁用品批发业
		446		文教、育乐用品批发业
			4461	书籍、文具批发业
			4462	运动用品、器材批发业
			4463	玩具、娱乐用品批发业
			4464	乐器批发业
		447	4470	钟表、眼镜批发业
		448	4480	首饰及贵金属批发业
		451		建材批发业
			4511	木制建材批发业
			4512	砖瓦、砂石、水泥及其制品批发业
			4513	磁砖、贴面石材、卫浴设备批发业
			4514	板玻璃批发业
			4515	漆料、涂料批发业
			4516	金属建材批发业
			4519	其他建材批发业
		452		化学原料及其制品批发业
			4521	化学原料批发业
			4522	化学制品批发业

续表

GTAP 产业部门别	行业标准分类			
	中类	小类	细类	各类名称
		453		燃料批发业
			4531	石油制品燃料批发业
			4539	其他燃料批发业
		454		机械器具批发业
			4541	机械批发业
			4542	电力电子设备批发业
			4543	事务机器批发业
			4544	计算机及其外围设备、软件批发业
			4545	精密仪器批发业
			4554	汽机车车胎批发业
		456	4560	综合商品批发业
		457	4570	商品经纪业
		459		其他批发业
			4591	饲料批发业
			4592	回收物料批发业
			4599	未分类其他批发业
		462	4620	食品什货零售业
		475		综合商品零售业
			4751	百货公司业
			4752	超级市场业
			4753	连锁式便利商店业
			4754	零售式量贩店
			4759	其他综合商品零售业
		461		农、畜、水产品零售业
			4611	米粮零售业
			4612	蔬果零售业
			4614	肉类零售业

续表

GTAP 产业部门别	行业标准分类			
	中类	小类	细类	各 类 名 称
			4615	水产品零售业
			4619	其他农畜水产品零售业
		461		农、畜、水产品零售业
			4613	花卉零售业
			4619	其他农畜水产品零售业
		463		布匹、衣着、服饰品零售业
			4631	布匹零售业
			4632	成衣零售业
			4633	鞋类零售业
			4634	行李箱及手提袋零售业
			4635	服饰配件零售业
			4639	其他衣着、服饰品零售业
		464		家庭电器、设备及用品零售业
			4641	家庭电器零售业
			4642	家具零售业
			4643	寝具零售业
			4644	室内装设品零售业
			4645	摄影器材零售业
			4649	其他家庭设备及用品零售业
		465		药品、化妆品及清洁用品零售业
			4651	药品及医疗用品零售业
			4652	化妆品零售业
			4653	清洁用品零售业
		466		文教、育乐用品零售业
			4661	书籍、文具零售业
			4662	运动用品、器材零售业
			4663	玩具、娱乐用品零售业
			4664	乐器零售业

续表

GTAP 产业部门别	行业标准分类			
	中类	小类	细类	各类名称
		467	4670	钟表、眼镜零售业
		468	4680	首饰及贵金属零售业
		471		建材零售业
			4711	漆料、涂料零售业
			4719	其他建材零售业
		472		燃料零售业
			4729	其他燃料零售业
		473		机械器具零售业
			4731	计算机及其外围设备、软件零售业
			4732	精密仪器零售业
			4739	其他机械器具零售业
		479		其他零售业
			4799	未分类其他零售业
		479		其他零售业
			4791	中古商品零售业
		629		其他金融及辅助业
			6292	典当业
		481		无店面零售业
			4811	电子购物及邮购业
			4812	直销业
			4819	其他无店面零售业
	95			维修服务业
		959		其他器物修理业
			9591	电器及电子产品修理业
			9599	未分类其他器物修理业
			9693	裁缝业
	50			住宿服务业

续表

GTAP产业部门别	行业标准分类			
	中类	小类	细类	各类名称
		501		旅馆业
			5011	观光旅馆业
			5012	一般旅馆业
		509	5090	其他住宿服务业
	51			餐饮业
		511	5110	餐馆业
		512	5120	饮料店业
		519		其他餐饮业
			5191	饮酒店、啤酒屋
			5199	未分类其他餐饮业
运输	53			陆上运输业
		531	5310	铁路运输业
		532		大众捷运系统运输业
			5320	大众捷运系统运输业
		533		汽车客运业
			5331	公共汽车客运业
			5332	出租车客运业
			5333	一般汽车客运业
		534	5340	汽车货运业
仓储业		539	5390	其他陆上运输业
	56	560		储配运输物流业
			5600	储配运输物流业
	57			运输辅助业
		571		旅行业
			5710	旅行业
		572	5720	报关业
		573	5730	船务代理业
		574		货运承揽业

续表

GTAP 产业部门别	行业标准分类			
	中类	小类	细类	各类名称
			5741	陆上货运承揽业
			5742	海洋货运承揽业
			5743	航空货运承揽业
		575		陆上运输辅助业
			5750	陆上运输辅助业
		576		水上运输辅助业
			5761	港埠业
			5769	其他水上运输辅助业
		577		航空运输辅助业
			5770	航空运输辅助业
		579		其他运输辅助业
			5790	其他运输辅助业
	58	580		仓储业
			5801	普通仓储业
			5802	冷冻冷藏仓储业
		964	9640	停车场业
水上运输	54			水上运输业
		541	5410	海洋水运业
		542	5420	内河及湖泊水运业
空中运输	55			航空运输业
		551		民用航空运输业
			5510	民用航空运输业
		552		普通航空业
			5520	普通航空业
通讯服务	59			邮政及快递业
		591		邮政业
			5910	邮政业
		592	5920	快递服务业

续表

GTAP产业部门别	行业标准分类			
	中类	小类	细类	各 类 名 称
	60	600	6000	电信业
金融服务	62			金融及其辅助业
		621		银行业
			6211	中央银行
			6212	本国银行业
			6213	外国银行业
		622	6220	信用合作社业
		623	6230	农会、渔会信用部
		624		信托投资业
			6240	信托投资业
		625	6250	邮政储金汇兑业
		629		其他金融及辅助业
			6291	票券金融业
			6293	信用卡业
			6294	金融投资业
			6295	民间融资业
			6296	融资性租赁业
			6299	未分类其他金融及辅助业
	62			金融及其辅助业
		629		其他金融及辅助业
			6299	未分类其他金融及辅助业
	63			证券及期货业
		631		证券业
			6311	证券商
			6312	证券投资顾问业
			6313	证券投资信托业
			6314	证券金融业
			6319	其他证券业

续表

GTAP 产业部门别	行业标准分类			
	中类	小类	细类	各 类 名 称
		632		期货业
			6321	期货商
			6329	其他期货业
		645	6450	保险辅助业
			7401	投资顾问业
保险	64			保险业
		641	6410	人身保险业
		642	6420	财产保险业
		643	6430	社会保险业
		644	6440	再保险业
		649	6490	其他保险业
工商服务	66			不动产业
		661		不动产经营业
			6611	不动产投资业
			6612	不动产经纪业
		669		其他不动产业
			6691	不动产管理业
			6699	未分类其他不动产业
		672		运输工具设备租赁业
			6721	汽车租赁业
			6722	船舶租赁业
			6723	货柜租赁业
			6729	其他运输工具设备租赁业
		671		机械设备租赁业
			6711	产业用机械设备租赁业
			6712	营造用机械设备租赁业
			6713	事务用机械设备租赁业
			6714	计算机及外围设备租赁业

续表

GTAP产业部门别	行业标准分类			
	中类	小类	细类	各类名称
			6719	其他机械设备租赁业
		673		物品租赁业
			6731	运动及娱乐用品租赁业
			6732	影片及录像节目带租赁业
			6739	其他物品租赁业
	72	720		计算机系统设计服务业
			7201	计算机软件服务业
			7202	计算机系统整合服务业
			7209	其他计算机系统设计服务业
	73			数据处理及信息供应服务业
		731	7310	数据处理服务业
		732		信息供应服务业
			7321	网络信息供应业
			8492	软件出版业
	75			研究发展服务业
		751	7510	自然科学研究发展服务业
		752	7520	社会及人文科学研究发展服务业
		753	7530	综合研究发展服务业
	69			法律及会计服务业
		691		法律服务业
			6911	律师业
			6912	代书事务服务业
			6919	其他法律服务业
		692	6920	会计服务业
	70	700		建筑及工程技术服务业
			7000	建筑及工程技术服务业
	71	710		专门设计服务业
			7101	室内设计业

续表

GTAP 产业部门别	行业标准分类			
	中类	小类	细类	各类名称
			7102	集成电路设计业
			7109	其他专门设计服务业
	74	740		顾问服务业
			7401	投资顾问业
			7402	管理顾问业
			7403	环境顾问业
			7409	其他顾问服务业
	76	760		广告业
			7601	一般广告业
			7602	户外广告业
			7609	其他广告业
	77	770		其他专业、科学及技术服务业
			7701	市场研究及民意调查业
			7702	摄影业
			7703	翻译服务业
			7704	兽医服务业
			7705	环境检测服务业
			7709	未分类其他专业、科学及技术服务业
		875	8750	艺人及模特儿等经纪业
				其他服务业
	92	920		支持服务业
			9201	人力供应业
			9202	保全服务业
			9203	征信服务业
			9204	建筑物清洁服务业
			9205	病媒防治业
			9206	影印业

续表

GTAP产业部门别	行业标准分类			
	中类	小类	细类	各类名称
			9209	其他支持服务业
			9691	相片冲洗业
娱乐及其他服务	73			数据处理及信息供应服务业
		732		信息供应服务业
			7322	新闻供应业
				文化、运动及休闲服务业
	84			出版业
			8491	有声出版业
	85			电影业
		851	8510	电影片制作业
		852	8520	电影片发行业
		853	8530	电影片映演业
		854	8540	电影辅助业
	86			广播电视业
		861	8610	广播业
		862	8620	电视业
		863	8630	广播电视节目供应业
	87			艺文及运动服务业
		871	8710	技艺表演业
		872	8720	文学及艺术业
		873	8730	艺文服务业
		874		运动服务业
			8741	职业运动业
			8742	运动场馆业
			8749	其他运动服务业
	88	880	8800	图书馆及档案保存业
	89	890	8900	博物馆、历史遗址及类似机构
	90	900		休闲服务业

续表

GTAP 产业部门别	行业标准分类			
	中类	小类	细类	各类名称
			9001	游乐园业
			9002	视听及视唱业
			9003	特殊娱乐业
			9004	电子游戏场业
			9009	其他休闲服务业
				其他服务业
	96			未分类其他服务业
		961	9610	洗衣业
		962	9620	理发及美容业
		963	9630	殡葬服务业
		969		其他个人服务业
			9692	浴室业
			9699	未分类其他个人服务业
	96			未分类其他服务业
		965	9650	家事服务业
公共行政、教育医疗及其他服务	98			公务机构及国防事业
		981		公务机构
			9811	政府机关
			9812	民意机关
		982	9820	国防事业
	79			教育服务业
		791	7910	学前教育事业
		792	7920	小学
		793	7930	中学
		794	7940	职业学校
		795	7950	大专校院
		796	7960	特殊教育事业
		799	7990	其他教育服务业

续表

GTAP产业部门别	行业标准分类			
	中类	小类	细类	各类名称
	77	770		其他专业、科学及技术服务业
	81			医疗保健服务业
		811	8110	医院
		812	8120	诊所
		819		其他医疗保健服务业
			8191	卫生所及卫生室
			8192	医事技术业
			8193	助产业
			8199	未分类其他医疗保健服务业
	82	820		社会福利服务业
			8201	儿童及少年福利服务业
			8202	老人福利服务业
			8203	身心障碍者福利服务业
			8204	妇女福利服务业
			8209	其他社会福利服务业
				其他服务业
	93	930		环境卫生及污染防治服务业
			9301	废弃物清除业
			9302	废弃物处理业
			9303	废(污)水处理业
			9309	其他环境卫生及污染防治服务业
				其他服务业
	94			宗教、职业及类似组织
		941	9410	宗教组织
		942		职业团体
			9421	工商业团体
			9422	自由职业团体
			9423	劳工团体

续表

GTAP 产业部门别	行业标准分类			
	中类	小类	细类	各 类 名 称
			9424	农民团体
		949		其他组织
			9491	政治团体
			9499	未分类其他组织
	99	990		国际组织及外国机构
			9901	国际组织
			9902	外国使领馆
			9909	其他外国机构
住宅服务				

附表二

台湾开放大陆资本赴台投资业别项目

台湾开放大陆资本赴台投资业别项目（截至2013年6月）。

中类编号	中类业别	细类编号及业别	限制条件
1	农、牧业	0133 畜牧服务业	属附带于畜牧业之顾问服务业，且非涉及家禽孵育及家畜配种者
5	石油及天然气矿业	500 石油及天然气矿业	非属采矿者
6	砂、石及黏土采取业	0600 砂、石及黏土采取业	非属采矿者
7	其他矿业及土石采取业	0700 其他矿业及土石采取业	非属采矿者
34	产业用机械设备维修及安装业	3400 产业用机械设备维修及安装业	民用航空器维修
37	废（污）水处理业	3700 废（污）水处理业	
38	废弃物清除、处理及资源回收处理业	3811 无害废弃物清除业	

续表

中类编号	中类业别	细类编号及业别	限制条件
		3812 有害废弃物清除业	
		3821 无害废弃物处理业	
		3822 有害废弃物处理业	
		3830 资源回收业	
45-46	批发业	4510 商品经纪业	非属活动物之商品经纪商者
		4520 综合商品批发业	“非属农产品市场交易法”所称之农产品批发市场者
		4531 谷类及豆类批发业	“非属农产品市场交易法”所称之农产品批发市场者
		4532 花卉批发业	“非属农产品市场交易法”所称之农产品批发市场者
		4539 其他农产原料批发业	“非属农产品市场交易法”所称之农产品批发市场者
		4541 蔬果批发业	“非属农产品市场交易法”所称之农产品批发市场者
		4542 肉品批发业	“非属农产品市场交易法”所称之农产品批发市场者
		4543 水产品批发业	“非属农产品市场交易法”所称之农产品批发市场者
		4544 冷冻调理食品批发业	“非属农产品市场交易法”所称之农产品批发市场者
		4545 乳制品、蛋及食用油脂批发业	“非属农产品市场交易法”所称之农产品批发市场者
		4546 烟酒批发业	
		4547 非酒精饮料批发业	
		4548 咖啡、茶叶及香料批发业	

续表

中类编号	中类业别	细类编号及业别	限制条件
		4549 其他食品批发业	
		4551 布疋批发业	
		4552 服装及其配件批发业	
		4553 鞋类批发业	
		4559 其他服饰品批发业	
		4561 家庭电器批发业	
		4562 家具批发业	
		4563 家饰品批发业	
		4564 家用摄影器材及光学产品批发业	
		4565 钟表及眼镜批发业	
		4566 珠宝及贵金属制品批发业	
		4567 清洁用品批发业	
		4569 其他家庭器具批发业及用品	
		4571 药品及医疗用品批发业	
		4572 化妆品批发业	
		4581 书籍、文具批发业	
		4582 运动用品、器材批发业	
		4583 玩具、娱乐用品批发业	

续表

中类编号	中类业别	细类编号及业别	限制条件
		4611 木制建材批发业	
		4612 砖瓦、砂石、水泥及其制品批发业	
		4613 磁砖、贴面石材、卫浴设备批发业	
		4614 漆料、涂料批发业	
		4615 金属建材批发业	
		4619 其他建材批发业	
		4621 化学材料批发业	
		4622 化学制品批发业	
		4631 液体、气体燃料及相关产品批发业	
		4639 其他燃料批发业	
		4641 计算机及其外围设备、软件批发业	
		4642 电子设备及其零组件批发业	
		4643 农用及工业用机械设备批发业	
		4644 办公用机械器具批发业	

续表

中类编号	中类业别	细类编号及业别	限制条件
		4649 其他机械器具批发业	
		4651 汽车批发业	
		4652 机车批发业	
		4653 汽机车零配件、用品批发业	
		4691 回收物料批发业	
		4699 未分类其他专卖批发业	
47-48	零售业	4711 食品饮料为主之综合商品零售业	非属药局、药房、药妆店或活动物之零售者
		4719 其他综合商品零售业	非属药局、药房、药妆店或活动物之零售者
		4721 蔬果零售业	
		4722 肉品零售业	
		4723 水产品零售业	
		4729 其他食品及饮料、烟草制品零售业	非属药局、药房、药妆店或活动物之零售者
		4731 布疋零售业	
		4732 服装及其配件零售业	
		4733 鞋类零售业	
		4739 其他服饰品零售业	
		4741 家庭电器零售业	
		4742 家具零售业	

续表

中类编号	中类业别	细类编号及业别	限制条件
		4743 家饰品零售业	
		4744 钟表及眼镜零售业	
		4745 珠宝及贵金属制品零售业	
		4749 其他家庭器具及用品零售业	
		4761 书籍、文具零售业	
		4762 运动用品、器材零售业	
		4763 玩具、娱乐用品零售业	
		4764 音乐带及影片零售业	
		4810 建材零售业	
		4821 加油（气）站业	
		4829 其他燃料零售业	
		4831 计算机及其外围设备、软件零售业	
		4832 通讯设备零售业	
		4833 视听设备零售业	
		4841 汽车零售业	
		4842 机车零售业	
		4843 汽机车零配件、用品零售业	

续表

中类编号	中类业别	细类编号及业别	限制条件
		4851 花卉零售业	
		4852 其他全新商品零售业	非属药局、药房、药妆店或活动物之零售者
		4853 中古（编者注：二手）商品零售业	非属药局、药房、药妆店或活动物之零售者
		4871 电子购物及邮购业	非属药局、药房、药妆店或活动物之零售者
		4872 直销业	1. 非属多层次传销者。2. 非属药局、药房、药妆店或活动物之零售者。
		4879 未分类其他无店面零售业	非属药局、药房、药妆店或活动物之零售者
49	陆上运输业	4920 大众捷运系统运输业	1. 限依“促进民间参与公共建设法”投资公共建设案之营运区域及业务范围，并经目的事业主管机关项目审查。2. 限大众捷运系统、轻轨运输系统。3. 对投资事业不得具有控制能力。
		4939 其他汽车客运业	属附驾驶之小客车租赁业者
		4940 汽车货运业	
		4990 其他陆上运输业	限空中缆车运输服务者
50	水上运输业	5010 海洋水运业	属船舶运送业，限于大陆籍业者依《海峡两岸海运协议》来台设立分公司及办事处者
51	航空运输业		限依条约、协议或海峡两岸相关空运协议规定，或经目的事业主管
		5100 航空运输业	基于平等互惠原则核准来台经营民用航空运输业务者，其在台设立之分公司或办事处。

续表

中类编号	中类业别	细类编号及业别	限制条件
52	运输辅助业	5241 停车场业	
		5249 其他陆上运输辅助业	1. 限依“促进民间参与公共建设法”投资公共建设案之营运区域及业务范围，并经目的事业主管机关项目审查。2. 限公路桥梁及隧道管理、公路客运之转运站、车站、调度站。3. 公路桥梁及隧道管理之外资（含陆资）持股比率须低于50％，且不得超过台湾地区最大股东之持股比率。
		5251 港埠业	1. 限依“促进民间参与公共建设法”投资公共建设案之营运区域及业务范围，并经目的事业主管机关项目审查。2. 陆资持股比率须低于50％，且不得超过其他非陆资最大股东之持股比率。3. 对投资事业不得具有控制能力。
		5259 其他水上运输辅助业	1. 限依“促进民间参与公共建设法”投资公共建设案之营运区域及业务范围，并经目的事业主管机关项目审查。2. 陆资持股比率须低于50％，且不得超过其他非陆资最大股东之持股比率。3. 对投资事业不得具有控制能力。
		5290 其他运输辅助业	1. 限依“促进民间参与公共建设法”投资公共建设案之营运区域及业务范围，并经目的事业主管机关项目审查。2. 陆资持股比率须低于50％，且不得超过其他非陆资最大股东之持股比率。3. 对投资事业不得具有控制能力。

续表

中类编号	中类业别	细类编号及业别	限制条件
53	仓储业	5301 普通仓储业	1. 非属保税仓库或物流中心者。2. 限依“促进民间参与公共建设法”投资公共建设案之营运区域及业务范围，并经目的事业主管机关项目审查。3. 民用航空站之仓储业须位于陆侧且非涉及管制区者；且外资(含陆资)持股比率须低于 50%，并不得超过台湾地区最大股东之持股比率。4. 港埠之仓储业陆资持股比率须低于 50%，且不得超过其他非陆资最大股东之持股比率。5. 对投资事业不得具有控制能力。
		5302 冷冻冷藏仓储业	1. 非属保税仓库或物流中心者。2. 限依“促进民间参与公共建设法”投资公共建设案之营运区域及业务范围，并经目的事业主管机关项目审查。3. 民用航空站之仓储业须位于陆侧且非涉及管制区者；外资(含陆资)持股比率须低于 50%，且不得超过台湾地区最大股东之持股比率。4. 港埠之仓储业陆资持股比率须低于 50%，且不得超过其他非陆资最大股东之持股比率。
55	住宿服务业	5510 短期住宿服务业	属观光旅馆者
56	餐饮业	5610 餐馆业	
		5622 酒精饮料店业	非酒精饮料店
61	电信业	6100 电信业	属第二类电信事业之一般业务者，投资人须为在海外或大陆地区上市之电信业者，且总持股比率以不超过 50% 为限。

续表

中类编号	中类业别	细类编号及业别	限制条件
62	计算机系统设计服务业	6201 计算机软件设计业	
		6202 计算机系统整合服务业	
		6209 其他计算机系统设计服务业	
63	数据处理及信息供应服务业	6311 入口网站经营业	
		6312 数据处理、网站代管及相关服务业	
64	金融中介业	6412 银行业	依“台湾地区与大陆地区金融业务往来及投资许可管理办法”办理。
		6420 金融控股业	依“台湾地区与大陆地区金融业务往来及投资许可管理办法”办理。
		6499 未分类其他金融中介业	1. 限创业投资公司。2. 陆资对投资事业及其转投资事业不得具有控制能力。
65	保险业	6510 人身保险业	依“台湾地区与大陆地区保险业务往来及投资许可管理办法”办理。
		6520 财产保险业	依“台湾地区与大陆地区保险业务往来及投资许可管理办法”办理。
		6530 再保险业	依“台湾地区与大陆地区保险业务往来及投资许可管理办法”办理。
66	证券期货及其他金融业	6611 证券商	依“台湾地区与大陆地区证券期货业务往来及投资许可管理办法”办理。

续表

中类编号	中类业别	细类编号及业别	限制条件
		6619 其他证券业	依“台湾地区与大陆地区证券期货业务往来及投资许可管理办法”办理。
		6621 期货商	依“台湾地区与大陆地区证券期货业务往来及投资许可管理办法”办理。
		6629 其他期货业	依“台湾地区与大陆地区证券期货业务往来及投资许可管理办法”办理。
		6631 投资顾问业	依“台湾地区与大陆地区证券期货业务往来及投资许可管理办法”办理。
		6639 其他金融辅助业	1. 限信托服务。2. 依“台湾地区与大陆地区证券期货业务往来及投资许可管理办法”办理。
		6640 基金管理业	依“台湾地区与大陆地区证券期货业务往来及投资许可管理办法”办理。
71	建筑、工程服务及技术检测、分析服务业	7121 环境检测服务业	
		7129 其他技术检测及分析服务业	属车辆、机械、电机、电子产品之技术检测及分析服务者
72	研究发展服务业	7210 自然及工程科学研究发展服务业	
		7220 社会及人文科学研究发展服务业	
		7230 综合研究发展服务业	

续表

中类编号	中类业别	细类编号及业别	限制条件
73	广告业及市场研究业	7310 广告业	非属从事广告代理或报纸、期刊、广播、电视、网络等媒体广告之设计、绘制、模塑、选择场所及装置等。
74	专门设计服务业	7402 工业设计业	属特制品之设计服务者
		7409 其他专门设计服务业	属特制品之设计服务者
76	其他专业、科学及技术服务业	7601 摄影业	
		7602 翻译服务业	
		7609 未分类其他专业、科学及技术服务业	限能源技术服务
77	租赁业	7711 营造用机械设备租赁业	
		7712 农业及其他工业用机械设备租赁业	
		7713 办公用机械设备租赁业	
		7719 其他机器设备租赁业	非属电信设备、医疗机械设备、电力设备之租赁者。
		7721 汽车租赁业	属未附驾驶之小客车或小货车租赁者
		7729 其他运输工具设备租赁业	
		7731 运动及娱乐用品租赁业	
81	建筑物及绿化服务业	8120 清洁服务业	限建筑物清洁服务

续表

中类编号	中类业别	细类编号及业别	限制条件
82	业务及办公室支持服务业	8202 会议及展览服务业	属会议服务者
		8203 影印业	
93	运动、娱乐及休闲服务业	9319 其他运动服务业	限于《海峡两岸经济合作架构协议》附件四“服务贸易早期收获部门及开放措施－台湾方面非金融服务业的开放承诺”，在台湾以独资、合资、合伙及设立分公司等形式设立商业据点
		9321 游乐园及主题乐园	
95	个人及家庭用品维修业	9511 汽车维修业	1. 限依“促进民间参与公共设法”投资公共设案“国道服务区”之营运区域及业务范围；或 2. 投资汽车制造业、汽车批发业所附带经营。
		9512 汽车美容业	
		9521 计算机及其外围设备修理业	
		9522 通讯传播设备修理业	
		9523 视听电子产品及家用电器修理业	
		9599 未分类其他个人及家庭用品维修业	

注：本表行业分类方式依据 2011 年 3 月“台湾行业标准分类（第 9 次修订版）”。

资料来源：根据台湾“经济部”网站公布数据整理。

海峽兩岸
服務貿易協議百問

HĂIXIÁ LIĂNGÀN FÚWÙ MÀOYÌ XIÉYÌ BĂIWÈN

朱磊◎編著

九州出版社 JIUZHOUPRESS | 全国百佳图书出版单位

目　録

序

2013年6月21日，兩岸兩會在上海市舉行第九次高層會談並簽署《海峽兩岸服務貿易協議》(Cross-Strait Service Trade Agreement，CSSTA)，這是依據2010年6月29日海峽兩岸簽署的《海峽兩岸經濟合作框架協議》(Economic Cooperation Framework Agreement，ECFA)第四條“服務貿易”落實的相關協議。在ECFA簽署後，原計劃兩會再簽署5個ECFA後續協議，其中《海峽兩岸投資保障和促進協議》及《海峽兩岸海關合作協議》已於2012年簽署，《海峽兩岸服務貿易協議》也於2013年簽署，《海峽兩岸貨物貿易協議》及《海峽兩岸爭端解決協議》目前還在商談之中。

《海峽兩岸服務貿易協議》第二十四條規定：“本協議簽署後，雙方應各自完成相關程序並以書面通知另一方。本協議自雙方均收到對方通知後次日起生效。”但協議簽署後，臺灣方面的相關“立法”程序遲遲不能通過。2014年3月臺灣發生了史上首次占領“立法”機構的“反服貿運動”，影響了ECFA後續協議的商談。在島內反服貿團體要求下，4月臺灣“行政院”提出“臺灣地區與大陸地區訂定協議處理及監督條例”草案。由於“兩岸協議監督條例”要先完成“立法”，加之目前“兩岸協議監督條例”

多達9個版本，且民進黨公開極力阻擋進程，近期內還看不到兩岸《服貿協議》在島內通過生效的可能。

很多人關心的是:《海峽兩岸服務貿易協議》爲什麼重要？爲什麼說它是兩岸經濟關係發展進程中必須要簽署的協議？該協議的具體內容是什麼？它會給兩岸相關從業人員及消費者帶來哪些變化？爲什麼臺灣島內會爲之爆發“反服貿運動”？大陸方面如何看待該協議？《海峽兩岸服務貿易協議》不能生效會對兩岸經濟產生什麼影響？兩岸雙方將如何處理該協議的未來發展？本書將爲解答這些疑問提供儘可能細緻的相關材料和說明。

一、兩岸經貿處於大合作、大發展的難得歷史機遇期

兩岸經貿發展可遠溯宋元，即使是在荷蘭殖民臺灣的38年和日本殖民臺灣的50年間，兩岸貿易仍未中斷，而1949年以後的30年間，兩岸經貿處於隔絕狀態。1979年後兩岸經貿發生翻天覆地的變化，大體有四個階段：

第一階段：恢復發展（1979—1986年）。1979年元旦，全國人民代表大會常務委員會發表了《告臺灣同胞書》，首倡兩岸“三通”，兩岸隔絕的經濟關係開始鬆動，兩岸間接貿易大量出現。

第二階段：快速發展（1987—1995年）。1987年臺灣當局允許與大陸間接貿易，並開放民衆赴大陸探親，其時正值臺灣全面實施自由化政策，臺商投資大陸掀起熱潮，加工出口產業向大陸大規模轉移。

第三階段：逆境發展（1996—2007年）。1996年李登輝推出“戒急用忍”政策和“南向政策”，2000年到2007年陳水扁執政期間對兩岸經貿總體上採取“積極管理”政策，兩岸經貿在臺灣當局政策限制下憑借市場力量推動逆勢發展，期間兩岸先後加入

WTO大有助益。

第四階段：深化發展（2008年至今）。2008年國民黨重新執政後，臺灣當局對兩岸經貿發展改採積極開放政策，大陸方面倡導了30年的兩岸“三通”終於得以實現，兩岸經濟關係正常化、制度化、機制化取得長足進展，兩岸經貿發展水平也顯著提高，發展勢頭良好。

兩岸貿易方面，據大陸海關統計，2013年兩岸貿易額1,973億美元（占臺灣外貿比重34.3%），其中臺灣對大陸的出口額、進口額分別爲1,566億美元（占臺灣出口比重39.7%）和406億美元（占臺灣進口比重15%），臺灣對大陸的貿易順差高達1,160億美元（占臺灣順差比重326.8%，如無來自大陸順差，臺灣將由目前的順差變爲805億美元逆差）。相較於大陸市場在臺灣出口中的地位日益重要，臺灣市場對大陸出口的影響就小得多，長期維持在2%左右。

兩岸投資方面，據大陸統計，截至2013年年底，大陸累計吸收臺灣直接投資591.3億美元，按實際使用外資統計，臺灣在大陸累計吸收外資中占4.2%，排名第5位。自2009年兩岸實現雙向投資以來，大陸赴臺投資也有顯著進展，據臺灣統計，截至2013年年底，累計實際到資額3.5億美元，但僅占同期臺灣吸引境外投資的1.4%。累計大陸對臺投資與大陸同期對外直接投資金額相比，僅約千分之一。

二、兩岸經貿發展近兩年出現動能不足的問題

隨着全球經濟格局深刻變革、兩岸關係和平發展進入鞏固深化時期，兩岸經濟關係向前發展近兩年面臨動能不足的問題。

一是需求層面，原有的以美歐市場爲導向的兩岸經濟關係難

以爲繼。兩岸經貿中，以“臺灣接單—大陸生產—出口美歐”爲特徵的“三角貿易”比重一直很高，目前雖已大幅下降，仍占兩岸貿易的50%左右。2008年以後，美歐市場因次貸危機和歐債危機迅速萎縮，以大陸市場爲導向的方式在產品設計、品牌通路等方面還需要轉型時間。

二是供給層面，原有的以製造業產品爲主要動力的兩岸經濟關係急需轉型。近年來，大陸製造業產業鏈日益完整且生產能力不斷擴充，臺灣製造業的優勢已經不再明顯，特別是臺灣的面板、半導體等支柱產業已經開始將大陸廠商視爲主要競爭對手。作爲替代動力的服務業，卻因生產性服務業臺商規模有限、兩岸服務市場開放及制度體制銜接不暢等因素，制約其對兩岸經貿發展的帶動效果。

三是政策層面，由於兩岸政治互信不足，政策分歧擴大，影響兩岸經濟關係自由化的推動。近年來臺當局推出一系列旨在分散對大陸經濟依賴的政策，包括吸引臺商回流、嚴審赴臺投資陸企、建立兩岸協議“國安審查機制”，都影響到兩岸經濟合作的深化。臺灣在野黨對兩岸經濟合作的部分抵制有所增強。經過2014年3月的“反服貿運動”，民進黨不僅迫使執政黨接受對兩岸《服貿協議》“逐條審查”，而且還以“兩岸協議監督條例”來制約其他兩岸協議的商簽，對兩岸經濟領域，特別是服務業領域的相互開放形成更多的障礙。

四是合作主體層面，兩岸經濟均處於經濟轉型、增長減速的背景下，兩岸經貿增速也會受到限制。大陸經濟將出現以中高速、優結構、新動力、多挑戰爲主要特徵的新常態，年均經濟增長率降至個位數。臺灣當前所處的後工業化階段決定其經濟走勢將呈現中低速增長態勢。截至2013年，日本進入人均GDP 2萬美元時代後27年，年均經濟增長率爲1.6%；英國進入人均GDP 2萬

美元時代後19年，年均經濟增長率爲2.2%。同爲海島型經濟的臺灣自2011年起進入人均GDP 2萬美元時代，如無特殊情況，年均經濟增長率將很難超過4%。

三、加强服務業合作是推動兩岸經貿發展的新動力

增加兩岸經濟關係發展的新動能需要重視兩岸服務業合作，服務業合作也是兩岸經濟關係轉型升級的重要引擎。在新形勢下，順應兩岸各自經濟轉型趨勢，大力推動兩岸服務業合作是臺灣與大陸深化兩岸經濟合作、打造兩岸經濟關係“升級版”的重要戰略選擇。

一是開創兩岸經濟合作新模式。兩岸服務業合作將極大地豐富兩岸經濟合作的內涵，爲兩岸經濟合作創造新的利基。兩岸服務業合作將改變過去製造業“面向歐美、兩頭在外”的合作模式，建構一個以大陸內需市場作爲主要導向的新型合作模式。與製造業不同的是，兩岸服務業合作不是簡單地技術和產業的轉移，而是經營模式的創造和複製，其主要服務目標是大陸消費者，並需要積累新經驗和創造新模式。

二是增強兩岸經濟合作新動力。在臺商對大陸製造業投資及兩岸製造業合作進程放緩的背景下，兩岸加強服務業合作將順應兩岸服務業的各自經濟轉型趨勢，增強兩岸經濟合作的新動力。大陸大力發展服務業既是穩增長、保就業的重要舉措，也是調整優化結構、打造中國經濟升級版的戰略選擇。臺灣推動服務業轉型升級，是要改變目前以島內內需市場爲導向的發展模式，提升服務業的國際競爭力。加強兩岸服務業合作對大陸而言既可形成開放競爭力極強的歐美服務業的緩衝期，也能發揮臺灣服務業發展水平較高且與大陸“同文同種”的優勢，刺激大陸服務業轉型

升級；對臺灣則可充分利用大陸服務業市場，爲臺灣服務業轉型升級提供廣闊空間。

三是帶動兩岸製造業轉型升級。過去兩岸製造業合作主要表現爲臺商利用大陸較廉價的勞動力、土地等生產要素，爲歐美大廠代工。臺商的代工生產方式由於不掌握通路，沒有自己品牌、核心技術，易受外部衝擊，如國際金融危機時期臺灣廠商在上游海外客戶去杠杆化產生流動性緊縮，以及上下游廠商的去庫存化緊縮採購的過程中，訂單鋭減，產能利用率急劇下降。同時，隨着國際競爭的日益激烈，以代工生產方式爲主的臺商也面臨着利潤率不斷下降的困境。加強兩岸服務業合作，特別是金融保險、物流、信息等生產性服務業的合作，一方面可以爲兩岸製造業合作提供配套產業支撐，爲製造業轉型升級創造良好的條件，另一方面也將加快兩岸服務業與製造業的相互融合，促進製造業服務化，帶動兩岸製造業合作升級，延長兩岸製造業合作的產業鏈，促進兩岸製造業向“微笑曲綫”的兩端自有品牌、標準制定等領域延伸，提升兩岸製造業在國際產業分工鏈中的地位，增強兩岸製造業在世界市場中的核心競爭力。

四是鞏固兩岸關係和平發展社會基礎。由於過去臺灣當局限制大陸對臺投資及兩岸貿易，兩岸經濟關係長期處於不正常的局面，導致島內外移企業無法在兩岸間建立有效產業鏈，客觀上阻礙了生產要素在兩岸間的循環流動，加速臺灣產業外移，使臺灣對大陸的資本長期處於“失血”的境地。“臺獨”勢力借此攻擊臺商“債留臺灣、錢進大陸”，並爲民進黨執政時出臺種種限制兩岸經貿關係的政策提供借口。兩岸服務業合作將對占臺灣產值主體的服務業有望產生明顯拉動效果，並惠及島內絕大多數人口的就業。同時，由於服務業合作覆蓋面廣，兩岸服務業合作將產生較製造業更大的外溢效果，從而可強化島內認同與支持兩岸關

係和平發展的民意基礎，帶動兩岸深層次融合。

四、《服務貿易協議》是兩岸服務業合作的制度保障

兩岸簽署《海峽兩岸服務貿易協議》經過 12 次正式商談、3 輪小範圍溝通、60 餘場對口部門業務溝通，最終於 2013 年 6 月 21 日在上海由兩岸兩會簽署，是兩岸兩會簽署的 19 項協議中歷時最長、涉及部門最多的協議。該協議中，雙方尤其是大陸方面對開放服務業市場做了大量開放承諾，爲雙方推動新一波兩岸服務業大合作奠定了有力的政策基礎與制度保障。

《海峽兩岸服務貿易協議》具有以下特點：一是開放水平高，涵蓋面廣。雙方開放承諾共 144 條，涉及 100 多個服務行業。其中，大陸在加入 WTO 承諾的基礎上進一步對臺開放，一次性作出 80 條開放承諾，在大陸已簽署的類似協議中並不多見。二是突出兩岸特色。其一，雙方着眼於兩岸服務業發展的客觀需要，就同步推進正常化和自由化作出合理安排。其二，大陸充分理解臺灣經濟和社會現狀，未要求臺灣對大陸開放專業領域，展現了大陸最大的誠意和善意。三是利用現有機制，持續推進相互開放。2011 年兩岸經濟合作委員會（以下簡稱“經合會”）第一次例會成立了服務貿易工作小組。兩年多來，在經合會服務貿易工作小組的努力下，雙方積極推進《服貿協議》商談，並成功簽署《服貿協議》。根據《服貿協議》規定，未來雙方可根據需求，繼續通過服務貿易工作小組持續推進兩岸相互開放，不斷提升兩岸服務業整體水平。

兩岸《服貿協議》是一個互利雙贏的好協議，而且是一個最大程度地照顧了臺灣中小企業服務業者的協議。因爲在大陸推出的 80 多項措施中，更多的是對臺灣中小企業有利的。比如大陸

開放臺灣的工程設計以及旅行社從事大陸境內旅游，臺灣的相關行業都是以中小企業爲主。大陸在福建開放臺灣企業獨資從事電子商務活動，臺灣的電子商務網站也多爲中小企業。至於印刷業、美容美髮等行業，由於大陸市場的開放和提供的機遇，完全可以擺脱島內激烈競爭來大陸尋求發展。

本書分理論、背景、大陸、臺灣四個部分設計了各界人士最爲關心的100個有關兩岸《服貿協議》的問題，並做了儘可能明確的解答。水平有限，文責自負。相關資料的獲取和某些問題的解答得到多方幫助，在此向商務部臺港澳司孫兆麟副司長、楊濤處長、馬驍同志，國務院臺辦彭慶恩副局長、張黎宏副局長、孫升亮副局長、塗雄處長，中國社會科學院臺灣研究所周志懷所長、朱衛東副所長、張冠華副所長、謝鬱副所長、經濟室同仁等領導與朋友一並表示感謝！

朱磊

2014年10月於北京

理論篇

1. 什麽是服務貿易？和貨物貿易有什麽區別？

貨物是有形商品，在生產、運輸、通關、倉儲、配銷、交易的過程中都可以看得到而且摸得到，也因此相關貨物的關稅、貿易管理，以及貿易統計等，較易了解與掌握。而服務貿易的概念及其交易的特性則較爲抽象。因爲服務是無形商品，從服務的產出到交易的過程，無法像貨物一樣，讓人看得到也摸得到，而且其貿易不需要有通關程序即可完成交易。例如境外的管理顧問公司可以通過電話、傳眞、電子郵件等方式，對大陸或臺灣的客戶提供咨詢服務，並收取適當的顧問費。

服務的種類繁多，WTO 爲了方便會員在相同的認知下規範服務貿易，採用聯合國的中央產品分類 (United Nations Provisional Central Product Classification, CPC) 暫行版的分類，將服務業分爲 12 大類及 155 個次部門。12 大類包括：1. 商業服務業；2. 通訊服務業；3. 營造及相關工程服務業；4. 配銷服務業；5. 教育服務業；6. 環境服務業；7. 金融服務業；8. 健康與社會服務業；9. 觀光及旅游服務業；10. 娛樂、文化及運動服務業；11. 運輸服務業；12. 其

他服務業。CPC 衹是提供 WTO 會員參考的分類，WTO 會員仍可依其管理上的需要，採用自己的分類，但要在開放的承諾表中詳細說明開放的範圍。

2. 服務貿易協議和《服務貿易總協定》有什麽區别?

《服務貿易總協定》(General Agreement on Trade in Service, GATS）是世界貿易組織（WTO）的條約，是烏拉圭回合談判的成果，在 1995 年 1 月生效。早年簽訂的《關稅與貿易總協定》爲商品貿易提供多邊貿易體制，而 GATS 則將多邊貿易體制擴展至服務行業。所有世貿組織成員都簽署《服務貿易總協定》。

世貿組織的烏拉圭回合談判始於 1986 年。在此前，公共服務，如醫療保健、郵政服務、教育等不包括在國際貿易協定中。大多數這類服務通常被歸類爲國內活動，其貿易難以跨越國界。但事實上，以教育服務爲例，衹要大學向國際學生開放，已可視爲服務貿易出口。一些服務行業，特別是國際金融和海運，實際上已開放了幾個世紀。另一方面，其他主要行業近幾十年來發生了根本性的技術和管理變化，進入這些行業的壁壘逐步降低，私營企業的參與不斷增加。而信息技術和互聯網的發展使更多服務可在國際間進行，包括各種商業活動，如醫療、遠程教育、工程、建築、廣告和貨運。

《服務貿易總協定》由三大部分組成：一是協定條款本身，又稱爲框架協定，二是部門協議，三是各成員的市場准入承諾單。《服務貿易總協定》本身條款由序言和 6 個部分 29 條組成。前 28 條爲框架協議，規定了服務貿易自由化的原則和規則，第 29 條爲附件（共有 8 個附件)。主要內容包括：範圍和定義、一般義務和紀律、具體承諾、逐步自由化、機構條款、最後條款等，其

核心是最惠國待遇、國民待遇、市場准入、透明度及支付的款項和轉撥的資金的自由流動。《服務貿易總協定》適用於各成員採取的影響服務貿易的各項政策措施，包括中央政府、地區或地方政府和當局及其授權行使權力的非政府機構所採取的政策措施。

《服務貿易總協定》的宗旨是在透明度和逐步自由化的條件下，擴大全球服務貿易，並促進各成員的經濟增長和發展中國家成員服務業的發展。協定考慮到各成員服務貿易發展的不平衡，允許各成員對服務貿易進行必要的管理，鼓勵發展中國家成員通過提高其國內服務能力、效率和競爭力，更多地參與世界服務貿易。

雖然《服務貿易總協定》的目標是消除貿易壁壘，但成員可以自由選擇哪些行業要逐步開放，某種行業將屬於哪種模式，以及在特定時間內作何種程度的開放。成員的開放承諾如“運轉的齒輪”，即承諾是單一方向的，承諾一出就不應退回。不過，協定第二十一條允許成員撤回承諾，美國和歐盟已經使用這個權利。

《服務貿易總協定》規定服務貿易具體包括四種方式：（1）跨境交付（Cross-border Supply）；（2）境外消費（Consumption Abroad）；（3）商業存在（Commercial Presence）；（4）自然人流動（Movement of Natural Persons）。《服務貿易總協定》列出服務行業包括以下 12 個部門：商業、通訊、建築、銷售、教育、環境、金融、衛生、旅游、娛樂、運輸、其他，具體分爲 160 多個分部門。協定規定了各成員必須遵守的普遍義務與原則，磋商和爭端解決的措施步驟。

因此，服務貿易協議（Service Trade Agreement）是 WTO 成員之間在《服務貿易總協定》框架下就以上四種服務貿易方式所做的相互開放的承諾協議。換句話說，服務貿易協議是致力於推動服務貿易自由化的貿易協議。服貿協議簽署後，就能在 12 個

領域 160 多個行業實現資金自由流動、海外消費通暢、商業無障礙跨境運營、自然人流動便利、經濟法規大同、技術進出口不受限制等，相當於統一市場。

3. 服務貿易的市場開放有什麼特點?

貨物貿易關稅調降談判達成協議後，在生效實施的當天即可發生效益，因爲進口產品可立即享有關稅調降的利益，進口商馬上可以感受到成本下降的好處。

至於服務貿易的市場開放，則依 4 種模式而异（①跨境交付 ②境外消費 ③商業存在 ④自然人流動）。根據市場經驗，服務貿易具有在地經營的特性，例如臺灣的餐廳經營業者如果要對日本消費者提供餐飲服務，就需要到日本設立據點（即模式 3 設立商業據點），才能做得到生意。相對於其他模式，大多數服務業均可通過模式 3 而獲取貿易利益，是服務貿易談判最受關注的項目。

雖然模式 3 的貿易利益頗具吸引力，但模式 3 的開放，通常不會產生立即的衝擊，因爲服務業者到海外投資，要考慮的因素太多了，除了投資當地國是否開放模式 3 外，還有業者本身的競爭力、當地市場的規模與接受度、相關設立登記、證照申請、稅賦、健保等管理方面的規定、語言文化的差异、資金是否到位、當地員工的聘僱與訓練，等等。

4.《服務貿易協議》和《海峽兩岸經濟合作框架協議》（ECFA）有什麼關係?

兩岸《服務貿易協議》是《海峽兩岸經濟合作框架協議（ECFA）的四個後續協議之一，是落實 ECFA 的重要裏程

碑。2010年6月29日兩岸簽署《海峽兩岸經濟合作框架協議》（ECFA）後，立即進入對於該框架的四個支柱協議的談判。2012年8月9日簽署《海峽兩岸投資保護和促進協議》，2013年6月21日簽署《海峽兩岸服務貿易協議》（由於在臺灣"立法"機構審議受阻，一年後仍未生效）。《海峽兩岸貨物貿易協議》與《海峽兩岸爭端解決協議》已進行多輪商談，尚未簽署。

隨着經濟全球化和區域經濟一體化的快速發展，特別是2008年5月以來，兩岸關係實現歷史性轉折，中斷近十年的兩會協商得以恢復，兩岸全面直接雙向"三通"基本實現，兩岸經貿交流與合作更加密切，兩岸共同認識到，互爲重要經貿伙伴的大陸與臺灣，不應置身於全球區域經濟合作的潮流之外，兩岸同胞期盼建立制度化經濟合作的願望日益增強。在這個背景下，《海峽兩岸經濟合作框架協議》（Economic Cooperation Framework Agreement，ECFA）於2010年6月29日由兩岸兩會在重慶簽署。2010年8月17日，臺灣"立法"機構通過生效。

海峽兩岸一致認爲，簽署《海峽兩岸經濟合作框架協議》有利於海峽兩岸展開進一步的經濟合作，有利於海峽兩岸共同應對國際金融危機和國際經濟激烈競爭的挑戰，有利於建立具有海峽兩岸特色的經濟合作機制，有利於增進海峽兩岸人民的福祉。《海峽兩岸經濟合作框架協議》的基本內容涵蓋海峽兩岸之間的主要經濟活動，包括貨物貿易和服務貿易的市場開放、原產地規則、早期收穫計劃、貿易救濟、爭端解決、投資和經濟合作等；今後將按業務議題進行協商。海峽兩岸還交換了稅則和有關經濟管理規定與統計數據等。海峽兩岸同意，應本着先易後難、求同化异、循序漸進、積極穩妥和先經濟後政治的原則，儘快推動簽署《海峽兩岸經濟合作框架協議》進程。

兩岸簽署框架協議，旨在逐步減少或消除彼此間的貿易和投

資障礙，創造公平的貿易與投資環境，進一步增進雙方的貿易與投資關係，建立有利於兩岸經濟共同繁榮與發展的合作機制。與其他區域經濟合作協議相比，框架協議有以下幾個特點：

第一，框架協議是具有鮮明的兩岸特色的經濟合作協議。一是雙方着眼於兩岸全局利益，做到了擱置爭議、求同存异、務實協商、合理安排；二是雙方着眼於兩岸經濟發展的需要，充分考慮彼此關切，結合兩岸產業互補性，達成了一個規模大、覆蓋面廣的早期收穫計劃，兩岸民衆得以儘早享受貿易自由化的利益；三是大陸方面充分理解臺灣經濟和社會的現狀，着眼兩岸經濟長遠發展，未涉及臺灣弱勢產業、農產品開放和大陸勞務人員輸臺等問題，體現了大陸方面最大的誠意和善意。

第二，框架協議是開放、漸進的經濟合作協議。框架協議規定，兩岸將在框架協議生效後繼續商簽貨物貿易、服務貿易、投資等多個單項協議，逐步推進兩岸間的進一步開放，最大限度實現兩岸經濟優勢互補，互利雙贏。

第三，框架協議是全面、綜合的經濟合作協議。框架協議的內容涵蓋了兩岸間的主要經濟活動，確定了未來兩岸經濟合作的基本結構和發展規劃。框架協議既關注協議簽署後帶來的即時的經濟效益，關注兩岸產業國際競爭力的提高，更關注兩岸經濟的長遠發展，關注兩岸人民的福祉。

框架協議的簽署爲兩岸經濟合作搭建了一個制度化的平臺，但這衹是兩岸制度化合作的開始。今後，兩會專家將根據框架協議的規定儘快完成各單項協議的協商，不斷豐富和完善框架協議的內容，務實推動兩岸在各領域建立相應的合作機制，讓兩岸人民全面感受到貿易投資更加自由、便利的好處。

在 ECFA 框架下簽署兩岸《服務貿易協議》，有利於推動兩岸服務貿易正常化和自由化進程，相互開放服務業市場，促進共

同發展。協議規定了兩岸服務貿易的基本原則、雙方的權利義務，未來合作發展方向及相關工作機制等內容。協議明確了兩岸服務市場開放清單，在早期收穫基礎上更大範圍地降低市場准入門檻，爲兩岸服務業合作提供更多優惠和便利的市場開放措施。大陸對臺開放共 80 條，臺灣對大陸開放共 64 條，雙方市場開放涉及商業、通訊、建築、分銷、環境、健康和社會、旅游、娛樂文化和體育、運輸、金融等行業。協議對兩岸服務貿易市場的開放涉及了 WTO《服務貿易總協定》12 個服務部門中的 11 個。其中大陸方面出價均高於對 WTO 的承諾水平，一次性出價涵蓋的行業類別之多、開放力度之大，在大陸已簽署的類似協議中前所未有，可謂“兩岸一家人”的最佳體現。

5.《服務貿易協議》和世界貿易組織（WTO）有什麼關係?

兩岸簽署《服貿協議》是兩個 WTO 成員（中國國家主體與臺澎金馬單獨關稅區）之間爲推動服務貿易自由化而簽署的貿易協議。

世界貿易組織是 1994 年 4 月 15 日在摩洛哥的馬拉喀什市舉行的關貿總協定烏拉圭回合部長會議決定成立更具全球性的世界貿易組織 ，以取代成立於 1947 年的關貿總協定。世界貿易組織是當代最重要的國際經濟組織之一，目前擁有 159 個成員國，成員國貿易總額達到全球的 97%，有“經濟聯合國”之稱。1995 年 1 月 1 日正式開始運作，該組織負責管理世界經濟和貿易秩序，總部設在瑞士日內瓦。其基本原則是通過實施市場開放、非歧視和公平貿易等原則，來實現世界貿易自由化的目標。與關貿總協定相比，世貿組織涵蓋貨物貿易、服務貿易以及知識產權貿易，而關貿總協定衹適用於商品貨物貿易。

世界貿易組織的目標是建立一個完整的，包括貨物、服務、與貿易有關的投資及知識產權等內容的，更具活力、更持久的多邊貿易體系，使之可以包括關貿總協定貿易自由化的成果和烏拉圭回合多邊貿易談判的所有成果。世貿組織的宗旨包括：提高生活水平，保證充分就業和大幅度、穩步提高實際收入和有效需求；擴大貨物和服務的生產與貿易；堅持走可持續發展之路，各成員方應促進對世界資源的最優利用、保護和維護環境，並以符合不同經濟發展水平下各成員需要的方式，加強採取各種相應的措施；積極努力確保發展中國家，尤其是最不發達國家在國際貿易增長中獲得與其經濟發展水平相適應的份額和利益；建立一體化的多邊貿易體制；通過實質性削減關稅等措施，建立一個完整的、更具活力的、持久的多邊貿易體制；以開放、平等、互惠的原則，逐步調降各會員國關稅與非關稅貿易障礙，並消除各會員國在國際貿易上的歧視待遇。

在處理該組織成員之間的貿易和經濟事業的關係方面，以提高生活水平、保證充分就業、保障實際收入和有效需求的巨大持續增長，擴大世界資源的充分利用以及發展商品生產與交換爲目的，努力達成互惠互利協議，大幅度削減關稅及其他貿易障礙和政治國際貿易中的歧視待遇。

世貿組織的基本原則包括：

1. 互惠原則（Reciprocity），也叫對等原則，是 WTO 最爲重要的原則之一，是指兩成員方在國際貿易中相互給予對方貿易上的優惠待遇。它明確了成員方在關稅與貿易談判中必須採取的基本立場和相互之間必須建立一種什麼樣的貿易關係。世貿組織的互惠原則主要通過以下幾種形式體現：

第一，通過舉行多邊貿易談判進行關稅或非關稅措施的削減，對等地向其他成員開放本國市場，以獲得本國產品或服務進入其

他成員市場的機會，即所謂“投之以桃”、“報之以李”。

第二，當一國或地區申請加入世貿組織時，由於新成員可以享有所有老成員過去已達成的開放市場的優惠待遇，老成員就會一致地要求新成員必須按照世貿組織現行協定、協議的規定繳納“入門費”——開放申請方商品或服務市場。

第三，互惠貿易是多邊貿易談判及一成員貿易自由化過程中與其他成員實現經貿合作的主要工具。關貿總協定及世貿組織的歷史充分說明，多邊貿易自由化給某一成員帶來的利益要遠大於一個國家自身單方面實行貿易自由化的利益。因爲一國單方面自主決定進行關税、非關税的貨物貿易自由化及服務市場開放時，所獲得的利益主要取決於其他貿易伙伴對這種自由化改革的反應，如果反應是良好的，即對等地也給予減讓，則獲得的利益就大；反之，則較小。相反，在世貿組織體制下，由於一成員的貿易自由化是在獲得現有成員開放市場承諾範圍內進行的，自然這種貿易自由化改革帶來的實際利益有世貿組織機制作保障，而不像單邊或雙邊貿易自由化利益那麼不確定。因此，多邊貿易自由化要優於單邊貿易自由化，尤其像中國這樣的發展中大國。

2. 透明度原則（Transparency）。WTO 成員方應公佈所制定和實施的貿易措施及其變化情况，沒有公佈的措施不得實施，同時還應將這些貿易措施及其變化情况通知世貿組織。此外，成員方所參加的有關影響國際貿易政策的國際協定，也應及時公佈和通知 WTO。透明度原則是世貿組織的重要原則，它體現在世貿組織的主要協定、協議中。透明度原則規定各成員應公正、合理、統一地實施上述的有關法規、條例、判决和决定。統一性要求在成員領土範圍內管理貿易的有關法規不應有差別待遇，即中央政府統一頒佈有關政策法規，地方政府頒佈的有關上述事項的法規不應與中央政府有任何抵觸。但是，中央政府授權的特別行政區、

地方政府除外。公正性和合理性要求成員對法規的實施履行非歧視原則。透明度原則還規定，鑒於對海關行政行爲進行檢查和糾正的必要，要求各成員應保留或儘快建立司法的或仲裁的或行政的機構和程序。這類法庭或程序獨立於負責行政實施的機構之外。除進口商在所規定允許的上訴期內可向上級法庭或機構申訴外，其裁決一律由這些機構加以執行。透明度原則對公平貿易和競爭的實現起到了十分重要的作用。

3. 市場准入原則（Market Access）。它以要求各國開放市場爲目的，有計劃，有步驟，分階段地實現最大限度的貿易自由化。市場准入原則的主要內容包括關稅保護與減讓，取消數量限制和透明度原則。世貿組織倡導最終取消一切貿易壁壘，包括關稅和非關稅壁壘，雖然關稅壁壘仍然是世界貿易組織所允許的合法的保護手段，但是關稅的水平必須是不斷下降的。

4. 促進公平競爭原則。世界貿易組織不允許締約國以不公正的貿易手段進行不公平競爭，特別禁止採取傾銷和補貼的形式出口商品，對傾銷和補貼都做了明確的規定，制定了具體而詳細的實施辦法，世界貿易組織主張採取公正的貿易手段進行公平的競爭。

5. 經濟發展原則。也稱鼓勵經濟發展與經濟改革原則，該原則以幫助和促進發展中國家的經濟迅速發展爲目的，針對發展中國家和經濟接軌國家而制定，是給予這些國家的特殊優惠待遇，如允許發展中國家在一定範圍內實施進口數量限制或是提高關稅的“政府對經濟發展援助”條款，僅要求發達國家單方面承擔義務而發展中國家無償享有某些特定優惠的“貿易和發展條款”，以及確立了發達國家給予發展中國家和轉型國家更長的過渡期待遇和普惠制待遇的合法性。

6. 非歧視性原則。這一原則包括兩個方面，一個是最惠國待

遇，另一個是國民待遇。成員一般不能在貿易伙伴之間實行歧視；給予一個成員的優惠，也應同樣給予其他成員。這就是最惠國待遇。這個原則非常重要，在管理貨物貿易的《關稅與貿易總協定》中位居第一條，在《服務貿易總協定》中是第二條，在《與貿易有關的知識產權協議》中是第四條。因此，最惠國待遇適用於世貿組織所有三個貿易領域。國民待遇是指對外國的貨物、服務以及知識產權應與本地的同等對待。最惠國待遇的根本目的是保證本國以外的其他締約方能夠在本國的市場上與其他國企業在平等的條件下進行公平競爭。非歧視性原則是世界貿易組織的基石，是避免貿易歧視和摩擦的重要手段，是實現各國間平等貿易的重要保證。

（1）最惠國待遇原則：一成員方將在貨物貿易、服務貿易和知識產權領域給予任何其他國家的優惠待遇，立即和無條件的給予其他各成員方。要點：①自動性：立即和無條件；②同一性：受惠標的必須相同；③相互性：既是受惠方又是給惠方，承擔義務同時享受權利；④普遍性：適用於全部進出口產品、服務貿易和各個部門和所有種類的知識產權所有者和持有者。例外：A. 以關稅同盟和自由貿易區等形式出現的區域經濟安排，在這些區域內部實行的比最惠國待遇更優惠的優惠，區域外世界貿易組織成員無權享受；B. 對發展中成員方實行的特殊和差別待遇，如普遍優惠制；C. 在邊境貿易中對毗鄰國家給於更多的貿易便利；D. 在知識產權領域允許成員方就一般司法協助國際協定中享有的權利等方面保留例外。

（2）國民待遇原則：對其他成員方的產品、服務和服務提供者及知識產權所有者和持有者所提供的待遇，不低於本國同類產品、服務和服務提供者及知識產權所有者和持有者所享有的待遇。要點：①適用的對象是產品、服務和服務提供者及知識產權所有

者和持有者，但因這些領域具體受惠對象不同，國民待遇條款的適用範圍、具體規則和重要性有所不同；②衹涉及其他成員方的產品、服務和服務提供者及知識產權所有者和持有者，在進口成員方境內所享有的待遇；③定義中不低於一詞的含義是指，其他成員方的產品、服務和服務提供者及知識產權所有者和持有者應與進口成員方同類產品、相同服務和服務提供者及知識產權所有者和持有者享有同等待遇，若進口成員方給予前者更高的待遇，並不違反國民待遇原則。

2001 年 12 月 11 日，中國正式加入世界貿易組織。中國曾是世貿的前身關貿總協定（GATT ，1945 年成立）的創建國之一，1949 年中華人民共和國成立，西方國家拒絕承認中華人民共和國，中國被迫放弃締約國成員的身份，所以締約國成員的一些特權是無權使用的。1995 年，關稅暨貿易總協定改組爲世界貿易組織，臺灣以“臺澎金馬單獨關稅區”取得世貿組織觀察員地位，同年 12 月申請加入，並於 2002 年 1 月 1 日起成爲世貿組織會員。

6. 什麼是現代服務業？現代服務業的發展情況？

大陸最早正式提出“現代服務業”的概念是在 1997 年中共十五大報告中，其中提到社會主義初級階段就是邁向“包含現代農業和現代服務業的工業化國家的歷史階段”。2007 年，國務院發佈了《關於加快發展服務業的若干意見》，對大陸加快發展現代服務業起到了政策指導和促進作用。到 2012 年 2 月 22 日國家科技部發佈的第 70 號文件中，給出了現代服務業的明確定義，即“以現代科學技術特別是信息網絡技術爲主要支撑，建立在新的商業模式、服務方式和管理方法基礎上的服務產業。它既包括隨着技術發展而產生的新興服務業態，也包括運用現代技術對傳

統服務業的改造和提升”。具體來說，現代服務業可以分爲三大部分：生產性服務業包括金融、物流、批發、電子商務、農業支撑服務以及中介和咨詢等專業服務；消費性服務業包括住宿、餐飲、文化娛樂、旅游、房地產、商品零售等；公共服務業包括政府的公共管理服務、基礎教育、公共衛生、醫療以及公益性信息服務等。

服務業發展水平在國際上被公認爲是一個國家與地區發展水平的重要標志之一，服務業產值超過工業則被視爲是進入後工業化時代的象徵，而占經濟總量比重超過一半則是服務業社會來臨的標志。現代服務業雖然發端於工業革命以後，到第二次世界大戰期間正式成形，但正式確立仍是要到 20 世紀 80 年代西方發達國家進入後工業化社會後。它以現代化技術手段與技能爲基礎，特別是計算機信息技術的日新月异與突飛猛進後，現代服務業得以超越傳統服務業，成爲西方後工業化時代發展的主要推動力量，其中生產性服務業更是西方繼續維持其領先全球的政治經濟地位的法寶，也是其能實現高產出，低污染，建立消費性社會，維持社會高福利水平的保證。據世界銀行統計，當前服務業產值占全球 GDP 比重平均已超過 60%，其中現代服務業產值已超過服務業總產值的半數，現代服務經濟已成爲現階段世界經濟社會發展的核心力量。各項服務業中的技術創新中隱藏的高風險也隨之日益升高。2007 美國次貸危機、2008 年金融海嘯與 2009 年後的歐債危機，都暴露出現代服務業技術的狹隘性與局限性，虛擬經濟盲目擴充的弊端實際上早就存在，在此後人們開始重新審視，強調服務業實體經濟的內核。

7. 什麽是《海峽兩岸服務貿易協議》(簡稱《服貿協議》)?

《海峽兩岸服務貿易協議》(Cross-Strait Service Trade Agreement, CSSTA)是海峽兩岸依據《海峽兩岸經濟合作框架協議》(ECFA)第四條所簽署的服務貿易協議。依ECFA第4條“服務貿易”規定，兩岸同意在服務貿易早期收穫基礎上，於ECFA生效後六個月內就《服務貿易協議》展開磋商。2011年3月，兩岸的經貿業務主管部門開始展開服務貿易磋商並達成共識。2012年8月9日舉行的兩岸兩會第八次高層會談上，雙方同意在達成關於該協議文本和市場開放項目的共識後正式簽署。2013年6月21日，兩岸兩會在中國大陸上海市舉行第九次高層會談並簽署該協議，也向外界公佈了開放清單。

《服貿協議》包含文本和2個附件。文本包括序言和4章24條，4章爲：總則、義務與規範、具體承諾、其他條款；24條爲：目標、定義、範圍、公平待遇、訊息公開與提供、管理規範、商業行爲、緊急情況的磋商、支付和轉移、確保對外收支平衡的限制、例外、合作、市場開放、其他承諾、具體承諾表、逐步減少服務貿易限制、承諾表的修改、聯係機制、審議、爭端解決、文書格式、附件、修正、生效；2個附件爲：服務貿易具體承諾表、關於服務提供者的具體規定。

根據《服貿協議》附件一“服務貿易具體承諾表”，雙方開放承諾共144條，涉及100多個服務行業，範圍涵蓋了商業、通訊、建築、分銷、環境、健康和社會、旅游、娛樂文化和體育、運輸、金融等。其中大陸方面開放承諾80條(非金融領域開放承諾65條，金融領域15條)，是在大陸加入WTO承諾基礎上的進一步開放；臺灣方面開放承諾64條(非金融領域開放承諾55條，金融領域9條)，是在臺灣開放陸資入島基礎上的進一步

開放。

8. 如何理解《服貿協議》總則的內容?

一、共計 3 條，包括目標、定義及範圍。

二、第二條定義："服務貿易"的定義參照 WTO/GATS 的 4 種模式：模式 1 稱爲"跨境交付"（臺稱"跨境提供服務"），模式 2 稱爲"境外消費"，模式 3 稱爲"商業存在"（臺稱"商業據點呈現"），模式 4 稱爲"自然人流動"（臺稱"自然人呈現"）。

模式 1"跨境交付"：自一方內向另一方內提供服務。範例：如在臺灣的設計業者通過網絡、電話等方式提供在大陸的消費者設計服務。模式 2"境外消費"：在一方內向另一方的服務消費者提供服務。範例：如在臺灣的旅行社對到臺灣觀光的大陸人民提供服務。模式 3"商業存在"：一方服務提供商通過在另一方內的"商業存在"提供服務。範例：這種模式也就是服務業的投資，如臺灣的餐廳到大陸設立分店。模式 4"自然人流動"：一方服務提供商通過在另一方內的自然人流動提供服務。範例：如大陸公司向臺灣的公司進口一項機械，臺灣依照兩方銷售契約，指派人員到大陸進行售後服務。

三、第三條範圍：

（一）本條規範本協議適用於雙方影響服務貿易的措施。例如陸資赴臺投資須依循"大陸地區人民赴臺投資許可辦法"有關事前許可制的規定。此外，協議也規範不適用的範圍，包括有關就業或居留的措施、政府採購、政府補貼或補助、兩岸空運及海運協議相關措施等。

（二）在此條款中，第三款特別規定協議準用世界貿易組織《服務貿易總協定》(GATS) 關於"自然人移動的附件"規定，是

指不能影響雙方勞動市場，所以如果大陸的餐廳派遣員工到臺灣的分店擔任經理人員，倘該員工在不擔任分店經理時，即需返陸，不可以留在臺灣找其他工作，也無法直接成爲臺灣居民。

（三）第四款規範雙方各級業務主管部門及其授權的機構（如公協會）均應遵守本協議。

9. 第四條公平待遇什麼意思？

公平待遇具體指“國民待遇”和“最惠國待遇”。兩岸《服貿協議》要遵守 WTO 原則，但根據實際情況服務貿易開放需要循序漸進，臺灣履行其入世承諾難以一步到位。因此既要承認現狀，又要達成共識，即：WTO 原則“不適用於一方現有的不符措施及其修改”，同時雙方應逐步減少、消除不符合“國民待遇”的措施，逐步減少、消除不符合“最惠國待遇”的措施。

（一）第四條第一款規定雙方對於彼此在 WTO 承諾、海峽兩岸經濟合作框架協議早收列表及本協議的服務業市場開放清單中所包括的服務部門，在符合各該承諾表中所列條件和資格前提下，相互給予國民待遇（即雙方就市場開放承諾的範圍對待來自對方的服務提供商及其所提供的服務，應與對待自己的服務提供商及其所提供的服務相同）。

（二）第四條第三款規定有關“根據本條第一款所作的特定承諾不得解釋爲要求任一方對於因相關的服務或服務提供者的非當地特性而產生的任何固有的競爭劣勢作出補償”一節，依據 WTO 提供的範例，例如一境內的視聽服務提供者在外國服務提供商進入其市場前，即已獲得全國性的傳輸頻譜配置，導致外國服務提供商處於競爭劣勢，但其不能因此要求補償。

（三）第四條第五款規定彼此在“影響服務貿易的措施”上應

相互給予最惠國待遇（指雙方對來自對方及其他 WTO 會員的服務提供商及其所提供的服務，都要給予相同的對待）。

（四）爲應對兩岸情況特殊，現行臺灣針對大陸的一些限制仍可予以保留，但須逐步減少或消除，舉例來說，現行臺灣對於大陸訂有“大陸地區人民赴臺投資業別項目”規定，雖然目前仍有部分陸資赴臺投資項目無法比照外資的開放程度，依照協議未來須逐步減少或消除限制，但是沒有時程表。

10. 第六條管理規範什麼意思?

（一）由於服務貿易常須經批准程序才能提供服務，本條主要規範雙方在批准方式、條件及程序上應合理、客觀、公正。

（二）第六條第五款規範一方可依其規定或其他經雙方同意的方式，認許另一方服務提供商在該另一方已獲得的實績、經歷、許可、證明或已滿足的資格要求。依據臺灣“臺灣地區與大陸地區人民關係條例”規定，臺灣沒有允許大陸人民參加臺灣的考試，亦即臺灣並不存在認許大陸人士資格的規定，而目前大陸對臺灣則有片面認許的規定，如認許臺灣建築師。

（三）第六條第六款規範已開放專業服務業（如會計師、建築師）的一方應提供適當程序驗證另一方專業人員的能力。本協議臺灣未開放任何專業服務業，而大陸開放兩項專業服務業，一爲允許取得大陸會計師資格臺灣會計師，在大陸設立據點從事代理記賬業務，一爲允許臺灣建築師或工程師在大陸以合資或合作形式設立建設工程設計企業。

11. 第八條緊急情況磋商什麼意思?

第八條緊急情況磋商是煞車機制條款，依規定，如果臺灣因實施本協議，而對臺灣某服務部門造成實質性負面影響，可要求與大陸磋商，積極尋求解決方案。這項機制有助於雙方服務業因市場開放受到負面衝擊時，可以通過磋商尋求救濟。至於救濟的方式，由於 WTO/GATS 並無規定，因此目前 WTO 會員多系保留未來協商的空間，未來可由兩岸視個別案件發生之情形，隨時磋商。

12. 第十一條例外規定了什麼內容?

第十一條例外，指本協議的任何規定不得解釋爲妨礙一方採取或維持與世界貿易組織《服務貿易總協定》(GATS) 規則相一致的例外措施。這裏所指的例外是指 GATS 第十四條及第十四條之一的一般性例外規定及國家安全例外，即 GATS 允許 WTO 會員在有保護公共道德或秩序、保護人類之生命或健康及維護國家基本安全等需要時，採取例外措施。此外，協議在其他應遵守的原則方面，包括及時公佈與服務貿易有關措施的內容 (第五條)；有義務確保能避免不公平競爭獨占或聯合壟斷等商業行爲 (第七條)；允許開放服務貿易交易資金移轉 (第九條)；雙方應本着互惠互利原則，加強服務業合作 (第十二條) 等。

13. 怎樣理解第三章特定承諾?

第三章特定承諾共計 5 條，包括市場開放、其他承諾、特定承諾表、逐步減少服務貿易限制及承諾表的修改。第十五條特定

承諾表列在協議的附件中。要了解開了哪些服務部門，就要看這份市場開放清單。依本條規定，承諾表應列明：作出承諾的部門或次部門、市場開放承諾、協議第十四條所述其他承諾、雙方同意列入的其他內容等 4 種項目。具體內容參考以下問題解答。

14. 什麼是“作出承諾的部門或次部門”？

作出承諾的部門或次部門就是開放的行業。原則上部門的呈現方式是參照 WTO 及國際慣用的方式處理，說明如下：

1. 以正面表列呈現：寫在承諾表上的才是開放項目。2. 承諾表上的 CPC 編號：指的是聯合國臨時中央產品分類 (United Nations Provisional Central Product Classification)，WTO 以 CPC 爲基礎製作《服務貿易總協定》的服務部門分類表，各國以這個分類表填寫入會承諾表。本協議也是參考 WTO 部門分類方式填寫承諾表，如果在承諾表寫上 CPC 編號，則以 CPC 涵蓋的部門爲準。以臺灣開放的“與計算機硬件安裝有關之咨詢服務 (CPC841)”爲例，CPC 寫的內容是“從事提供客戶計算機硬件安裝相關咨詢的行業”，這就是臺灣開放的部門。3. 如果承諾表的 CPC 編號右上角有雙星號 (★★)：這表示開放的範圍比 CPC 編號的範圍還要小。以臺灣開放的“市場研究服務業 (CPC86401★★，限於市場分析、消費者態度和偏好的分析）”爲例，臺灣並未就整個 CPC86401 的範圍開放，僅開放“限於市場分析、消費者態度和偏好的分析”，對於 CPC86401 另外涵蓋的“與銷售產品無關聯之經濟與社會情報服務，如產業分析、計量經濟學模型運用、人口統計分析”，則沒有開放。4. 如果承諾表上沒有 CPC 編號：應對服務業日新月异的發展模式，以及臺灣的陸資開放行業沒有參照 CPC 編號，有些行業無法完全對應到 CPC 編號時，則不叙

明 CPC 號碼，直接寫出開放的部門。如臺灣開放的“綫上游戲業－限製作與研發服務”、大陸開放的“其他地方沒有包括的服務－商標代理”。

15. 什麼是“市場開放承諾”？

市場開放承諾：就是開放的內容。在本協議第一章總則時已介紹服務貿易的 4 種模式，進一步補充說明如下：

1. 開放內容的呈現方式：(1) 這是承諾表的核心部分，在各種提供服務的模式寫明開放內容，除檢視“部門或次部門”這個字段外，必須搭配“市場開放承諾”及“其他承諾”兩個欄位，始能了解開放的全貌。(2) 承諾表的寫法有“沒有限制”、“不作承諾”、“技術上不可行”(前 3 種多出現在模式 1 及模式 2)，以及條列各種開放條件 (此種多出現在模式 3 及模式 4)。

2. 承諾表的“沒有限制”：表示開放這個行業以該模式提供服務。舉例來說，臺灣“計算機及其相關服務業”在模式 1(如通過網絡服務)“沒有限制”，即表示大陸業者可通過互聯網或電話等電子方式向臺灣提供計算機服務。

3. 承諾表的“不作承諾”：表示這個行業不同意用這種模式開放。

4. 承諾表的“技術上不可行”：表示這個行業無法以此種模式提供服務。通常會出現在模式 1，以臺灣開放的“建築物的一般建築工作 (CPC512)”爲例，由於無法通過互聯網從事建築工作，因此模式 1 爲“技術上不可行”。

5. 承諾表的模式 3：本協議在模式 3 的開放方面，就已開放的部門或次部門，羅列開放內容。本協議雙方的開放內容多屬於設立據點的形式 (如臺灣的計算機及其相關服務業)、持股比例

(如臺灣的營造及相關工程服務業)、注冊資本(如大陸的旅行社及旅游服務業)、家數(如臺灣的旅行社及旅游服務業)、擔任董事人比例(如臺灣的醫院服務業)及設立的資格要件(如大陸的房地產服務)等的進一步放寬。

6. 承諾表的模式 4：(1) 影響自然人入境及短期停留的承諾措施。主要有兩項，一項是什麼樣的自然人可以入境，一項是入境後可以停留的時間。(2) 雙方開放的類型說明如下：臺灣的類型有 3 種：一是商業訪客：進入臺灣停留期間不得超過 3 個月。商業訪客指爲參加商務會議、商務談判、籌建商業據點或其他類似活動，而在臺灣停留的自然人，且停留期間未接受來自臺灣方面支付的酬勞，也未對大衆從事直接銷售的活動。如大陸某計算機硬件安裝公司想要赴臺灣籌建商業據點，被指派赴臺考察的人員即爲商業訪客。二是跨國企業內部調動人員：進入臺灣初次停留期間爲 3 年，可申請展延，每次不得逾 3 年，展延次數無限制。跨國企業內部調動人員指的是被其他世界貿易組織會員的法人僱用滿 1 年，通過在臺灣設立的分公司、子公司或分支機構，以負責人、高級經理人員或專家身份，短期進入臺灣提供服務的自然人；負責人、高級經理人員、專家等均在承諾表有明確定義。此項所謂的“跨國企業”，指陸資企業以外的其他 WTO 會員的企業，這些 WTO 會員的企業若僱用大陸籍的高階幹部，並派遣該陸籍幹部到其在臺灣的分支據點工作時，該陸籍幹部的入境與停留方適用本規定，至於陸資企業本身幹部的調動，則不適用本規定，須依現行“臺灣地區與大陸地區人民關係條例”相關規定辦理。如美國某計算機硬件安裝公司經考察後決定赴臺設立分公司，並經臺灣的程序核准後，指派總經理赴臺灣管理這個分公司，不過這個總經理碰巧爲中國大陸籍時，方爲本條跨國企業內部調動人員所適用的範圍。三是在臺灣無商業據點的大陸企業所僱用的

人員，赴臺從事僅限於契約所定的服務行爲（亦即履約人員）。每次停留的期間不得超過 3 個月或契約期間，以較短者爲準，有效期間自核發的翌日起算爲 3 個月至 3 年，在許可有效期間內可多次進入臺灣。這類人員赴臺的條件包括大陸企業已與在臺灣從事商業活動的企業簽訂驗貨、售後服務、技術指導等服務契約；應符合前述“跨國企業內部調動人員”裏所稱“專家”定義；在臺灣期間不得從事其他與服務契約無關的服務活動。臺灣不會給予此類人員專業證照的資格。如臺灣向中國大陸某公司進口一項機械，該公司依照兩方銷售契約，指派人員赴臺進行售後服務，這個人員即屬於此類。大陸的類型有 3 種：開放範圍爲中國大陸加入 WTO 的水平承諾內容，開放內容說明如下：一是商業訪客：入境期限 90 天。二是跨國企業內部調動人員：入境首期停留 3 年。三是合同服務提供商：其實就是前述臺灣承諾的第三項（履約人員），與臺灣不同的地方在於居留期限，大陸同意“在大陸停留期間每次可申請不超過兩年多次有效來往大陸簽注；如有需要可申請延期”。

16. 什麼是“其他承諾”？

其他承諾在承諾表的最右邊一欄，這欄主要是將不屬於“市場開放承諾”那一欄的項目寫出來，可能是資格、標準、許可事項等措施。1. 以臺灣的承諾表爲例，開放的“電影或錄像帶之營銷服務業 – 進口大陸電影片 (CPC96113)”，在“其他承諾”的開放條件爲“根據大陸有關規定設立的製片單位所拍攝、符合臺灣相關規定所定義之大陸電影片，經臺灣主管機關審查通過後，每年以 15 部爲限，可在臺灣商業發行映演，並應符合大陸電影片進入臺灣發行映演之相關規定”。因爲這一項是規範大陸電影映

演的數量，而不是規範“電影或錄像帶之營銷服務業”的數量，所以寫在“其他承諾”字段。2. 以大陸的承諾表爲例，開放的“會計、審計和簿記服務 (CPC862)”，在“其他承諾”的開放條件爲“對已持有大陸注冊會計師執業資格並在大陸執業的臺灣會計師 (包括合伙人) 每年在大陸的工作時間要求比照大陸注冊會計師實行”。因爲這裏規範的是在大陸的工作時間，不是規範設立會計師事務所的開放程度，所以寫在“其他承諾”字段。

17. 如何理解“關於服務提供商的具體規定”？

第十五條第四款有關協議附件二的“關於服務提供者的具體規定”：

(一) 訂定目的：避免外資企業搭便車，確保兩岸服務業者享有《海峽兩岸經濟合作框架協議》(ECFA)《服務貿易協議》超出 WTO 承諾的優惠待遇。

(二) 適用範圍：ECFA 附件四“服務貿易早期收穫部門及開放措施”及本協議附件一“服務貿易具體承諾表”中，超出臺灣及大陸各自在 WTO 承諾的服務部門及開放措施。

(三) 適用對象：持有兩岸身份證明文件的自然人，以及在兩岸設立的法人實體。

(四) 法人特殊限制：1. 同業經營限制：臺灣業者如擬至大陸提供服務時，應與其在臺灣從事的服務業別相同。例如倘臺灣業者擬至大陸投資提供計算機信息服務，須在臺灣同樣經營電腦信息業，才可享有優惠待遇。2. 實質商業經營限制：A. 需達一定經營年限 (金融業及建築和相關工程服務業經營年限須爲連續 5 年以上，其餘服務業爲連續 3 年以上)；B. 須繳納所得稅；C. 須擁有或租用經營場所。

（五）服務提供商證明書：1. 申請程序：符合資格的服務提供商，應備齊相關文件與資料後，向各自的業務主管部門或其委托機構提出核發證明書的申請，取得證明書後，服務提供商再檢附該證明書及相關文件向另一方申請提供服務許可。2. 補正程序：倘臺灣的服務提供商在本協議生效前，已在大陸從事服務業經營活動，也可以依前面所說的申請程序申請證明書，以享有 ECFA 及本協議中超出 WTO 承諾的優惠待遇。

18. 怎樣理解“第十六條逐步減少服務貿易限制”？

第十六條逐步減少服務貿易限制：未來雙方可在互惠互利的基礎上，就服務貿易的進一步市場開放展開磋商。

19.“第十七條承諾表的修改”什麼意思？

第十七條承諾表的修改，是修改市場開放承諾表的程序性規定，在承諾實施之日起 3 年期滿後，可以提出修改的要求，要求修改的一方應提出補償性調整方案，倘雙方無法就補償方案達成協議，可根據爭端解決規定處理。

20. 如何理解“第四章其他條款”？

第四章其他條款共計 7 條，包括聯係機制、檢視、爭端解決、文書格式、附件、修正及生效條款。該章是參照一般自由貿易協議及兩岸協議體例，規定協議的生效、修正等程序性事項，包括由兩岸經濟合作委員會的服務貿易工作小組負責處理本協議相關事宜、本協議的解釋與適用、本協議的生效、爭端解決機制及文

書格式商定。有關爭端解決機制，是依據2010年簽署的《海峽兩岸經濟合作框架協議》第十條處理，也就是雙方目前正在磋商的爭端解決協議完成後，本協議即可適用；在此爭端解決協議生效之前，任何關於本協議的解釋、實施和適用的爭端，應由雙方通過協商解決，或由兩岸經濟合作委員會以適當方式加以解決。

21.《服貿協議》的文本架構是怎樣的？

《海峽兩岸服務貿易協議》共計4章24條63款，近5000字。其中，一般性條款9條（如：定義、合作、聯係機制等），重要條款15條（如：範圍、公平待遇、逐步減少服務貿易限制等）。

22. 協議簽署時如何處理雙方慣用表述不一致的文字？

一種是將雙方用語組合成新的通用文字。例如："訊息"取代"資訊"或"信息"，"部門或次部門"取代"行業或次行業"或"部門或分部門"，"訊息公開與提供"取代"透明化"或"透明度"。還有一些採取各自表述的方式。例如：商業存在對應商業據點呈現，轉移對應移轉，壟斷對應獨占性，具體承諾表對應特定承諾表，審議對應檢視，等等。

23.《服貿協議》具體承諾表中大陸有哪些市場開放承諾？

大陸方面承諾開放總計80條，其中非金融65條、金融15條，涵蓋40多個行業類別。其中，78條超WTO開放承諾，27條超CEPA開放承諾。大陸市場開放承諾主要形式：取消股比限制，允許獨資（如醫院），降低股比限制（如電子商務），給予准

入前國民待遇（如旅游），簡化審批程序（如圖書進口），下放審批權（如會展），降低准入門檻（如計算機信息系統集成企業資質認定）等。

24.《服貿協議》具體承諾表中臺灣有哪些市場開放承諾?

臺灣方面承諾開放總計 64 條，其中非金融 55 條，金融 9 條，涵蓋 60 多個行業類別。其中，實現正常化項目約 36%（如速遞等）；實現自由化項目約 31%（如技術測試和分析等）；未實現正常化項目約 33%（如廣告、金融等）。

25.《服貿協議》具體承諾表中臺灣有哪些市場開放限制?

臺灣方面設置的各種限制包括：1. 股比設限：如大陸總持股比例營造業不超過 12%，航空貨物集散站經營業不超過 10%；2. 營業範圍設限：如旅游（經營範圍限居住於臺灣的自然人在臺灣的旅游活動）；3. 股東權利設限：如演出場所經營（大陸服務提供者不具控制力）；4. 董事資格設限：如醫院（全體董事的三分之一以上必須具有臺灣醫事人員資格）；5. 企業家數設限：如旅游（大陸服務提供者在臺灣設立的商業據點總計以 3 家爲限）。

背景篇

1. 兩岸經濟關係發展情况如何？

歷經多年發展，兩岸貿易與投資規模日益擴大，產業合作關係也日益密切，但隨着兩岸外部及各自經濟形勢發生深刻變化，簽署《服貿協議》是深化兩岸經濟交流與合作的內在要求。

（一）臺商對大陸投資及兩岸貿易增速趨緩

自上世紀 80 年代以來，臺商對大陸投資大致先後形成過三次高潮與三次低潮。第一次高潮爲上世紀 80 年代中後期，隨着島內勞動力、土地等生產要素價格不斷上漲、新臺幣大幅升值及臺灣當局放寬外匯管制，島內輕紡、製鞋等勞動密集型產業紛紛向大陸轉移，其中珠三角地區爲臺商最主要的投資目的地。第二次高潮爲上世紀 90 年代初，在鄧小平南方談話及大陸明確提出建立“社會主義市場經濟”的目標後，臺灣傳統資本密集型產業追隨下游產業加快向大陸投資，1991—1993 年對大陸投資額由 1.74 億大幅增至 11.4 億美元，增幅近 5.6 倍。第三次高潮則發生在在本世紀初兩岸加入 WTO 前後，以電子信息產業爲主的臺商

掀起對長三角等地區投資熱。低潮方面，第一次發生在1994—1995年。1994年臺灣當局爲減緩對大陸投資熱，出臺第一次“南向政策”，通過製定租稅優惠等政策鼓勵島內企業赴東南亞投資，使1994年臺商對東南亞投資猛增至50.31美元，同比增長1.86倍，而同期對大陸投資減少了45.9%。第二次爲1997—1999年，在臺灣當局採取“戒急用忍”政策及亞洲金融危機影響下，臺商赴大陸投資額由1997年的16.16億美元連續下滑至1999年的12.53億美元。第三次則是2008–2009年國際金融危機時期，臺商對大陸投資額由2008年的98.43億美元大幅減至60.58億美元，衰退幅度高達38.5%。

值得注意的是，本世紀以來，特別是2002年以後，隨着大陸沿海地區勞動力、土地等生產要素價格持續上漲，臺商對大陸投資增速明顯減緩。雖然根據臺灣“投審會”統計，臺商對大陸投資金額基本保持穩步增長，但從大陸商務部統計看，大陸實際使用臺資金額除2008年小幅增長7%外，2003—2009年連續6年出現衰退，臺資在大陸外資中的比重也由2002年的7.5%連續下滑至2009年的2.1%。在兩岸簽訂ECFA帶動下，2010年大陸實際利用臺資金額雖大幅增長31.7%至24.8億美元，但2011年再度衰退11.8%。

與此同時，由於臺商對大陸投資是拉動兩岸貿易的主要動力，受臺商對大陸增速趨緩影響，近年來兩岸貿易額增速也趨於減緩。根據大陸商務部統計，2000—2004年，兩岸貿易以年均近30%的速度快速增長，但2005年增速回落至20%以下，2012年增速僅爲5.6%。若根據臺灣“國貿局”統計，2000—2004年，兩岸貿易平均增速高達25%以上，但2005年後，兩岸貿易平均增速明顯放緩，2005—2012年平均增速不到10%，其中受國際金融危機影響2008年及2009年兩岸貿易增速分別爲1.7%和–17.6%，2012

年增速也爲 −4.2%，不僅遠低於臺灣與東盟貿易額 4.4% 的增速，也低於臺灣對外貿易 −3.1% 的平均增速。受兩岸貿易增速放慢影響，大陸在臺灣對外貿易中的比重有所降低，其中大陸在臺灣對外出口市場版圖中的比重由 2007 年的 40.9% 降至 2012 年 39.4%，而同期東盟的比重則由 14.7% 升至 18.8%。

（二）以製造業爲主軸的兩岸產業合作動力不足

在過去 30 餘年裏，由臺商投資驅動、臺商對大陸進行的產業梯次轉移成爲兩岸產業合作的主軸，這其中製造業在兩岸產業合作中扮演着十分重要的角色。由於大陸處於工業化加速時期，製造業成爲外商對大陸投資的主要領域，而同期臺灣經濟處於由工業化向服務業社會的轉型之中，1988 年服務業產值占臺灣地區生產總值的 50.1%，首度超過第一產業及第二產業之和，標志着臺灣正式步入服務業占主體的後工業化社會。兩岸經濟發展階段的巨大落差，導致臺商對大陸製造業的投資成爲兩岸產業合作的主要領域。同時，由於 2008 年前兩岸關係嚴重對立，兩岸並未建立起正式的經貿協商機制，使兩岸服務業合作受到極大地制約。這導致兩岸產業合作主要表現爲臺商對大陸製造業的投資及在此基礎上建立起的產業合作關係。據臺灣“投審會”統計，截至 2012 年年底，臺商對大陸投資累計 40,208 件，金額 1,244.9 億美元，其中農林牧漁業投資比重僅爲 0.02%；對製造業投資 32831 件，占總投資件數的 81.7%；金額約 1014.29 億美元，占總投資額的 81.5%；對服務業投資 6290 件，占總投資件數的 15.6%，金額約 210.8 億美元，占總投資額的 16.9%。臺商對大陸製造業投資的前兩大行業分別爲電子零組件製造、電腦電子及光學製品製造，兩者投資金額合計占臺商對大陸總投資金額的 33.5%。這不僅與臺灣對海外（對大陸以外國家和地區）投資以金融保險、批

發零售等服務業爲主的產業投資佈局大相徑庭，也與國際市場中FDI（外商直接投資）以服務業爲主的投資潮流存在明顯差別。

過去臺商加快對大陸製造業投資有效拉動兩岸貿易，並深化兩岸經濟合作，但近年來，隨着臺灣製造業外移步入一個新的高平臺期，臺商對大陸製造業投資增速趨緩。根據臺灣“投審會”統計，除 2010 年等少數年份外，2000 年後臺商對大陸製造業投資增幅逐漸小於臺商對大陸整體投資的增幅，2008 年後臺商對大陸製造業投資增速更連續多年出現負增長，其中 2009 年受國際金融危機衝擊衰退 32.7%，2011、2012 年分別衰退 4.3% 和 27.5%。從製造業內部看，臺商對大陸製造業投資的前兩大主力產業電子零部件和電腦電子光學品製造業投資衰退幅度較大，特別是對電子零部件業的投資增速除 2010 年大幅增長外，連續 4 年衰退，年均衰幅在 15% 以上。臺商對大陸製造業投資增速放緩，一方面嚴重制約臺商對大陸投資的持續增長，影響兩岸經濟合作的深入推進，另一方面也使得過去以製造業轉移帶動的兩岸投資貿易方式動力趨減，導致 2003 年後大陸統計的實際使用臺資金額持續衰退。

（三）兩岸加快各自經濟轉型及經濟合作進程

2008 年後，隨着兩岸邁入和平發展的新時期，兩岸經濟合作深入推進，兩岸各自經濟也步入加速轉型期，使過去傳統的兩岸經濟關係發展方式面臨深刻變革。

首先，當前兩岸各自經濟均步入重要的轉型升級期，將對兩岸經濟關係轉型升級產生深遠影響。大陸自上世紀 70 年代推動改革開放以來，社會經濟發展取得舉世矚目的成就，2011 年已超過日本成爲僅次於美國的全球第 2 大經濟體，在國際社會中具有舉足輕重的政治經濟影響力，但大陸區域、城鄉等發展不平衡等

問題日益突出，加快經濟發展方式轉變迫在眉睫。2010 年大陸公佈“十二五規劃”，明確提出全面建設小康社會目標，加快經濟發展方式轉變，並確立“擴內需、調結構”的經濟工作主綫。“擴內需”意味着大陸將逐步調整過去過度依賴外需與投資的經濟發展模式，着力提高內需尤其是居民消費在國民收入分配中的比重。隨着大陸工業化、城鎮化的加速推進，大陸內需市場有望日益擴大。有機構預測，未來 10 年大陸人均 GDP 增長率將高達 180%，到 2015 年大陸將有一半人口成爲年收入達到 6000 美元—20000 美元的中產階級，屆時大陸每年內需有望是 2008 年的兩倍，達到 20 萬億元人民幣，成爲全球最大消費市場。這對臺商的代工生產模式將形成重大挑戰，而對於着眼於內需市場的企業則是重大機遇。“調結構”表明大陸將加快經濟結構的戰略性調整，加快發展現代服務業，並大力推動新一代信息技術、節能環保、新能源、生物、高端裝備製造、新材料、新能源汽車等七大戰略性新興產業。當前臺灣經濟也步入新一輪轉型期。國際金融危機爆發後，臺灣經濟弊端暴露無遺，而在當前後國際金融危機時期的背景下，臺灣經濟動能不足，呈現出典型“悶”的特點，從表象上看是歐美外需萎縮的結果，更深層次原因則是近幾十年來臺灣所形成的產業與需求結構正面臨前所未有的調整，加快經濟轉型升級已勢在必行。爲此，馬英九當局先後提出“六大新興產業”、“四項智能產業”及“十大服務業”等產業政策。2011 年年底，馬英九當局還出臺“黃金十年”發展願景，涵蓋“活力經濟、公義社會、廉能‘政府’、優質文教、永續環境、全面建設、和平兩岸、友善國際”等八大篇章，其中在“活力經濟”篇中提出“開放佈局、科技創新、樂活農業、結構調整、促進就業、穩定物價”等經濟施政主軸。馬英九當局明確提出通過洽簽經貿協議融入亞太區域經濟一體化進程，並促進產業多元化發展，加快

產業轉型升級。在兩岸經濟均將發生重大變革的新背景下，過去兩岸經濟關係勢將進入重新調適的新階段，兩岸經濟關係轉型升級勢在必行。

其次，兩岸關係和平發展勢頭不斷增進及兩岸經濟合作日益深化，爲兩岸經濟關係轉型升級提供了重要基礎與條件。2008 年以前，由於兩岸長期處於政治對立局面，兩岸經濟關係呈現“間接、單向”的不正常局面。與大陸基本對臺完全開放投資、貿易等所形成鮮明對比的是，臺灣當局出於維護所謂“國家安全”的考慮，禁止兩岸“三通”，並嚴格限制大陸貨品、資本等入島。由於缺乏雙方公權力的支持與配合，兩岸經濟合作主要爲民間主導的功能性合作。2008 年兩岸關係實現重大歷史性轉折後，兩岸兩會在堅持“九二共識”、反對“臺獨”的共同政治基礎上重啓會談，截至 2013 年 6 月底已先後舉行 9 次會談，簽訂 19 項經貿協議，並在產業合作等方面達成多項共識，有力推動兩岸經濟關係的正常化與制度化進程。特別是 2010 年 6 月兩岸簽訂了具有重要裏程碑意義的《海峽兩岸經濟合作框架協議》(ECFA)，爲兩岸經濟關係的機制化與自由化搭建了重要的平臺。而兩岸經濟合作委員會的成立運行及兩岸投資保障、兩岸服務貿易等 ECFA 後續協議的陸續簽署則進一步深化兩岸制度性經濟合作，促進兩岸經濟一體化進程。毫無疑問的是，兩岸關係和平發展勢頭的日益增進及兩岸經濟合作的深化發展，一方面將使過去因政治力扭曲的兩岸經濟關係資源配置得到糾錯，兩岸各自比較優勢將得到更大程度地發揮，另一方面也要求兩岸經濟關係加快轉型升級，以適應後國際金融危機時期兩岸各自經濟的轉型進程及兩岸經濟合作的深入推進。

2. 兩岸爲什麼重視服務業合作?

服務業合作是兩岸經濟關係轉型升級的重要引擎。在臺商對大陸投資及兩岸貿易增速放緩、以製造業爲主軸的兩岸產業合作日漸乏力的背景下，如何尋求新的增長空間已成爲深化未來兩岸經濟合作的重要課題。在新形勢下，順應兩岸各自經濟轉型趨勢，大力推動兩岸服務業合作無疑是深化兩岸經濟合作，打造兩岸經濟關係“升級版”的重要戰略選擇。

（一）開創兩岸經濟合作新模式

在過去 30 多年裏，兩岸經濟合作主要表現爲臺商對大陸製造業依次轉移帶動的兩岸貿易及與之相建構的兩岸產業分工合作關係。在新形勢下，兩岸服務業合作將呈現出不同於以往製造業合作的特點，開創全新的兩岸經濟合作新模式。首先，兩岸服務業合作將改變過去製造業“面向歐美、兩頭在外”的合作模式，建構一個以大陸內需市場作爲主要導向的新型合作模式。在過去兩岸製造業合作中，臺商對大陸製造業投資主要爲利用大陸廉價的土地、勞動力等生產要素價格，加工出口歐美市場，這導致加工貿易在兩岸貿易中的比重偏高，而以大陸市場爲目的地的一般貿易比重較低，據大陸海關統計，2012 年兩岸一般貿易占兩岸貿易總額的比重約爲 30.4%，而來料加工與進料加工比重超過 50%。與製造業所不同的是，兩岸服務業合作不是簡單地將技術和產業轉移，而是經營模式的創造和複製；不是傳統製造業的“面向歐美、‘兩頭在外’”，而是以大陸消費者爲主要服務目標；不是“臺灣經驗”的翻版，而是新經驗的累積和新經營模式的創造，臺灣服務業將結合大陸本土資源，因應市場特性，發展出全新而獨特的經營模式。其次，兩岸服務業合作將極大地豐富兩岸經濟合作

的內涵，爲兩岸經濟合作創造新的利基。過去兩岸製造業合作主要表現爲臺商對大陸的產業依次轉移，臺商“逐水草而居”，利用大陸生產要素低廉的優勢，加工出口歐美市場。而服務業合作內涵遠比製造業豐富。

（二）增强兩岸經濟合作新動力

近年來，在國際、大陸及島內經濟環境深刻影響下，臺商對大陸製造業投資增速日益減緩。從國際經濟形勢看，後國際金融危機時期全球需求與產業結構正發生深刻變革，世界製造業呈現出“低端製造業流向東南亞等成本更低地區及部分高端製造業回流歐美發達國家”的顯著特點，使大陸製造業吸引外資投資面臨較大壓力。大陸宏觀經濟形勢也發生深刻變化，勞動力、土地等生產要素價格不斷上漲，使過去主要利用大陸廉價生產要素的臺商對大陸製造業投資面臨挑戰。據英國經濟學人智庫（EIU）的數據，中國大陸勞動力成本 10 多年來大幅增長近 4 倍，單位小時勞動成本由 2000 年的 0.6 美元增至 2011 年的 2.9 美元，已相當於泰國的 1.5 倍、菲律賓的 2.5 倍數、印尼的 3.5 倍。2011 年年底，大陸主要監測城市土地價格總水平爲 3049 元 / 平方米，是 2005 年末的 2.4 倍。從島內經濟形勢看，臺灣製造業外移已進入高平臺期，未來製造業很難再形成一次新的產業外移潮。同時臺灣當局也效仿美國實施所謂再工業化，於 2011 年 11 月出臺系統的“加強推動臺商回臺投資”方案，重點吸引高端製造業回流，並提出從六大方向實現“2 年內促成海外臺商回臺投資 2000 億元新臺幣”的目標，對臺商對大陸製造業投資產生一定衝擊。

在臺商對大陸製造業投資及兩岸製造業合作進程放緩的背景下，兩岸加強服務業合作無疑將順應兩岸服務業的各自經濟轉型趨勢，增強兩岸經濟合作的新動力。對大陸而言，大力發展服務

業既是穩增長、保就業的重要舉措，也是調整優化結構、打造中國經濟升級版的戰略選擇。當前大陸正處於工業化與城市化的中期，服務業發展還相對落後。據統計，服務業占大陸 GDP 比重不足 50%，不僅遠低於歐美等發達國家，也低於印度等發展中國家。但隨着大陸經濟轉型進程加快，服務業在國民生產總值中的比重日益提升。2012 年大陸人均 GDP 超過 6000 美元，服務業占 GDP 比重約爲 44.6%，與工業 45.3% 的比重相差無幾。2013 年第一季度服務業占大陸整體經濟規模的比重爲 47.8%，比去年同期提高 1.6 個百分點，超過了製造業的占比。隨着大陸經濟持續快速發展，必將進一步帶動產業和消費結構升級，因此大陸服務業市場需求潛力巨大，但也面臨着服務業水平不高、國際競爭力薄弱等問題。臺灣自上世紀 80 年代中後期後就開始進入服務業占主導的後工業化社會，截至目前服務業占臺灣 GDP 的約 7 成，但臺灣服務業以島內狹小的內需市場爲導向，競爭力不強，僅在名義上有較高的比重。事實上，自本世紀以來，臺灣服務業增長速度趨緩，服務業比重快速提高，在很大程度上是製造業增長速度減緩所致，與歐美等發達國家相比有“早熟”之嫌。因此，推動臺灣服務業轉型升級，最重要的是改變目前以島內內需市場爲導向的發展模式，擴大服務業的服務半徑，才能提升服務業的國際競爭力。在兩岸均大力推動服務業轉型發展的背景下，加強兩岸服務業合作，對大陸而言既可避免開放競爭力過高的歐美服務業帶來的巨大衝擊，同時也能形成“鯰魚效應”，發揮臺灣服務業發展水平較高且與大陸“同文同種”的優勢，刺激大陸服務業轉型升級；對臺灣則可彌補島內內需市場過小的不足，擴大臺灣服務業發展的市場，爲服務業轉型升級提供廣闊空間。

2008 年以來，兩岸服務業合作步伐日益加快，爲兩岸經濟關係深化發展不斷注入新的動力。一方面，自 2009 年 6 月 30 日臺

灣開放陸資入島以來，大陸對臺投資逐漸增多，且主要集中在服務業。截至 2012 年年底，大陸對臺投資中有 76.85% 流向服務業，23.13% 流向製造業。另一方面，近年來臺商對大陸服務業投資快速增長，特別是 2008 年後，臺灣對大陸服務業增速進一步加快，2010 年、2011 年及 2012 年平均增速分別高達 35.1%、38.6% 和 51.9%，其中在兩岸擴大開放金融領域市場准入等帶動下，臺商對大陸金融保險等服務業投資更呈現井噴增長之勢，日益成爲推動兩岸經濟關係發展的新動力。

（三）帶動兩岸製造業轉型升級

過去兩岸製造業合作主要表現爲臺商尤其是從事 IT 產業的臺商利用大陸較廉價的勞動力、土地等生產要素，爲歐美大廠代工。臺商的代工生產方式固然可以最大程度地發揮比較優勢，但由於不掌握通路，沒有自己品牌、核心技術，易受外部衝擊，如國際金融危機時期臺灣廠商在上游海外客戶去杠杆化產生流動性緊縮，以及上下游廠商的去庫存化緊縮採購的過程中，訂單銳減，產能利用率急劇下降。同時，隨着國際競爭的日益激烈，以代工生產方式爲主的臺商也面臨着利潤率不斷下降的困境。總體看，目前兩岸製造業合作在全球產業鏈中處於中下游的地位，產品附加值較低。根據有關機構的測算，一臺 iphone，美國蘋果公司占據了 58.5% 的利潤，韓國公司及美國其他公司分別占據 4.7%、2.4% 的利潤，大陸勞工成本衹占 1.8%，臺灣公司利潤也衹有 0.5%。因此，促進兩岸製造業合作轉型升級已迫在眉睫。但由於過去兩岸關係長期處於對立局面，兩岸缺少相應的經濟交流機制與平臺，嚴重制約兩岸服務業合作的發展，如由於過去受限於兩岸缺乏簽訂金融合作備忘錄（MOU）的平臺，直接造成兩岸金融業無法在對方直接設立營業性機構。兩岸服務業合作的嚴重

滯後，不僅不利於兩岸拓展新的經濟合作空間，也對兩岸製造業合作的轉型升級產生不利影響。

因此，在新形勢下，加強兩岸服務業合作，特別是金融保險、物流、信息等生產性服務業的合作，一方面可以爲兩岸製造業合作提供配套產業支撐，爲製造業轉型升級創造良好的條件，如深化兩岸金融業合作可爲大陸臺商提供有效的融資服務，另一方面也將加快兩岸服務業與製造業的相互融合，促進制造業服務化即所謂的“2.5 產業”，帶動兩岸製造業合作升級，延長兩岸製造業合作的產業鏈，促進兩岸製造業向“微笑曲綫”的兩端自有品牌、標準制定等領域延伸，提升兩岸製造業在國際產業分工鏈中的地位，增強兩岸製造業在世界市場中的核心競爭力。

3. 兩岸服務業合作的政治經濟意義?

加強兩岸服務業合作不僅有利於發揮兩岸各自服務業的比較優勢，推動兩岸服務業轉型升級，爲兩岸經濟合作增添新動力，同時也有助於鞏固兩岸關係和平發展的政治、經濟、文化與社會基礎，爲兩岸關係和平發展注入新的活力。

（一）拓寬兩岸經濟合作空間，增進兩岸關係和平發展勢頭。自上世紀 70 年代末以來，以製造業爲主軸的兩岸經濟合作不僅有力推動兩岸經濟共同發展，也爲兩岸關係由過去持續震蕩不安的局面邁入和平發展新時期奠定扎實的物質基礎。兩岸過去 30 多年來的經濟合作實踐已深刻揭示，兩岸通過加強經濟合作建立起“你中有我，我中有你”的格局，有利於構建與鞏固兩岸關係和平發展框架，是一條符合兩岸民衆福祉之路。當前兩岸關係雖已邁入和平發展新階段，但由於兩岸政治難題始終未予破解，繼續增進兩岸關係和平發展勢頭、鞏固深化兩岸和平發展大局已成

爲海峽兩岸共同面臨的重要任務。大陸在中共“十八大報告”中公開提出，“全面貫徹兩岸關係和平發展重要思想，鞏固和深化兩岸關係和平發展的政治、經濟、文化、社會基礎，爲和平統一創造更充分的條件 ”。其中鞏固兩岸關係和平發展的經濟基礎需要兩岸雙方繼續深化經濟合作，厚植兩岸共同經濟利益，爲兩岸關係和平發展奠定更爲扎實的物質基礎。但在當前國際及兩岸經濟均進入重大轉型升級的背景下，過去以製造業爲主體的兩岸經濟合作動力明顯不足，迫切需要尋找新的經濟增長點。在此背景下，加強兩岸服務業合作，既能應對兩岸製造業合作日漸乏力的困境，拓展兩岸經濟合作的新空間，增強兩岸經濟合作的動力，同時也可順應兩岸各自經濟轉型新趨勢，共同提升兩岸服務業的核心競爭力，促進兩岸經濟轉型升級進程，此外兩岸加強服務業合作還可強化兩岸日趨緊密的經濟合作格局，建立一個在一定程度上具有不可逆性的兩岸和平發展框架，鞏固兩岸關係和平發展的經濟基礎，爲兩岸關係和平發展勢頭不斷注入新的活力。

（二）擴大兩岸經濟合作的外溢效果，鞏固兩岸關係和平發展社會基礎。過去兩岸製造業合作主要表現爲臺商對大陸依次產業轉移，這雖然帶動臺灣產業轉型升級，但在局部也產生一些問題，這些問題被島內“臺獨”勢力所誇大和利用，給兩岸經濟關係乃至兩岸關係發展帶來不確定性 。如由於過去臺灣當局限制大陸對臺投資及兩岸貿易，兩岸經濟關係長期處於不正常的局面，導致島內外移企業無法在兩岸間建立有效產業鏈，客觀上加速臺灣產業外移，使臺灣對大陸的資本等長期處於“失血”的境地，特別是傳統產業比重較高的臺灣中南部地區首當其衝。而民進黨等“臺獨”勢力借此攻擊臺商“債留臺灣、錢進大陸”，“大陸是所謂的‘黑洞’”，吸收臺灣人才、資本等要素，造成臺灣尤其是中南部地區發展困境，並爲其執政時出臺種種限制兩岸經貿關係

的政策提供借口。民進黨這一論述雖然不符合客觀規律，但也在島內“三中群體”（中南部、中小企業、中下階層）中產生一定影響力，對兩岸關係和平產生消極影響。在當前兩岸關係和平發展及經濟合作日新月异的新形勢下，兩岸服務業合作將開創兩岸經濟合作新模式，對占臺灣產值主體的服務業有望產生明顯拉動效果，並惠及島內絕大多數人口的就業。從近年來兩岸服務業合作的已有成果看，兩岸服務業加強合作已使島內相關企業明顯受惠。如自 2010 年 10 月兩岸在 ECFA 早收清單中納入 20 項服務業以來，臺灣已有 226 家企業或機構受惠，大陸也有 82 個赴臺投資案件獲得批准。隨着兩岸《服務貿易協議》的簽訂及實施，兩岸服務業加強合作將進一步爲島內中小企業特別是占主體地位的中小型的服務類企業開拓大陸市場提供更多機會，並有望減少類似製造業外移在島內產生的負面效果。據臺灣“經濟部中小企業處”統計，2011 年臺灣服務業中小企業約 102.5 萬家，占服務業企業總數的 97.7%，大企業比重僅爲 2.3%，除金融保險、不動產、資訊通訊傳播等少數產業大企業比重相對較高外，其他行業中小企業比重均超過 95%。其中批發零售、住宿餐飲等行業中小企業家數最多，兩者合計約占全臺服務業中小企業數 76%。若兩岸加強服務業合作，無疑將可爲臺灣服務業尤其是中小型服務業發展提供廣闊空間。同時，由於服務業合作覆蓋面廣，兩岸服務業合作將產生較製造業更大的外溢效果，從而可強化島內認同與支持兩岸關係和平發展的民意基礎，帶動兩岸深層次融合。

（三）加快兩岸產業深度融合，促進兩岸經濟一體化深入發展。首先，兩岸服務業合作將彌補過去製造業合作進程中臺商與大陸產業聯係不強的缺陷，進一步推進兩岸產業的深度融合。過去兩岸制造業合作主要爲臺商利用大陸廉價的勞動力、土地等生產要素加工出口歐美市場，大陸更多的是被界定爲“加工基地”，

臺商與大陸當地產業聯係並不緊密，形同“飛地”。因此過去兩岸制造業合作雖深化兩岸的產業分工關係，但總體看，兩岸產業合作深度不夠，兩岸產業鏈的對接與合作並未形成。而兩岸服務業合作將呈現出與製造業合作截然不同的新特點，即兩岸服務業合作雖然也包括兩岸服務業合作共同進軍國際市場，但主要表現爲兩岸充分利用彼此特別是大陸內需市場加強服務業的合作，大陸更多地承載着兩岸服務業合作主要目標市場的角色。在《海峽兩岸服務貿易協議》簽訂及生效後，雙方將在 100 多個服務行業相互開放市場，大陸廣闊的市場資源及臺灣先進的服務管理水平將能實現優勢互補，兩岸服務業合作將迎來黃金期，兩岸服務業將加速融合，帶動兩岸經濟關係向更深層次邁進。其次，兩岸服務業合作將爲兩岸經濟一體化發展提供重要動力。自上世紀 70 年代末以來，在經濟全球化與兩岸發揮各自經濟比較優勢的帶動下，兩岸經貿關係蓬勃發展，以兩岸貿易與投資活動爲基礎的兩岸功能性一體化取得了長足的進展，但以兩岸公權力部門爲紐帶的制度性經濟一體化相對滯後。2008 年兩岸關係邁入和平發展新時期後，兩岸制度性經濟一體化後才開始啓動。雖然 ECFA 爲兩岸制度性經濟一體化搭建了重要平臺，但目前 ECFA 生效實施的衹有早收清單，占兩岸貿易比重不足 5%，而在兩岸貿易中占據主體地位的服務貿易及貨物貿易等協議尚未實施或簽訂。如果按照區域經濟一體化組織的自由化程度劃分，目前 ECFA 僅相當於較低水平的“優惠貿易安排”，由此可見兩岸制度性經濟一體化尚有很長的路要走。在當前新形勢下，兩岸通過簽訂《服務貿易協議》，加強服務業合作，一方面將推動服務業等更多要素在兩岸間自由化流動，推動兩岸服務業市場整合，不斷鞏固兩岸日趨緊密的經濟合作格局，另一方面服務業合作也將促使兩岸加強相關經濟政策的協調與配合，爲兩岸向更大範圍、更高水平的經濟

一體化階段邁進提供重要動力。

4. 推動兩岸服務業合作的機遇有哪些？

（一）兩岸同時面臨服務業發展的黄金時期

全球服務業發展正處於結構調整時期，爲兩岸服務業發展提供了良好的外部環境。第一，西方發達國家的服務業發生深刻改變，高端產業地位更加突出，現代服務業優勢更爲明顯。以美國爲首的西方發達國家在金融海嘯後爲復興本國經濟，在提出發展實體經濟，從海外召回製造業的同時，對服務業在進行深刻改造的基礎上繼續強化發展優勢，傳統服務業中的高端產業更加強調其優質服務特色，借塑造精品形象與強調貴族氣質繼續維持高進入門檻，同時加快對低端產業的現代技術改造，在現代服務業上的領先優勢更爲明顯。第二，服務業發展已經成爲新興國家穩定發展的重要依賴。包括中國大陸在內的衆多新興國家目前基本已完成工業化的進程，依靠發展工業已經難以維持經濟的穩定高速增長，人口數量過多與老齡化比例升高的雙重壓力也祇有依靠發展現代服務業才能緩解。中國、印度、巴西、印度尼西亞等新興經濟體都是人口大國，在西方需求市場出現萎縮，舊有的世界經濟循環難以持續擴大下去的今天，開發這些國家以服務業爲代表的內需市場已經成爲其謀求經濟穩定長期發展的主要手段。第三，發展服務業的技術已經隨着現代服務業的興起而日趨成熟。現代服務業就是建立在現代科技手段基礎上，主要是計算機、網絡、電信等技術手段爲支撐，由於這些技術手段日新月异，代與代之間的鴻溝已經大爲縮小，同時西方發達國家在這些高科技領域的進步目前遭遇到突破的瓶頸，東西方之間的技術代差正處於歷史上最小的時候，抓住目前的時機及時切入就可爭取從高起點開始，

從而一舉彌補與西方發達國家的技術差距，建立高水平的現代服務業體系，從而打破西方發達國家數百年來苦心建立起來的產業壁壘與技術屏障，眞正縮短東西方間的差距。

兩岸都擁有發展服務業的良好基礎，也有條件實現服務業的大發展，內部驅動力強勁。從基礎條件看，大陸方面已進入工業化後期，服務業發展的基礎已經具備。1949 年後大陸即開始工業化進程，特別是改革開放 30 多年來，工業化進程大幅加快，主要工業產品產量已躋身世界前列，經濟總量已趕超日本而躍居世界第二，與第一名的美國差距也在不斷縮小，全民溫飽問題已基本解決，工業化的使命基本已經達成，即將進入後工業化時代。二是工業化已進入到了必須着重技術含量與社會影響深度的時代。大陸目前雖然建成了“世界工廠”，成爲世界主要工業製成品的生產基地，服務業的發展卻相形見絀，尤其是現代服務業的發展未能與時俱進，內需市場的潛力未能得到充分發揮，即使按國際購買力平價調整後，大陸投資與消費間的比例在世界上仍然是偏高的，高投資率帶來的一方面是經濟的高增長，但長期卻已造成生產與消費脫節，產能過剩現象嚴重，僅僅經過不到 20 年的發展，大陸繼上世紀 90 年代中期後又面臨着新一輪淘汰落後產能的壓力，其根本原因與在總體經濟中，服務業始終處於短板的地位有着密切關聯。服務業未能與工業同步增長，造成內需市場無法擴充，經濟增長嚴重依賴外需的被動局面。三是大陸人口結構發生重大轉變，老齡化問題日益嚴重，“人口紅利”日漸消退，社會結構與消費結構都處在發生重大轉變的關鍵時期，“未富先老”即將帶來新的社會問題，相應的服務業面臨着極大的發展機遇。大陸城鎭人口 2011 年已達 134735 萬人，占總人口的比例已達 51.3%，標志着農村剩餘勞動力向城市轉移浪潮的基本結束。同時，人口 65 歲以上人口總數也已從 1982 年的 4991 萬增

長到 2011 年的 12288 萬，占總人口的比例從 4.9% 上升到 9.1%，14 歲以下人口則從 34146 萬人下降到 22164 萬人，占比從 33.6% 下降爲 16.5%。

臺灣方面，一是服務業近年雖然發展不順，但調整已基本到位，爲迎接新需求積聚了足夠的發展能量。近年由於外部環境的變化，國際市場急劇調整，島內工業發展發展頗爲順利，相反服務業受到民衆收入增長遲緩，貧富差距居高不下等因素困擾，增長趨跌，造成工業增速明顯快於服務業，新興服務業發展不順，如醫療服務業增長空間萎縮，金融服務業不增反減，專業技術服務業迭遇發展瓶頸，但相對這些產業內部調整在低速增長的過程中，已基本到位，大量生產性服務業因受統計方法與技術影響仍被包含在傳統製造業中，無法在統計數字中突顯出來，但實際上其貢獻早已在制造業中居於關鍵地位，與此同時，不能適應島內未來服務業發展的傳統服務業及其提供方式不是日趨萎縮就是被迫改變，爲現代服務業的發展讓出了空間。二是島內社會結構改變，對服務業提出了新的要求，也提供了更大的發展空間。島內人口低增長，少子化現象日益普遍，對相應的現代服務業發展要求更爲迫切。截至 2012 年年底，全臺灣 65 歲以上人口已達 260 萬人，占總人口的比例達 11.2%，14 歲以下人口僅爲 341.2 萬，占總人口的比例爲 14.6%，兩者的比例由 1998 年的 37.6% 上升爲 76.2%。三是島內社會需求日益多元化，對服務業提出了更高的要求，也提供了更大的發展機遇。由於社會需求多元化，必然產生對服務提供者的精緻化需求，個性化生產與服務已經成爲滿足島內社會需求的最佳保證，傳統服務業發展停滯已是必然，高度科技化的現代服務業已成爲臺灣服務業發展的趨勢。因此對島內服務業來說，大規模、模塊化的服務業態反而不具備足夠的競爭力，反而是小型，體貼入微式的個制式服務將成爲潮流。

從技術準備看，兩岸現代服務業發展也都站在了較以往更高的發展水平綫上。大陸市場廣闊，提供了傳統服務業與現代服務業並存發展的廣闊空間，東部發達地區已經做好向中西部轉移傳統服務業的準備，而新興服務業已取得了足夠的話語權，成爲這些地區服務業發展的風向標，不僅北京、上海、江蘇等省市十分重視現代服務業的發展，其他一些條件較好的地級縣市也都提出了發展現代服務業的規劃與政策。服務業明顯向東部地區集中，2012年全國服務業五百強企業中就有過半數的263家集中分佈在5個省市，其中浙江、北京、廣東居於前3名，顯示東部發達地區已具備服務業加速發展的基本條件。大陸以工業爲主的對外投資也已爲服務業發展騰出了空間。日新月异的計算機網絡等現代技術手段更爲新型服務業態的涌現與壯大提供了可能，淘寶網及其服務項目“支付寶”的迅速崛起與風行正顯示了大陸現代服務業發展的廣闊空間與可能性。臺灣在傳統服務業領域的長期發展與耕耘使得其服務業發展起點總體上要高於大陸，由於混業經營與投資，臺灣在工業發展中表現出的善於模仿西方發達國家跨國公司成功經營經驗與管理的本領，在未來現代服務業發展中依然具有可發揮的空間。

（二）兩岸關係和平發展的新時期爲兩岸服務業合作提供了廣闊的發展空間

與兩岸其他領域的合作一樣，兩岸關係和平發展的新時期是兩岸服務業合作能夠開展並迅速擴大的前提與保證。沒有兩岸關係和平發展的新局面，即使兩岸擁有發展服務業的客觀條件，也不會有《服務貿易協議》的簽署，更談不上兩岸今後擴大服務業合作的可能。

一是兩岸關係和平發展的新時期爲兩岸服務業合作提供了政

治保障。2008年兩岸在“九二共識”、“一個中國”的框架下取得了共識，從而開啓了和平發展的新時期，追求合作雙贏，共謀發展，制度上的分歧不再是兩岸合作交流的障礙，陸續開啓的管理制度上的對接成爲合作的起點。政治對話雖然尚未進行，但雙方的共同語言逐步增多，政治互信逐步累積，爲兩岸合作營造了和諧的氣氛。

二是兩岸關係和平發展的新時期爲兩岸服務業合作提供了制度保障。進入兩岸關係和平發展新時期後，兩岸兩會定期協商與高層領導人會談得以恢復，以“經合會”爲代表的兩岸各領域的交流合作渠道陸續建立，在兩岸兩會迄今簽署19項協議的同時，兩岸海運、空運、金融、貨幣等其他領域的協議也紛紛簽署，爲兩岸服務業開展合作掃除了障礙，也爲其加強合作提供了保證。

三是兩岸關係和平發展的新時期使得兩岸交流項目空前增加，提供了兩岸開展服務業合作的大好機會，僅人員交流日益頻繁就可以爲兩岸加強服務業合作提供廣闊空間。例如2008年後大陸民衆赴臺旅游迅速發展，特別是個人游項目的開展與推廣使得兩岸服務業可合作的領域由單純的旅游業擴展到了醫療保健、理財、貨幣清算等領域。2012年兩岸雙向交流人員達792萬人次，其中大陸居民赴臺旅游197.32萬人次，個人游19.07萬人次。自2008年7月18日正式啓動大陸居民赴臺旅游的五年中，大陸居民赴臺旅游人數累計達620萬人次，爲臺灣創造4800億元新臺幣直接收入。臺灣方面統計，2012年大陸赴臺旅客人數達258.6萬人次，大幅領先日本游客的143.2萬人次。大陸旅客日均消費額爲265.26美元，僅次於日本旅客的308.65美元。而且臺灣當局自2009年開放陸資投資以來，已先後兩次大幅擴大開放項目，截至2013年7月，臺灣有關部門已核准陸資投資項目425項，總投資金額74.2億美元。兩岸在《服務貿易協議》中做

出的開放承諾分別有 80 項與 64 項，其中臺灣承諾的項目中含新增或擴大開放項目 37 項。兩岸投資的雙向擴大開放不僅使得金融、貨幣匯兌、證券交易等相關服務業的合作成爲必須，大陸駐臺商務人員的增加所產生的與生活服務業相關的商機，也將爲臺灣業者擴大經營規模提供更多機會。

5. 推動兩岸服務業合作的挑戰有哪些？

由於服務業本身具有的特殊性與複雜性，加上兩岸關係的特殊性與複雜性，兩岸服務業開展合作面臨的挑戰不僅來自內部各種利益團體的反對，更有制度與政策上的重重障礙。

（一）兩岸服務貿易市場仍存在較多的准入障礙

兩岸都將多數服務行業視爲關係到經濟穩定，民衆生活，政權維護的頭等大事，因此在政策上制定了嚴格的保護措施，其主要標志就是設立了較高的准入門檻。兩岸 2001 年後雖然都加入了世貿組織，但都將對方列入了排除範圍，不適用於 WTO 協定的相關開放規定。大陸方面雖然強調吸引臺資，但主要是吸引臺商投資於製造業，對其進入服務業領域有着各種明裏暗裏的限制，臺商實際能夠投資的領域相當有限。臺灣方面至今爲止，服務業項目對陸資投資開放的比例在各大類中仍是最低的，即使開放的項目也多設立了持股比例限制，基本原則就是投資從寬，參與經營從嚴，主導權嚴審嚴控。

（二）兩岸管理與政策體制的差异不利於兩岸加速推動服務業合作

兩岸服務業都沒有單一的一個主管部門統籌，條塊分割相當

嚴重，服務貿易牽涉到的大陸相關主管部門就有商務、工信、交通、衛生、環保、文化、農業、旅游等20多個部門，而臺灣服務貿易雖然歸口於“經濟部國際貿易局”，但實際上也牽扯到交通、農業、環保、衛生、文化等多個部門的政策協調。兩岸相同服務業，卻因業務劃分不一歸口於不同部門，如電信服務業，大陸屬工信部主管，而臺灣則劃歸“交通部”。在政策體制上，大陸強調多個部門協同配合，集中資源貫徹落實，通過所掌握的央企龐大資源力量，支配調度服務業發展資源，達成政策目的。而臺灣官營事業在服務業領域，僅有“中華電信”、“臺灣電力”等在同行業占有支配地位，其他多數領域都以私營經濟爲主，政府本身可動用的財力物力資源也不足，可使用的政策工具有限，政策推行需要結合多種渠道，多種層次的機構團體資源，特別是動用科研機構資源加以配合，形成所謂產官學結合的力量，即當局通過有限資金資助科研機構進行研發，從而積累一定的專利技術儲備，再與外商達成專利技術互換協議，從而擴大可利用的專利技術資源，再通過專利技術轉讓的辦法，引導私營企業進行專利技術的商業化應用，達成扶植相關產業發展的政策目的。兩岸在發展服務業政策體制的巨大差异使得雙方在推動合作上缺少共同的着力點。而且，由於現實基礎的差异進而產生行爲模式上的迥异，同一政策的推動對兩岸服務貿易產生的效果因此也會有很大的差异。

（三）大陸對服務市場的管理思想存在開放度不够、保護度過高的問題

大陸對服務市場的管理要遠比對製造業市場嚴格與複雜，被形容爲“進入大門，還有二門，二門之後還有無數的小門”，部門間、行業間條塊分割現象格外突出，改革開放以來，大陸改革

的矛頭與對象主要集中在第一產業、第二產業領域，第三產業開放力度要小得多，限制措施基本都保留了下來，如銀行業除既有的全國性銀行外，各省市區直到進入本世紀後才被允許設立一到兩家地方性銀行，民營資本不得其門而入。各地爲此雖先後做了大大小小無數次金融改革試點，其最新例子是2012年溫州，但其結局都是“雷聲大，雨點小”，最後無疾而終。已經正式成立運作的上海自由貿易區配套政策中仍以金融業政策最爲關鍵，但也最難以突破。金融業仍然嚴格按照分業管理的模式經營，欠缺應有的活力，一方面必須執行從中央到地方各種各樣的政策性任務，一方面又可以坐享存貸款高額利差，自身就生成了強烈的排他意識，主管部門在政策明文之外又設計出了諸多保護性條款，允許其相互瓜分市場。其他重要的服務業領域大致也都是如此。以金融服務業爲代表的封閉式管理使得服務業投資資源過於集中在國有渠道，私人資金難以轉化爲創業資本，這種高度的國有投資壟斷不僅扼殺了大陸內部創業的積極性，對外也因過於複雜精細的保護性條款，將外來資本的注入排斥在外，境外資本即使進入，也會要麼通過參股，坐享其中的高利潤，或選擇在股價高位時套現而去；要麼被孤立，難以打開大陸市場而獲利，其結果是造成大陸服務市場的呆滯僵化問題難以解決，引入异質資金包括境外資金成爲必由之路，卻也是難上加難。

（四）兩岸政治互信不足所衍生的問題

兩岸雖然從2008年開啓了和平發展的新局面，但五年多來兩岸政治對話一直無法進行，阻礙了兩岸經濟合作的進一步深化。服務業合作較制造業合作而言，涉及面更廣，一般程度的公權力介入已經很難解決其中的障礙與難點，諸如證照互相認證、特許權的審批、市場監管、信息相互通報等都必須更細緻與及時，如

何疏通各種名義的保護與門檻，建立相互合作的無障礙通道，去除民衆對兩岸加強合作的疑慮與擔憂，需要兩岸更多的政治互信才能推動協商，解決問題。

（五）兩岸服務業企業在經濟利益上存在衝突，規模上差异過大

兩岸服務業相對來說都不強，一方面各自都還處在小規模經營爲主的層次，受保護的服務業廠商與合計從業人員雖然數量衆多，但掌握的技術層次與含量卻普遍不高。另一方面，兩岸服務業又多是直接面對消費者，服務消費者的基礎產業，受消費者關注度最高。經過幾十年的發展，兩岸經濟總體上來說都已具有高度外向型的特徵，但這多數僅僅局限於工業，尤其是製造業部分，服務業一直處於高度保護傘下，當然，這也是因爲即使按照WTO《服務貿易總協定》的規範，開放度本身就遠不及製造業。而且，兩岸服務業的各產業內部、企業之間因爲長期受到政策法令的特別關照，獨享服務利益，排他心理要遠高於制造業，加上消費者對服務質量要求的日益提高，本來就給相關廠商帶來日益沉重的壓力，也加劇了其對外來競爭者的抗拒心理。特別是行業審批權已被相關主管部門習慣性地以爲是理所當然必須掌控的權力，難以割捨。在未來發展前景尚無法確定的情况下，要這些部門與企業放弃既得利益與權力，都是非常困難的。

阻礙兩岸服務業建立正常合作關係的另一層重要因素是目前兩岸服務業企業在規模上存在着巨大的差距。從兩岸企業總體規模來看，2012 年兩岸三地兩千大企業中，臺灣入榜企業多達 200 家，但全部都集中在製造業，兩岸服務業企業規模差距遠大於製造業。2012 年大陸 500 大服務業名單的進入門檻是年營業收入 22.5 億元人民幣，臺灣 500 大服務業進入門檻則是年營業收入

16.7億元新臺幣，兩岸服務業前100強的年營業收入下限分別是296.3億元人民幣與141億元新臺幣。按當年人民幣與新臺幣的比價1:4.692換算，臺灣第一大服務業企業“臺灣電力公司”2012年營業收入5471.6億元新臺幣，合人民幣1166.2億元，在大陸服務業五百強榜單中衹能排第45名。規模上的巨大差距使得臺灣相關企業在開展合作上存在諸多顧慮，特別是擔憂雙方間無法建立平等合作關係。

6. 臺灣產業結構的變化有哪幾個階段?

產業結構的優化升級是指產業結構向協調化和高度化方向演進。產業結構協調化是指在產業發展過程中要合理配置生產要素，協調各產業部門之間的比例關係，促進各種生產要素有效利用；產業結構高度化是指產業結構從較低水平狀態向較高水平狀態發展的動態過程，即產業結構向高技術化、高知識化、高資本密集化、高加工度化和高附加值化發展的動態過程。產業結構高度化以新興產業比重提高爲前提，其重要標志就是各產業的技術層次不斷提高和新興產業不斷成長爲主導產業。產業結構演進的一般規律有兩個：一是工業化發展規律，即經濟發展經歷工業化的前期、中期、後期，農業、工業和服務業分別在每個時期的產業結構中占支配地位；二是主導產業轉換規律，即主導產業一般遵循“農業—輕工業—基礎工業—重化工業—現代服務業—信息產業”的演進路徑。

20世紀50年代以來，臺灣產業結構的演進基本符合這兩個規律，大約每10年左右出現一次較明顯調整，每個階段的主導產業依次更迭，大體經歷了農業（以種植、養殖爲主）、輕工業（以食品、紡織爲主）、重化工業（以石化、金屬爲主）、現代服

務業（以金融、保險爲主）和科技產業（以電腦、半導體爲主）等階段。

第一階段，1953 年到 1960 年，勞力密集型產業進口替代時期。進口替代工業主要是紡織、肥料、水泥、玻璃、人造纖維等。該階段臺灣產業結構以農業爲主體，工業相對薄弱，服務業相對穩定。1960 年臺灣第一、二、三產業占 GDP 的比重分别爲 28.5%、26.9%、44.6%，就業比重分别爲 50.2%、20.5%、29.3%，農產品及農產加工品、工業產品出口值占總出口值比重分别爲 67.7% 與 32.3%，標志着臺灣還屬於工業化前期的資本積累階段。

第二階段，1961 年到 1970 年，勞力密集型產業出口擴張時期。上階段的進口替代效果顯現，1963 年工業生產凈值首次超過農業，表明臺灣工業逐漸取代農業在經濟活動中的地位，進入工業化中期階段。1970 年臺灣第一、二、三產業占 GDP 的比重分别爲 15.5%、36.8%、47.7%，就業比重分别爲 36.7%、28%、35.3%，農產品及農產加工品、工業產品出口值占總出口值比重分别爲 21.4% 與 78.6%。60 年代日本重點發展重化工業爲主的資本密集型產業，原有的輕紡工業、組裝工業等勞動密集型產業紛紛向海外轉移，臺灣利用這一時機，開始發展日本梯度轉移的勞動密集型產業。

第三階段，1971 年到 1980 年，重化工業進口替代時期。70 年代在石油危機的衝擊及新興市場崛起的背景下，日本進行第二次產業結構調整，由資本密集型產業向技術密集型產業轉變，把資源耗費量大、環境污染嚴重的資本密集型產業部分移至臺灣，臺灣進入重化工業進口替代階段。1980 年臺灣第一、二、三產業占 GDP 的比重分别爲 7.7%、45.7%、46.6%，就業比重分别爲 19.5%、42.5%、38%，農產品及農產加工品、工業產品出口值占總出口值比重分别爲 9.2% 與 90.8%。

第四階段，1981 年到 1990 年，現代服務業迅猛擴張時期。80 年代前半期，臺灣產業結構相對平穩，中後期發生重大變化，工業增長大大減慢，服務業急劇擴張，取代工業在經濟活動中的主導地位。資本和勞動力紛紛從第二產業流向第三產業，使服務業產值在 1988 年首次超過工、農業產值之和。到 1990 年，臺灣第一、二、三產業占 GDP 的比重分別爲 4.2%、41.2%、54.6%，就業比重分別爲 12.8%、40.8%、46.3%，農產品及農產加工品、工業產品出口值占總出口值比重分別爲 4.5% 與 95.5%。80 年代日本進行第三次產業結構調整，實現由技術密集型產業向知識密集型產業轉變，臺灣利用這一時機引進技術密集型產業，實現產業結構的又一次升級，逐漸發展起新興支柱產業——信息電子產業（臺灣稱“資訊電子業”）。在第三產業中，商業和金融保險及不動產業，分別占服務業產值的 1/4 和 1/3，占服務業就業人數的 40% 和 7%。

第五階段，1990 年到 2000 年，高科技產業快速發展時期。該階段第三產業繼續發展，1995 年服務業產值占 GDP 比重一度超過 60%，成爲臺灣進入發達社會的標志之一。與此同時，技術密集型產業迅速崛起，占製造業產值比重從 1986 年的 24% 增加到 1995 年的 36%。專門技術人員在就業人口中所占百分比也由 5% 增加到 11.1%。2000 年臺灣第一、二、三產業占 GDP 的比重分別爲 2.1%、32.5%、65.4%，就業比重分別爲 36.7%、28%、35.3%，農產品及農產加工品、工業產品出口值占總出口值比重分別爲 1.4% 與 98.6%。上階段發展起來的信息電子、半導體和通訊產業成長爲臺灣製造業中的支柱產業，其他如精密零組件、微處理機、通訊關鍵零組件、高畫質視訊產品、生物科技產品、複合材料等也成爲具有發展潛力的關鍵產業。

第六階段，2000 年至今，產業結構轉型升級的瓶頸期。進入

21世紀，在作爲主導產業的資訊電子業發展勢頭出現下降之後，臺灣新興產業的重點開始轉向半導體產業和液晶面板產業。這“兩兆產業”發展速度很快，但卻有後勁不足的傾向。由於產業演進路徑與方式的變化，臺灣新興產業外移加快，島內新興產業的知識技術含量未能同步得到大幅提高，國際分工角色仍處於價值鏈的中間環節，加之國際競爭加劇，利潤空間壓縮，造成島內整體製造業無論是產值增長率還是產值占GDP比重在本世紀以來持續下滑。目前，服務業是臺灣產業結構中的絕對主力，2001年服務業產值占GDP比重首次超過70%，達70.53%，此後雖然一直未超過該比重，但相差不多。2012年，臺灣第一、二、三產業占GDP的比重分別爲1.9%、28.95%、69.15%。

7. 臺灣服務業的發展情況怎樣？

臺灣服務業發展大體經歷以下階段：第一階段（1950年代至1960年代中期）早熟的服務業型態，服務業占島內經濟的比重遠高於工業。服務業產值占臺灣GDP的比重變化不大，僅從1951年的46.39%微幅增長到1966年的46.93%，整體經濟結構的變化主要體現在農業比重的下降，占GDP的比重從32.28%下降到22.52%。第二階段（1960年代後期到1980年代中期）服務業爲實現工業化提供支撐的階段。隨着工業化進入高潮帶動經濟起飛，工業與服務業在島內經濟的比重大致相當，兩者的差距縮小到5個百分點以內。服務業產值占臺灣GDP的比重繼續上升到1981年的48.81%，農業占比進一步下降到了7.33%。第三階段（1980年代到2007年）服務業主導經濟發展階段。1980年代中期以後服務業產值與工業的差距再次拉大，1987年首次超過農業與工業產值之和，1993年占GDP比重又突破了60%。從服務業

各產業部門結構看，金融保險業與不動產業是這一時期擴張最快的產業部門，金融保險業占 GDP 比重從 1981 年的 4.04% 增長到 2001 年最高的 8.23%；不動產業占比則從 1981 年的 4.81% 上升到 1996 年的最高 9.22%。臺灣服務業企業在此階段培養了自身的獨特優勢，形成三項特質，即擁有一套仔細構思的“服務策略”、以顧客爲導向的“第一綫員工”及一套顧客至上的“系統”。第四階段（2008 年以後）受國際經濟形勢影響與自身擁有的技術手段的制約，臺灣服務業發展進入發展相對緩慢時期。

目前臺灣服務業發展：一是占總體經濟比重呈現下降趨勢，對總體經濟增長的貢獻反而落後於工業，特別是製造業的表現。服務業占 GDP 的比重起伏波動，始終低於 70%。二是總體保持擴張勢頭，個別產業發展不盡如人意。十年來臺灣增長勢頭最強的產業幾乎都是現代服務業。其中藝術娛樂及休閑服務業增加值從 2002 年的 873.6 億元新臺幣增加到 2011 年的 1221.5 億元新臺幣，增長了 39.8%；信息及通訊傳播業增加值從 3540.6 億元新臺幣增加到 5347.1 億元新臺幣，增長 51%。專業、科學及技術服務業增加值雖然在 2008 年出現過衰退，但仍從 2002 年的 1876.6 億元新臺幣增加到 2011 年的 3144.2 億元新臺幣，增長了 67.5%，都快於同期 GDP 的增長率 31.3%。但也有一些現代服務業受各種因素影響，增長相對較慢，如醫療保健及社會工作服務業增加值同期從 3433.8 億元新臺幣增加到 4104 億元新臺幣，衹增長了 19.5%。三是就業人數占比相對較低。臺灣服務業就業人數占比雖然總體上保持緩慢增加的趨勢，但歷來都低於其增加值占 GDP 的比重，而且與產值占比相比，服務業就業人數占比近年保持了相對穩定。維持在 58.3% 到 59.2% 之間。四是服務業無論在臺灣吸引的外來投資還是在其對外投資中，都已占有重要地位。截至 2013 年 7 月底，臺灣當局共核准外資投資金額 1242.3 億美元，

其中對服務業投資占 38.2%；華僑投資金額 41.3 億美元，服務業投資占 60.2%，外資與僑資對現代服務業部門的投資占比分別爲 33.6% 與 53.8%。同期臺灣對外投資累計金額爲 801.8 億美元，服務業投資占比更高達 59%，其中現代服務業部門占比爲 49.9%。

8. 臺灣服務業的發展有哪些特點？

（一）近十年來增長緩慢，仍以傳統服務業比重最大。上世紀 80 年代中後期以來，臺服務業在經歷了十年左右的快速發展後，服務業產值占 GDP 比重約 70%，接近發達國家或地區的水平。但 2000 年以來，在島內市場擴張乏力、民衆收入增長緩慢、國際競爭力低等因素影響下，臺服務業出現投資不足及增速趨緩等現象。2000–2010 年臺服務業平均增長率僅 2.9%，低於工業和整體經濟的增長速度。臺服務業吸納就業的能力也低於正常水平，服務業就業人口比重一般高於或接近產值比重，但臺服務業就業人口比重（58%）遠低於產值比重（68%）。臺服務業結構仍以人力密集和低附加價值的傳統服務業爲主，批發零售業、不動產、住宿餐飲、運輸等產值合計超過服務業總額的一半以上。現代服務業方面，金融保險業因島內市場飽和、競爭激烈而發展緩慢；醫療保健、文化創意等特色產業雖然發展迅速，但比重較低，仍無法在臺經濟中發揮重要作用。2010 年臺 13 項服務業中，前五大行業分別爲批發零售（28.4%）、不動產（13.4%）、公共行政（11.3%）、金融保險（9.8%）及教育服務業（7.2%）。臺服務業發展存在明顯的區域差异，服務部門產值約 80% 集中於北部，尤其是臺北、新北、桃園等人口密集的都會區。臺北市作爲全臺政治、經濟和文化中心，金融、批發零售、休閑觀光等服務業在經濟中居主導地位，並創造了全臺約 50% 的服務業產值。臺中南部地區

產業仍以傳統的紡織、食品、石化工業爲主，服務業規模較小且發展相對緩慢，住宿餐飲和觀光是南部最主要的服務業。此外，服務業在南部各縣市間也存在明顯的差距，高雄市發展水平明顯高於臺南等其他地區。

（二）以內需爲導向，島內市場競爭激烈。臺多數服務業以內需市場爲主。金融業方面，60 多家銀行約 3400 多個分支機構在島內爭奪狹小的市場，使競爭白熱化，金融機構普遍存在低利率、低利潤問題，也曾導致金融機構陸續倒閉、卡債危機等本土性金融危機。另一方面，製造業廠商持續外移，使金融、港口業的服務對象不斷流失，導致這些生產型服務業競爭力下滑：曾爲全球第三大港口的高雄港，全球排名已滑落至 10 名之後；臺消費型服務業如批發零售、住宿餐飲等，在人口增長停滯、收入增長緩慢等因素影響下日益萎縮。2008 年以後，在大陸居民赴臺旅游熱潮的帶動下，臺消費市場才出現快速復蘇勢頭。

（三）國際競爭力較弱，服務貿易長期逆差。臺經濟推動自由化和國際化已逾 20 年，服務業與服務貿易市場也由最初的臺灣當局嚴格管控、設置壟斷性特許市場，逐步向外資與民間企業開放。但與發達經濟體甚至是香港、新加坡等新興經濟體相比，臺服務業國際競爭力較弱，服務貿易長期逆差的狀態一直沒有得到明顯改善。據臺相關部門統計，1995—2007 年臺服務貿易逆差累計達 730 億美元。直到 2008 年以後，受兩岸加快經濟合作、大陸居民赴臺旅游規模擴大等因素影響，臺服務貿易才由逆差轉變爲順差。2010 年臺服務貿易出口金額增長了 28.7%，服務貿易實現 29 億美元順差，主要是因爲旅游服務貿易逆差由 2007 年 39 億美元縮小至 2010 年 7 億美元。另外，2010 年臺“三角貿易”（臺灣接單、海外進口、大陸生產）淨流入超過 100 億美元，若剔除這部分原本屬於商品貿易範疇的“三角貿易”，臺服務貿易

實際仍處於逆差狀態。

（四）兩岸服務業合作相對滯後，但呈加速發展態勢。上世紀 80 年代以來，臺商對外投資（大陸除外）的重點由製造業轉向服務業，比重超過 60%。但臺商對大陸地區的投資活動呈現不同特點，製造業約占 90%，服務業投資僅剛剛起步。2008 年以來，兩岸經濟關係取得了一系列進展，在兩岸兩會恢複製度性商談，以及兩岸簽署經濟合作框架協議等積極因素作用下，兩岸加快了服務業方面的合作。尤其是金融業，在互設金融機構、開展金融業務及相互投資等方面都已取得突破。目前，兩岸服務業合作呈加速發展態勢，2010 年臺商投資大陸的服務業比重快速攀升至 24%，投資金額首次超過其他海外地區的服務業投資。

9. 臺灣服務業存在哪些問題？

臺灣服務業基本屬於內需型產業，批發零售及金融保險和不動產業占比過大，達 45% 左右。其現代服務業存在以下問題：

一是金融業所占份額不斷萎縮，科技服務業增速偏低。臺灣現代服務業中占比最大的金融業及保險業受到國際金融海嘯及島內經濟環境的變化，近年陷入增加值不增反減的窘境，增加值從 2008 年的 9160 億元新臺幣下降到 2012 年的 9070 億元新臺幣，占 GDP 的比重從 20 世紀末的 10% 以上下降到不足 7%。科學及技術服務業增加值雖然基本保持了增長趨勢，但增速偏低，在總體經濟中的占比一直無法提高。

二是主要現代服務業部門就業吸納能力有限。運輸倉儲業、金融保險及文化運動休閑等三大行業就業人數占全臺總就業人數的比重變化不大，5 年間新增就業人數合計不過 2.3 萬人，衹有醫療保健服務業增加了 5.9 萬人，占比從 3.5% 升高到 3.9%。

三是各產業的勞動生產率相差較大。與工業特別是製造業近年勞動生產率持續提高相比，臺灣服務業勞動生產率表現較不穩定，起伏頗大，近年平均增長率爲 2.9%，遠低於製造業平均值的 5.6%。金融保險業的每小時工作時間產出值雖是臺灣各業中最高的，但 2012 年與 2008 年相比不增反減，專業、科學及技術服務業也未能保持上升勢頭，反而是運輸及倉儲業雖有頓挫，但基本保持了上升勢頭。文化運動及休閑服務業表現最爲突出，5 年來不僅節節升高，且始終能夠優於製造業。醫療保健服務業表現最差，連續 4 年衰退，從略高於工業退步到低於運輸倉儲業的表現。就業者人均產值方面，趨勢也大致如此，指標領先的仍是金融保險業和文化運動及休閑服務業。

四是服務貿易近年擴張速度明顯快於商品貿易，但競爭力有限。以臺灣“國際收支賬”中數字顯示，服務收支儘管規模不到貨物貿易規模的 1/5，但近 5 年已經扭轉了此前連年逆差的局面，每年都有 20 億美元到 60 億美元的順差，2012 年與 2008 年相比，收入增長了 33.2%，支出增長了 22.7%，都高於商品貿易增長率（各爲 17.6% 與 13.7%）。但根據 WTO 的數據，臺灣服務出口在世界排名從 2000 年的第 18 退步到 2008 年的第 28 名，其國際競爭力仍有很大的提高空間。

10. 大陸服務業的發展有哪些特點？

一是起點低，增速快。1978 年到 2005 年的 27 年間，大陸服務業平均增速超過 10%，高於同期國內生產總值的平均增長速度。金融、電信、現代物流等現代服務業得到了迅速發展。以金融業爲例，“十一五”期間（2006—2010 年）增加值年均增長率高達 18.8%，居各行業門類之冠，1978 年僅占服務業增加值的 7.8%，

到1983年即突破兩位數，達11.1%，1989年創下最高的17.7%的最高值。此後逐步下降，2001—2006年又跌到兩位數以下，2007年再度突破10%，2011年占12.2%。同期服務業中占比最高的批發和零售業發展則呈現兩個“U”型走勢，先是從1978年的27.8%一路下降到1982年的14.7%，再持續反彈至1988年32.3%的最高紀錄；此後是逐年下降到2007年的18.8%後回升到2011年的21.2%。交通運輸、倉儲和郵政業占比從1979年的22%後呈螺旋式緩步下降，到2011年跌到最低的10.7%。

二是服務業發展潛力依然十分巨大，現代服務業滯後國際發展水平的問題更爲突出。2012年大陸服務業占GDP的比重仍然低於工業，在“金磚四國”中占比最低（巴西、俄羅斯與印度分別達到69%、62%與55%），與世界平均水平（67.7%）差距更大。大陸多年來“重物質生產，輕服務消費”的思維方式的惡果依然未能有效根除。與大陸服務業發展落後相比，大陸現代服務業發展更是滯後。大陸服務業以交通運輸郵電業、批發和零售、貿易餐飲等傳統產業爲主導的局面並未改變，現代物流、信息、金融等現代服務業發展總體水平仍然偏低。從服務業內部各行業增加值來看，批發和零售貿易、交通運輸、倉儲和郵政業、住宿和餐飲業等傳統服務業在全部服務業增加值中的比重高達40%，而根據中國社科院財政與貿易經濟研究所研究員裴長洪的估算，大陸金融與保險、信息傳輸、計算機服務和軟件、科學研究和技術服務等新興服務業衹占服務業總增加值的20%左右，遠低於世界50%以上的平均水平。

三是各地區服務業發展不平衡的現象相當突出。從增加值來看，東部地區是大陸服務業總量最大的地區，也是現代服務業水平最高的地區，其中上海、北京的工業化任務基本完成，服務業增加值占GDP的比重超過50%，信息咨詢、計算機應用、現代

金融等現代服務業已成爲服務業的支柱產業。而中西部地區除旅游和教育服務業因基礎資源扎實，發展較快外，其他服務業基本尚處在起步階段，西藏雖然在數值上是大陸三個服務業占比超過50%的省市區之一，但除旅游業外其他產業發展水平都較落後。據中國社會科學院財經戰略研究院發佈的《中國服務業發展報告2013》，以2007至2011年數據計算的各省（區、市）服務業綜合競爭力得分情况分析，上海、北京、天津名列三甲，且前9名均爲東部地區，服務業發展區域差异顯著 。

11. 當前臺灣當局推動服務業發展的主要策略有哪些？

（一）以推動服務業出口和提升附加價值爲重點。臺灣當局在“黃金十年”規劃提出的“製造業服務化與綠色化”和“服務業科技化與國際化”基礎上，以促進就業與提升薪資、使民衆共享經濟成長和“提升幸福感”爲重要出發點，提出服務業轉型發展方向與目標：一方面，加快調整經濟結構，使服務業對經濟成長的貢獻度由五成提高到六至七成，成爲帶動經濟成長的主動力之一；另一方面，重視產業發展與提高收入、擴大就業相結合，提出推動傳統產業“維新運動”和服務業出口以促進就業，以及通過營運模式創新、科技元素應用及增強產業關聯性等方式提升服務業附加價值促進薪資增長。爲配合服務業轉型升級，臺“經建會”開始研擬新的“服務業發展方案”，重點包括推動服務業由內需產業轉型爲“可輸出的服務業”，以及增強產業關聯性成爲“高附加價值的服務業”，如結合美食、精品購物發展觀光業等；臺“經濟部”也將海外招商的重點由製造業調整爲服務業，預計將大幅提升對批發零售、金融保險及專業咨詢爲主的服務業的對外招商比重。

（二）逐步消除服務部門的政策障礙。爲擴大服務業投資，增強競爭力，臺灣當局提出三種方式對服務業市場進行“法規鬆綁”。一是根據“民間”建議，“自下而上”的調整，臺“經建會”爲此專門建構了“法規鬆綁平臺”網站，收集整理民衆或企業的意見並提案討論；二是根據臺經濟發展總體戰略，“自上而下”的調整，對執行“四年經建計劃”、“愛臺12建設”、“服務業發展方案”等總體規劃時所遇“政策法規”類障礙進行整理並提案討論；三是由各經濟主管部門根據具體“政策”執行情況提案討論。截至2011年3月底，臺灣當局已調整615項“政策法規”，除大幅開放大陸資金投資島內服務業外，主要措施還包括：取消外企到臺第一上市及第二上市（已在臺灣以外的地區上市）的條件限制，開放海外人士對投資控股公司的管理權，取消外企在臺營業資金限制，以及放寬海外人士到臺工作限制，簡化外籍人士入臺申請及延長居留手續等。

（三）選擇策略性服務業重點扶植。現階段臺灣當局重點扶植的服務業包括兩個部分：一是六大新興產業中的服務業。2009年初臺灣當局提出未來將重點支持六大新興產業發展，其中，觀光旅游產業、文化創意產業、醫療照護產業，以及精緻農業的部分行業等都屬服務業，臺灣當局計劃投入大量資源扶植上述產業成爲島內經濟的新動力。二是推動十大重點服務業發展。2009年10月臺“總統府財經咨詢小組”按就業機會多、具出口競爭力、具發展潛力等原則，選取了10項重點服務業，分別爲國際醫療、國際物流、音樂及數字內容、會展、美食國際化、都市更新、WiMAX、華文電子商務、教育、高科技與創新事業籌資（原名金融服務）等。2009年12月臺“行政院”多個部門共同組建“服務業推動小組”，負責推動“服務業發展方案”及10項重點服務業“行動方案”。截至2010年年底，臺灣當局制定完成了全

部 10 項重點服務業的發展規劃及執行措施，2011 年已全面啓動 10 項重點服務業的推動方案。其中，觀光業和醫療保健業是臺未來產業政策扶植的重中之重，臺灣當局強調加強兩岸經濟交流與合作，助其發展壯大爲臺服務業乃至整體經濟的主導產業。

（四）鼓勵研發創新及科技產業化。主要措施包括：一是增加服務業研發創新經費。2009 年臺灣服務業科研計劃經費僅占臺灣當局科研預算總額的 5.5%，臺“經濟部”、“國科會”、“金管會”等部門將增加科技預算中的服務業經費比重，同時採取優惠貸款、投資抵減、獎勵補助等方式，鼓勵企業增加服務業研發投入。二是鼓勵企業建立常態性的服務研發組織。爲改變以往的臨時“專案”方式，臺“經濟部”提出“服務業設立研發中心推動策略”，對設立服務研發中心的企業提供技術、人才、資金、管理模式等方面的幫助。三是推動與製造業相結合的新型服務業。充分利用臺信息通訊（ICT）方面的先進技術及生產製造優勢，推動服務業與製造業跨領域合作，主要措施如幫助企業組建“跨業產業聯盟”、推動跨業聯合研發與技術合作等。四是加強“產學合作”及服務業創新成果產業化。在服務業領域充分利用創新育成中心、技術移轉中心及區域產學合作中心等“產學合作”機制，推動服務創新成果產業化。

（五）積極推動兩岸服務業領域交流與合作。臺灣當局積極推動兩岸在旅游、金融、醫療等服務業領域展開合作，以助其實現經濟轉型與持續增長目標。一是擴大開放大陸居民赴臺旅游。逐步放寬對大陸居民赴臺旅游人數的限制，由最初 3000 人 / 日提高到 5000 人 / 日；積極推動大陸居民赴臺旅游自由行；逐步取消對大陸游客“團進團出”的限制，並提供更便捷的赴臺通行流程。二是逐步放寬陸資企業投資島內服務業。自 2009 年臺灣當局開放陸資赴臺投資以來，不斷增加服務業開放項目。三是加

快推動兩岸金融領域的開放與合作。通過了“兩岸金融業務往來許可辦法”修正案，放寬對銀行業赴大陸投資、參股及辦理兩岸金融業務等方面的限制；開放大陸銀行投資參股臺灣銀行或金融控股公司，核准中國銀行、交通銀行在臺投資設立分行；積極與大陸展開協商，推動建立兩岸金融監理合作平臺、兩岸貨幣清算機制等事項。最近臺新任“行政院長”陳衝還提出發展兩岸特色金融業務，主要包括將開放大陸銀聯卡在臺刷卡及大陸網站購買臺灣商品的代收轉付業務，逐步放寬 OBU 及 DBU 承作人民幣財富管理業務等。

12. 兩岸服務業發展政策有什麼异同?

（一）兩岸政策的相同點

一是都認爲當前是大力發展現代服務業的大好時機。大陸認爲，“從國際環境看，經濟全球化深入發展，世界經濟增長格局和市場需求形勢發生新變化，科技創新和產業升級面臨新突破，國際經濟秩序出現新調整。大陸與世界經濟的相互聯係和影響日益加深，服務業國際化發展的機遇增多，有利於在更廣領域、更高層次參與國際合作與競爭。從內部環境看，大陸具備服務業大發展的有利條件。2010 年大陸人均國內生產總值超過 4000 美元，‘十二五’時期將向更高水平邁進，必然進一步帶動產業結構和消費結構升級，服務業市場需求潛力巨大。隨着工業化、信息化、城鎮化、市場化、國際化深入發展，服務業的發展基礎和發展條件將進一步改善。”臺灣有關部門提出，國際上服務業內部結構升級趨勢明顯且成爲新技術的重要促進者，而臺灣服務業得益於制造業在全球產業鏈中的重要地位，擁有易於獲得採用科技化創新來經營資源的相對優勢；從島內消費市場看，消費者群體結構

的改變帶來持續成長的可能性，兩岸“三通”開放提供了新的機會。

二是都將發展現代服務業作爲今後經濟發展的重要推動力量。2012 年 11 月中共 18 大報告中將“推動服務業特別是現代服務業發展壯大”列爲推進經濟結構戰略性調整的主要內容之一。同年 12 月公佈的《“十二五”發展規劃綱要》中第四篇即爲“營造環境推動服務業大發展”，提出“把推動服務業大發展作爲產業結構優化升級的戰略重點”。臺灣當局繼“亞太營運中心”建設計劃中將現代服務業作爲主要發展目標後，民進黨執政後制定的經濟發展政策也都圍繞着發展現代服務業展開。馬英九上臺後，從提出“六大新興產業”伊始，將現代服務業部門作爲實現產業高附加價值化的重心。

三是都以生產性服務業作爲發展現代服務業的重點與核心。大陸“十二五”規劃中將生產性服務業置於服務業發展的第一部分，強調“深化專業化分工，加快服務產品和服務模式創新，促進生產性服務業與先進製造業融合，推動生產性服務業加速發展”。臺灣官方多次強調“爲促進產業升級，並吸納經濟轉型中所造成未充分就業之現象，未來發展服務業之主要方向，應以知識密集服務業及就業效果大的服務業爲主”。臺灣“服務業發展方案”所列的第一階段重點推動的樂活農業、物流、電信及技術服務業也多屬於生產性服務業範疇。2011 年 10 月馬英九提出“黃金十年發展願景”規劃，明確將“製造業服務化”作爲產業結構調整的首要目標。

四是都將科技創新作爲服務業發展的根本動力。大陸在“服務業十二五規劃”中一再強調“催生新技術、新工藝、新產品，促進企業組織結構完善和生產經營模式創新”。科技部專門制訂了“現代服務業科技發展‘十二五’專項規劃”，要求“以促進

現代服務業創新發展爲戰略目標，以模式創新爲核心、技術集成應用創新爲支撐，以體制機制創新爲保障，整合部門和地方資源，完善現代服務業技術支撐體系、科技創新體系和產業支撐體系，改造提升生產性服務業，培育發展新興服務業，做大做強科技服務業，優化現代服務業發展佈局，加速現代服務業發展進程，提高現代服務業的比重與水平。”臺灣“服務業發展方案”中將“加強研發創新”作爲推動服務業加快發展的主要策略。馬英九在“黃金十年發展願景”規劃中喊出了“服務業科技化”的口號。

五是都對服務業發展提出了一些具體的發展日標。大陸《服務業發展“十二五”規劃》中，提出的目標包括5年內服務業增加值年均增速超過國內生產總值年均增速，服務業固定資產投資年均增速超過全社會固定資產投資和第二產業固定資產投資年均增速。到2015年，服務業增加值占國內生產總值的比重較2010年提高4個百分點，成爲三次產業中比重最高的產業。培育一批具有核心競爭力的大企業大集團，創建一批具有國際影響力的著名品牌，建設一批主體功能突出、輻射範圍廣、帶動作用強的服務業發展示範區。到2015年，服務業就業人數占全社會就業人數的比重較2010年提高4個百分點等。臺灣“行政院”在2009年12月專門成立了由“經建會主委”擔任召集人的“服務業發展推動小組”，提出要使“臺灣服務”成爲臺灣經濟的新標志，邁向“全球數位產業發展成功之典範”、“物流加值及供應鏈資源整合之重要據點”、“亞洲會展重鎮”等目標。

（二）兩岸政策的不同點

首先是思考層次不同。大陸強調服務業的總體發展，對服務業，尤其是現代服務業發展的目標僅提出原則性要求。臺灣服務業發展水平較高，當局對現代服務業未來的設想更爲具體，對各

項服務業規劃相當周詳，制訂有“旗艦計劃”，分別提出了具體的中短期發展目標。

其次是政策手段有差异。大陸掌握的政策資源較多，行政手段較充足，更多強調動員全社會的力量配合發展，以達到資源集中使用，加快發展速度的目的。臺灣當局受限於可動用的行政與財政資源，更多強調用政策法規引導社會資源配置，產業政策更多的是指導性意見，發展模式多是產官學協同配合，官方在其中扮演的是整合與指導的角色，除有限的配套預算資金外，主要措施體現在協助企業籌措發展資金，包括提高其可融資額度與提供低息貸款，協助其招募相關技術人員，解決用地與僱工困難等。至於規劃能否實現，能夠實現到多大程度，都要受到島內外形勢及企業自身經營運轉需要等多重限制，難以確保及時準確到位。

三是側重點各异。大陸服務業發展水平較低，將對外開放與體制鬆綁作爲推進服務業大發展的兩大政策工具，政策有很大的調整空間。完善服務業發展環境成爲“十二五”規劃的重點內容，明確提出要“建立公平、規範、透明的市場准入標準，打破部門分割、地區封鎖和行業壟斷，擴大服務業開放領域，鼓勵和引導各類資本投向服務業，大力發展多種所有制服務企業，建立統一、開放、競爭、有序的服務業市場。深化機關事業單位後勤服務社會化改革。探索適合新型服務業態發展的市場管理辦法。推進國家服務業綜合改革試點，探索有利於服務業加快發展的體制機制和有效途徑。”臺灣服務業對內相當開放，內部准入限制多數已經放寬，但對外開放度不足，推動服務業發展，加快現代服務業發展的側重點就放在了協助產業做大做強方面，政策重心主要放在一是加強相關人才培養，建立相關的教育體系。二是改進相關法規，將重點從製造業轉向服務業，建設服務型法規體系。三是調整行政職能，建立服務型管理模式。四是建立有利於服務業創

新研發的機制，落實“服務科技化與科技服務化”。五是加強服務業基礎設施建設。提出包括國際物流中心、臺灣智慧生活城、商業菁英及會展中心、臺灣國際美食城、東部四季花廊、國際教育中心、流行音樂中心、臺灣文創展售中心、臺灣精品城、臺灣原生博物館等“十大標杆型服務建設計劃”。

13. 兩岸服務業有哪些互補性？

一是大陸現代服務業優勢在於門類齊全，企業規模龐大；臺灣的優勢則在於發展基礎扎實，服務意識強。大陸總體而言，現代服務業已得到了全面發展，特別是京滬兩地的現代服務業門類齊全，擁有一批大型骨幹企業，與臺灣百強服務業相比，東部沿海多數省市的百強服務業在規模上明顯領先。臺灣的優勢則在於深厚的產業基礎，不僅生產性服務業與製造業企業緊密結合，擁有優質的服務客戶群與良好的服務理念，消費性服務業也能自覺做到以客爲尊，市場導向，具有強烈的服務與創新意識。

二是大陸現代服務業的最大劣勢在於發展基礎薄弱，臺灣的弱勢在於市場單一化，內向化，國際化經驗不足。大陸現代服務業成長時間過短，技術層次與市場化經驗嚴重不足，最嚴重的問題在於其是在封閉與保護的環境下發展起來的，導致其基礎薄弱，產業部門雖大而全，但都不具備國際化競爭條件，造成服務貿易逆差局面的長期化與複雜化。臺灣現代服務業雖然經歷了內部市場的開放與淘汰，但依然依賴於做自家人的生意。臺灣服務業的國際化實際上是追隨着製造業臺商的腳步，圍繞着爲其提供資金等後勤服務展開的，眞正具有發展活力與競爭力的產業實際上都可稱爲是製造業的附屬產業，服務企業科研投入不足。2003 到 2007 年臺灣服務業科研經費年均僅爲 137. 6 億元新臺幣，遠低於

製造業的水平（1747億元新臺幣），2007年臺灣服務業科技支出占其生產毛額的比重不到0.2%，而同年製造業是將生產毛額的7%用於科研支出。臺灣服務貿易之所以在2008年能夠轉爲順差，主要是因爲兩岸關係僵局取得重大突破，龐大的大陸臺商客戶群爲其提供了充足的客源，加上臺商投資向東南亞轉移帶來的一系列變化，而並非臺灣服務業本身的競爭力發生了根本性飛躍。

三是兩岸現代服務業都以金融業與物流業競爭力最強，臺灣近年一些信息通訊服務業與科技服務業也取得了長足進步。大陸經濟尚處在工業化階段，爲生產出口服務的服務業部門獲得了較多的政策優惠與資源挹注，得到了優先發展。臺灣作爲出口導向型經濟體，金融業與物流業同樣發展最快，而信息通訊服務業與科技服務業的突出表現也與民營經濟的投入有很大關係。臺灣歷年民間投資超過當局與官營企業投資總額的3倍以上（2012年分別是2.27萬億元新臺幣與0.59萬億元新臺幣），信息通訊服務業與科技服務業企業中，由相關製造業企業投資成立的子公司占了絕大多數。

14. 兩岸服務業合作的方式有哪些？具體發展情況如何？

兩岸服務業合作的方式大體有服務貿易、直接投資、策略聯盟和共同參與四種形式。

（一）服務貿易

國際或地區間貿易有3種：貨物貿易、技術貿易和服務貿易。服務貿易是兩岸服務業合作的重要方式。按照WTO前身GATT主持下的1994年結束的烏拉圭回合最終達成的《服務貿易總協定》（General Agreement on Trade in Service，GATS），服

務貿易具體包括 4 種方式:（1）跨境交付（Cross-border Supply）。如臺灣會計師可爲大陸企業提供咨詢服務，臺灣影片在大陸放映等。兩岸電訊、交通運輸、電子商務及以有形商品爲載體的服務貿易近年來發展較快。（2）境外消費（Consumption Abroad）。如大陸游客赴臺住宿餐飲。據國家旅游局統計，2012 年大陸赴臺旅客 197.32 萬人次，增長 57.58%，團隊游人數 178.26 萬人次，同比增長 45.75%，個人游人數 19.07 萬人次，同比增長 553.2%，占臺入境旅客總數的 36%。據臺灣“觀光局”統計，臺赴大陸游客 313.9 萬人次，增長 10.27%，占臺出境旅客總數的 30.7%。大陸游客在臺購物消費每人每日花費 4,705 元新臺幣，超過排名第二的日本游客的 2,133 元新臺幣，帶動臺灣觀光外匯收入 2012 年創下歷史新高，達 117. 69 億美元（約新臺幣 3,485 億元）。（3）商業存在（Commercial Presence）。如臺灣地區銀行在大陸營業。在服務貿易的四種方式中，商業存在需要以直接投資爲前提。目前臺灣方面的服務順差主要是臺商對大陸服務業的投資所得。由於個人服務業投資規模不大，需要一定的技術與知識，以及大量的溝通，兩岸語言文化及交易習慣的相通發揮了巨大的促進作用。（4）自然人流動（Movement of Natural Persons）。如臺灣醫師赴大陸診療。自然人流動包括勞務合作和其他因各種自然人流動服務產生的收支。目前在大陸工作的臺灣同胞不下百萬，由於開放範圍不斷拓寬，如在 ECFA 早收清單中大陸對臺灣服務業開放醫療、會計等執業資格，自然人流動數量可能會繼續增加。

（二）直接投資

服務業按 WTO 分類標準可分爲 12 大類；按服務對象和流程的不同可分爲生產性服務、營銷性服務與消費性服務；按不同要素特點可分爲勞動密集型服務、資本密集型服務與知識密集型

服務。臺灣服務業對大陸相對優勢主要集中在生產性服務、營銷性服務和知識密集型服務上。 大陸方面開放臺商投資有服務業領域已經很寬，基本按照加入 WTO 的承諾開放了所有領域。2010 年兩岸在 ECFA 早期收穫清單（附件 4）中向對方分別做出若干項開放承諾，這些領域的服務業臺商因此獲得進入大陸市場的 "WTO-PLUS" 的優惠待遇。2013 年兩岸《服務貿易協議》簽署，在島內通過審查正式生效後，兩岸企業將可以在對方市場參與更廣泛的服務業投資。

ECFA 服务贸易早期收穫中的两岸开放领域

臺灣開放的部門	臺灣承諾對大陸開放的部門
1. 會計、審計和簿記服務（CPC862）	1. 經紀商服務業（CPC621）
2. 計算機及其相關服務（CPC842、843）	2. 研究與發展服務業
3. 研究和開發服務（CPC8510，851，852，853）	3. 會議服務（CPC87909）
4. 會議服務（CPC87909）	4. 特制品設計服務業 (CPC87907）
5. 專業設計服務（CPC87907）	5. 視聽服務（電影放映服務業）
6. 視聽服務（CPC83202）	6. 展覽服務業（CPC87909）
7. 醫院服務（CPC9311）	7. 電腦訂位系統
8. 飛機維修和保養服務（CPC8868）	8. 運動及其他娛樂服務業
9. 保險及其相關服務（CPC96411、96412、96419）	9. 銀行及其他金融服務（不含證券期貨和保險）
10. 銀行及其他金融服務（不含證券期貨和保險）	
11. 證券、期貨及其相關服務	

資料來源：根據商務部網站公佈資料整理。

目前臺商在大陸服務業的投資具有以下特點：

（1）傳統服務業仍是主流投資行業。批發及零售業目前仍是臺商在大陸投資的第一大服務業，1991 年—2013 年 4 月累計投資 2646 件，金額 73.75 億美元，占總投資比重 5.7%。不過近年赴臺商對現代服務業領域的投資有加大趨勢，投資大陸的現代物流企業、咨詢服務企業越來越多。但對醫療、資訊、藝術等知識密集型服務業的投資比重較低。（2）臺商在大陸服務業投資多爲中小企業。臺灣本來就是以中小企業爲主的經濟結構，以中小企業爲主的現代服務業具有投資規模小、經營機制較靈活等優點，生產性服務業臺灣中小企業在大陸發展很快，但也有規模有限、經濟地位不高、貢獻率不大等缺陷。（3）服務業占臺商在大陸投資總額中的比重總體呈上升趨勢，表明臺商在大陸服務業領域的發展潛力正在逐步挖掘。

（三）策略聯盟

該方式與直接投資相比風險較小，具體表現爲企業到對岸先尋求小型、有限的合作，如創新經營模式的試點合作、代訓對岸的門市或經營幹部、經營管理模式的出售及移轉、提供企業經營的診斷咨詢、協助對岸企業開發管理信息軟件等。這種合作方式的優點是交易較單純，可逐步了解合作者和對方的市場，等對方的法治環境、市場開放、社會熟悉度等時機成熟後，再考慮風險較高的直接投資。

（四）共同參與

在共同開拓國際市場方面，兩岸勞務合作早有經驗，如兩岸遠洋漁工合作。20 世紀 90 年代廈門方面就與臺商在越南投資項目上有成功合作的案例。目前兩岸在海外分銷合作、共同參與國

際技術標準制定等方面的合作已經取得一定成果。

15. 兩岸服務業合作已有哪些機制性成果?

1. 兩岸服務業智庫間的交流機制已經建立。2011 年 3 月臺灣商業發展研究院與大陸商務部的流通產業促進中心共同設立了“商業現代化論壇”，針對商業服務業的發展議題進行了前瞻性的交流討論，雙方決定每年定期舉辦“兩岸現代服務業合作發展會議”，選擇關鍵性議題進行討論，並研究未來兩岸商業現代化發展的重點及可行的合作方案，這爲兩岸商業服務業的合作奠定了良好基礎。

2. 兩岸金融服務業的合作與監管機制已經確立。兩岸兩會 2009 年 4 月 26 日簽署“海峽兩岸金融合作協議”，兩岸金融監管部門 2009 年 11 月 16 日簽署銀行、證券、保險等 3 個“海峽兩岸金融業監督管理合作諒解備忘錄”，2012 年 8 月 31 日兩岸貨幣管理機構簽署了“海峽兩岸貨幣清算合作備忘錄”，爲兩岸金融服務業的合作搭建了制度化、機制化的平臺。

3. 兩岸產業合作機制與平臺不斷完善。依 ECFA 第 11 條的授權，兩岸於 2011 年 1 月 6 日由雙方指定的代表組成“兩岸經濟合作委員會”（簡稱“經合會”），作爲“功能性經貿磋商及業務溝通平臺”，在兩岸兩會架構下運作。目前經合會下的產業合作小組、兩岸專家咨詢小組、兩岸產業合作論壇等一系列推動兩岸產業合作的機制與平臺已經開始發揮應有功能。2011 年 10 月 28 日由兩岸產學研共同參與的首屆兩岸產業合作論壇在江蘇昆山舉辦，並確定 LED 照明、無綫城市等優先試點項目，標志着兩岸有規劃指導、政策支持、產學研參與的新型產業合作機制初步形成。

4. 兩岸企業家間的機制性論壇爲兩岸服務業合作提供新的平臺。2012 年 9 月在江蘇南京召開的兩岸第 4 屆紫金山峰會層級提升，成爲兩岸企業家交流合作平臺，這是繼海協會海基會協商機制、兩岸經貿文化論壇及福建海峽論壇之後建立的第 4 個兩岸高層次交流平臺，也爲兩岸企業家探討如何加強兩岸服務業合作提供新的交流平臺。

16. 臺灣對外簽署經濟合作協議的情況如何?

2003 年 8 月 21 日臺灣與巴拿馬簽署了臺灣第一個自由貿易協定（FTA）。2005 年 7 月 30 日臺灣與危地馬拉正式簽署 FTA。2006 年 6 月 16 日臺灣與尼加拉瓜正式簽署 FTA。2007 年 5 月 7 日臺灣與薩爾瓦多、洪都拉斯正式簽署 FTA，這是臺灣第 4 個 FTA。這 4 份 FTA 中的 5 個協議對象均爲與其有“邦交”的中美洲國家。2013 年 7 月 10 日，臺灣與新西蘭簽訂“新西蘭與臺澎金馬個別關稅領域經濟合作協議”（ANZTEC），這是 2010 年兩岸簽訂兩岸經濟合作框架協議（ECFA）後的臺灣首個對外經濟合作協議，也是臺灣與經濟發達國家簽署的第一個類似自由貿易協議（FTA）的綜合性經濟協議。2013 年 11 月 7 日，臺灣與新加坡簽署經濟伙伴協議（ASTEP），是臺灣與東盟成員簽署的首個高標準、高品質的全面經濟協議。

與其他三個亞洲“小龍”經濟體相比，臺灣對外經濟競爭力明顯受到開放性不足的制約。近年來，新加坡洽簽完成的 FTA 涵蓋的貿易覆蓋率已高達 86.28%，居“四小龍”首位。香港以 54.83% 的 FTA 貿易覆蓋率居次。韓國 FTA 貿易覆蓋率雖然目前是 38.93%，不過一旦正在談判中的 10 個 FTA 洽簽完成，韓國的 FTA 貿易覆蓋率將迅速達到 82.83%，接近新加坡的水平。而臺灣

當前的 FTA 貿易覆蓋率（包含類 FTA 的兩岸 ECFA）僅爲 9.69%，明顯遠遠落後以上三地。

17. 服務貿易協議的亞太區域經濟整合背景是什麽？

20 世紀 80 年代以來，區域經濟一體化浪潮席捲全球，亞太地區也不例外。特別是 1990 年代以後，亞太地區各類雙邊、多邊、區域 FTA 如雨後春笋，蓬勃發展。臺灣當局對於參與區域經濟合作以求進一步開放接軌問題上，最重視的是如何處理與 TPP、RCEP 和 FTAAP 的關係。

TPP（Trans-Pacific Partnership Agreement,《跨太平洋伙伴關係協議》）的成立與 APEC（亞太經濟合作組織）密切相關。1989 年由美國主導成立的 APEC 是迄今亞太地區最高級別政府間經濟合作機制，有力推動了亞太地區貿易與投資自由化的進程。1998 年美國曾倡議在 APEC 框架下率先成立“太平洋五國自由貿易區”（美國、澳大利亞、新西蘭、智利和新加坡，簡稱 P5），但隨後美國將重心投向雙邊 FTA，使 P5 陷入停頓。2005 年 6 月智利、新西蘭、新加坡和文萊四國簽署了《跨太平洋戰略經濟伙伴協定》（Trans-Pacific Strategic Economic Partnership, TPSEP, 簡稱 P4），並於 2006 年 5 月生效實施。儘管 P4 屬於一份高標準 FTA，但由於 4 個成員都屬於小型經濟體，影響力有限，並未引起外界太多的關注。美國總統奧巴馬上臺後，大力推動“重返亞洲”戰略，並於 2009 年 11 月提出參與 P4 的第 2 階段談判，P4 也在美國參與後簡稱爲 TPP。美國加入談判後，澳大利亞、秘魯、越南、馬來西亞、墨西哥、加拿大、日本等國陸續跟進，使參與談判的成員目前達到 12 個。日本加入後，12 國的總人口超過 7.5 億人，經濟總產值約 25 萬億美元，約占全球 GDP 的 40%。TPP 可能超

越歐盟成爲全球最大的自貿區。TPP 的特點：一是自由化程度高，二是合作議題廣泛，三是開放性強。

與 TPP 相對應的另一個重要亞太區域經濟合作組織是 RCEP（Regional Comprehensive Economic Partnership, 區域全面經濟伙伴協定），其誕生也有較爲曲折的發展過程。先是東盟（ASEAN）分別以中國大陸、日本、韓國、新西蘭、澳大利亞和印度爲對話伙伴，推動了以貨物貿易自由化爲重點的 6 個“10+1” FTA，談成了 5 個。爲彌補服務貿易與投資自由化等方面程度較低的不足，以及爲實現 2015 年年底前成立“東盟經濟共同體（ASEAN Economic Community, AEC）”的目標，東盟於 2011 年主導啓動了建立 RCEP 的談判。這一包含亞太 16 個國家的巨型區域經濟合作組織取代了過去倡議和進行多時的 6 個“10+1” FTA，並強調其推動的也是“高品質 FTA”，力爭 2015 年年底前完成談判。迄今 RCEP 已經進行了 4 個回合的談判，主要聚焦在 8 項議題：貨物貿易、服務貿易、投資、經濟與技術合作、知識產權、競爭政策、爭端解決、其它議題等。其談判原則與特色包括：東盟中心性、特殊與差別待遇、與 WTO 一致性、談判過程彈性、開放性。

TPP 與 RCEP 兩大區域經濟合作組織都秉持開放原則，並設有“開放性條款”。TPP 的“開放性條款”開放“所有 APEC 經濟體與其他國家”參加。RCEP 的“開放性條款”規定，在 RCEP 談判完成後，在各國同意的條件下，開放其他有意參與談判的 FTA 伙伴及“其他外部經濟伙伴”參加。對兩岸而言這兩個組織的機遇不同：中國大陸已經是 RCEP 的參與方，並且具備一定的主導能力，但加入 TPP 則困難重重，不僅是技術上加入門檻過高，更主要的是有些 TPP 參與國公開反對中國加入談判以免影響進程。臺灣地區目前兩個組織都加入不了，TPP 方面雖然

對所有 APEC 成員都進行開放，但扮演關鍵性角色的美國並未表態支持臺灣地區參加談判；RECP 方面在 2015 年底談判完成前不接收新成員談判，之後則是以東盟的 FTA 伙伴爲優先加入對象，亦即臺灣地區需要先與東盟簽署雙邊 FTA 才能有優先加入 RCEP 的資格。

FTAAP（Free Trade Area of the Asia-Pacific，亞太自由貿易區）由加拿大 2005 年最先提出後來受挫，最近被中國重新倡議。對中國大陸而言，如果不能加入 TPP 第一輪談判，一旦 TPP 達成高標準協議，中國再想加入恐比當初加入 WTO 還難。爲避免和擺脫被動形勢，中國作爲 2014 年 APEC 主辦國，在 5 月 18 日的青島 APEC 貿易部長會議上力倡 FTAAP，建議通過共同參與 TPP 和 RCEP 最終實現 FTAAP。FTAAP 由於涵蓋面積比 TPP、RCEP 更廣，其實具有整合 TPP、RCEP 的作用，但由於亞太經濟體發展差异巨大，整合難度更高，以致有觀點認爲縱使能夠成局也是政治意義大於經貿實質意義，充其量衹能做簡單的降低關稅等傳統領域的經貿集成，而難以進行制度接軌改革。也因爲如此，美、日、韓、菲、泰、澳等國均認爲應先完成 TPP、RCEP，再就 FTAAP 設定目標時程。會議發表的“青島聲明”原本已列入可行性研究，最後卻遭刪除，改爲在 APEC 貿易投資委員會（CTI）建立推進 FTAAP“主席之友”工作組，制訂《APEC 推動實現 FTAAP 路綫圖》。由此可見美、日、澳等國阻撓中國大陸主導 FTAAP 的意圖相當明顯。

18. 兩岸簽署《服貿協議》前取得哪些協議成果？

此前兩岸兩會共簽署 18 項協議。2008 年 6 月 13 日海峽兩岸關係協會會長陳雲林與臺灣海峽交流基金會董事長江丙坤在北京

簽署了《海峽兩岸關於大陸居民赴臺灣旅游協議》、《海峽兩岸包機會談紀要》。11 月 4 日陳雲林與江丙坤在臺北簽署了《海峽兩岸空運協議》、《海峽兩岸食品安全協議》、《海峽兩岸郵政協議》、《海峽兩岸海運協議》。2009 年 4 月 26 日陳雲林與江丙坤在南京簽署《海峽兩岸金融合作協議》、《海峽兩岸空運補充協議》、《海峽兩岸共同打擊犯罪及司法互助協議》。12 月 22 日陳雲林與江丙坤在臺中簽署《海峽兩岸標準計量檢驗認證合作協議》、《海峽兩岸漁船船員勞務合作協議》、《海峽兩岸農產品檢疫檢驗合作協議》。2010 年 6 月 29 日陳雲林與江丙坤在重慶舉行《海峽兩岸經濟合作框架協議》以及《海峽兩岸知識產權保護合作協議》簽字儀式。12 月 21 日陳雲林與江丙坤在臺北簽署了《海峽兩岸醫藥衛生合作協議》。2011 年 10 月 20 日陳雲林與江丙坤在天津簽署了《海峽兩岸核電安全合作協議》，公佈了《海協會與海基會關於加強兩岸產業合作的共同意見》、《海協會與海基會關於推進兩岸投保協議協商的共同意見》。2012 年 8 月 9 日陳雲林與江丙坤簽署《海峽兩岸投資保障和促進協議》及《海峽兩岸海關合作協議》，並發表《人身自由與安全保障共識》。2013 年 6 月 21 日海峽兩岸關係協會會長陳德銘與臺灣海峽交流基金會董事長林中森在上海簽署《海峽兩岸服務貿易協議》，至此兩岸兩會共簽署了 19 項協議。

19.《服貿協議》的談判過程是否順利？

兩岸簽署《服貿協議》經過 12 次正式商談、3 輪小範圍溝通、60 餘場對口部門業務溝通，最終於 2013 年 6 月 21 日在上海由兩岸兩會簽署，是兩岸兩會簽署的 19 項協議中歷時最長、涉及部門最多的協議。

20.《服貿協議》有什麽特點?

一是開放水平高、涵蓋面廣。雙方開放承諾共144條，涉及100多個服務行業。其中，大陸在加入WTO承諾的基礎上進一步對臺開放，一次性作出80條開放承諾，在大陸已簽署的類似協議中並不多見。二是突出兩岸特色。其一，雙方着眼於兩岸服務業發展的客觀需要，就同步推進正常化和自由化作出合理安排。其二，大陸充分理解臺灣經濟和社會現狀，未要求臺灣對大陸開放專業領域，展現了大陸最大的誠意和善意。三是利用現有機制，持續推進相互開放。2011年兩岸經濟合作委員會（以下簡稱經合會）第一次例會成立了服務貿易工作小組。兩年多來，在經合會服務貿易工作小組的努力下，雙方積極推進《服貿協議》商談，並成功簽署《服貿協議》。根據《服貿協議》規定，未來雙方可根據需求，繼續通過服務貿易工作小組持續推進兩岸相互開放，不斷提升兩岸服務業整體水平。

21. 臺灣方面在《服貿協議》談判中的“四不一沒有”是什麽?

不開放大陸勞工赴臺工作，不開放投資移民，不能有安全問題，不會讓島內產業受到衝擊，沒有黑箱作業問題。

22.《服貿協議》簽署後臺灣各界是什麽態度?

2013年6月21日，兩岸兩會第九次會談簽署《海峽兩岸服務貿易協議》。協議公佈後，島內各界多數贊同，但部分行業反彈強烈，綠營抨擊臺灣當局“黑箱作業”，藍營內部也出現不同

看法。臺“立法院”决議將協議由“備查”改爲“審查”，使該協議儘快生效增加了不確定因素。

（一）臺灣高層公開大力支持。馬英九表態，要針對《服務貿易協議》加強宣傳、落實推動，拼“服務輸出”。“行政院長”江宜樺稱，該協議是根據ECFA和WTO完成的第一個自由貿易協議，有重大意義。“經濟部”評估，《服務貿易協議》對臺“利大於弊、互利雙贏”，將使臺灣電子商務、信息、在綫游戲、金融、環保、物流及運輸等7大産業受惠。“經濟部次長”卓士昭指出，大陸對臺開放的80項承諾都是超WTO待遇，其中83%是高於大陸與香港的《更緊密經貿關係安排》(CEPA)。“國貿局局長”張俊福表示，協議將使臺灣實質GDP增加0.57%，約2200億元新臺幣。“勞委會主委”潘世偉認爲“臺灣勞工仍是主要得利者”。但國民黨中央政策會執行長林鴻池稱“不了解協議內容”，對臺行政團隊事前未溝通的做法表示不滿。

（二）綠營稱將再行評估並可能要求重新談判。民進黨主席蘇貞昌稱，將拜訪受衝擊産業業主，聯同執政縣市長採取行動，並在民進黨內成立專案小組，評估産業受衝擊情况，若認爲超過臺社會可承受範圍，可能要求馬重啓談判。民進黨前主席蔡英文稱臺灣當局“黑箱作業、密室協商”。民進黨“中國事務部”主任洪財隆稱，“這項協議讓臺灣的食衣住行育樂到生老病死，全面被中國攻占，是極爲冒進的作爲，對臺灣維持現狀的能力勢必造成極嚴重威脅”。民進黨發言人林俊憲批評馬違反民主程序，背後受“一中”的政治目標逼迫，並指“馬爲了少數財團可以前進中國市場，犧牲廣大弱勢産業”。臺灣綠營學者、政治大學教授童振源稱，協議對臺灣整體經濟不會有顯著幫助，但未來臺灣人才與資金恐將持續流向大陸。親綠的臺灣智庫稱，民調結果顯示58.8%的民衆認爲臺灣當局忽視産業需求，“應緩簽署”；80.4%

的民衆贊成協議交“立法院”逐條審查；73.3%的民衆對馬英九的表現不滿意。

（三）“立法院”達成一致意見，協議改“備查”爲“審查”。“立法院”批評行政團隊“未盡溝通之責”、“傷害產業”、“缺乏監督”，在野黨“立委”要求對協議進行“實質審查”。“立法院長”王金平稱，“陸委會從未向他報告過，不清楚協議內容”。民進黨“立法院”黨團書記邱議瑩表示，對協議內容有很大疑慮。“臺聯黨”“立法院”總召集人許忠信稱，中小企業無法抵擋大陸大型業者“壓境”，開放服務業將造成約542萬人次受衝擊，比重占GDP的56.04%，未來還將有大規模白領專業人士來臺衝擊勞工就業。親民黨“立法院”總召集人李桐豪表示，要“實質審查”協議內容再決定是否同意簽署，對產業衝擊過大的條文將反對到底。國民黨“立委”也對臺灣當局表示不滿。國民黨“立法院”黨團書記長賴士葆雖表示簽署協議對勞工及消費者總體是好的，但稱“事前不了解協議內容”、“部分服務業會受衝擊”。國民黨“立委”江啓臣稱，主管機關沒有善盡釋疑的責任，讓馬英九擴大深化兩岸交流的政策主張打了折扣。綠營“立委”以占據主席臺阻礙會議方式表示抗議，要求對協議進行“逐條實質審查”，並揚言“若馬蠻幹，不逐條審查，就啓動對馬罷免案”。國民黨“立委”配合在野黨要求，最終使協議在“立法院”改備案爲實質審查。臺“陸委會”主委王鬱琦表示，尊重“立法院”審查協議的決定，但爲避免執行困難，建議循ECFA前例，“逐條討論，整案表決”。“立法院長”王金平表示，協議如何審議暫未確定。

23.《服貿協議》簽署後臺灣工商界與媒體的態度如何?

2013年6月21日《海峽兩岸服務貿易協議》公佈後，臺灣企業界多數表示贊成，部分行業反彈強烈。金融業者對協議“期盼已久”。富邦金控、永豐金控等表示，對“登陸”合資成立券商“準備好了”，就等兩岸《服務貿易協議》正式開放。電子商務業者表示，協議應儘快生效，以免錯失更多商機。營造業者稱，臺資企業在大陸以“高技術低成本”取勝。航運業“三雄”長榮、陽明、萬海均聲明對其發展“是個機會”。中華信息軟件協會理事長劉瑞隆指出，大陸信息服務業的產值幾乎是臺灣的20倍，協議對臺是一大利多。臺灣商業總會理事長張平沼表示，臺灣業者可通過對岸的市場規模，培養國際品牌，“對臺灣服務業是大利多”。

但島內部分傳統服務業業者表示強烈抗議。零售業者表示，大陸採取保護措施，申請過程繁瑣、審批流程嚴格，到大陸投資仍受限制。美容美髮業者表示，可能對島內業者形成“排擠”，不僅影響臺灣自行創業的小規模美容美髮業，也衝擊大型連鎖企業從業者的勞動條件與就業機會。出版業者、大塊文化董事長郝明義表示，臺灣當局簽署協議的行爲是“太過輕忽兩岸事務的敏感”、“黑箱作業卻自以爲是”、“對臺灣本土中小企業欠缺憐憫”。華品文創總經理王承惠指出，臺灣當局未舉辦公聽會聽取業者意見，“草率又粗暴”。作家小野、馮光遠等幾十位文化界人士在協議簽署前就聚集到“總統府”前的凱達格蘭大道抗議，要求臺灣當局停止簽署，並稱後續還將採取更多抵制活動。

島內輿論對協議普遍表示認同。一是認爲有利臺發展經濟。臺《經濟日報》社論稱，協議對臺灣具有實質效益，“開啓臺灣新機會”。《旺報》社評指出，協議使臺服務業在大陸有更寬廣的

發展空間。中華經濟研究院劉孟俊表示，若協議得到落實，對吸引其他外資也會有很大幫助。中華經濟研究院劉大年表示，大陸對臺開放項目很多都超過 WTO 待遇，甚至不輸給 CEPA。二是認爲促進兩岸整合及臺對外洽簽 FTA。臺《中央日報》稱，協議爲兩岸經濟整合邁出一大步，更提高臺灣與其他國家簽訂 FTA 的可能性。臺灣綜合研究院院長吳再益認爲，協議讓兩岸往來更熱絡，互蒙其利。

但也有媒體與學者對臺灣當局持批評態度。《中國時報》社論批評，協議開放幅度如此大，“陸委會”卻以“閉門造車”方式作業，令人匪夷所思。《中國時報》特稿稱，與 ECFA 相比此次協議簽署的時空背景已大爲不同，執政黨“閉門造車”不僅無法以理服人，也給在野黨見縫插針的機會，可能讓其“兩岸牌”優勢大逆轉。臺“工研院競爭力中心”主任杜紫宸稱，協議內容沒有列入關鍵性產業，簽署的成果低於預期。臺灣經濟研究院楊家彥認爲，服務業中的資格認定、行政審批等規範，可能會讓臺業者“聞得到菜香卻夾不到菜吃”。輿論認爲，臺灣當局此次“過分保密”，不僅造成民衆恐懼與不信任感，更不利於在談判過程中爭取利多，未來兩岸協商時應“善用島內反彈爭取更多籌碼”。

24. 臺灣學生反對《服貿協議》並占領“立法院”是怎麽回事？

2014 年 3 月 18 日起臺灣部分大學生和公民針對《海峽兩岸服務貿易協議》共同發起占領“立法院”引起的社會事件，也被島內稱爲“3・18 學生運動”或“太陽花學運”。《服貿協議》宗旨是促進兩岸貿易，但以民進黨爲首的在野黨，對協議進行歪曲醜化，部分並不清楚事實的大學生認爲該協議將影響臺灣經濟以及年輕人的就業，進而引發該社會事件。具體過程如下：

2013年6月25日在“立法院”朝野協商中，達成對《服貿協議》由“備查”改爲實質審查、逐條審議、逐項表決的共識。在民進黨拖延下，《服貿協議》當年未能在“立法院”如期通過。2014年“立法院”會期，執政的國民黨期望儘快通過《服貿協議》。3月11日，民進黨在“立法院內政委員會”排審《服貿協議》時，繼續杯葛正常審查程序。馬英九當天重申，《服貿協議》是展現臺灣決心加入區域經濟整合談判的可信度，希望“立法院”能在本會期通過，以免臺灣被邊緣化。17日，國民黨“立法委員”張慶忠排審《服貿協議》時，在民進黨“立委”繼續強力干擾下，直接宣佈將《服貿協議》送至“立法院”存查。18日，民進黨主席蘇貞昌表示堅決反對國民黨違反《服貿協議》審查程序行爲，稱將發動“全民包圍立法院”。當晚，“黑色島國青年陣綫”等島內親綠團體在臺“立法院”大樓門前舉辦抗議活動，21點部分抗議學生突破警力封鎖，手持民進黨黨旗，衝入“立法院”內並占據會場，臺警方當夜先後組織三次清場行動未果，導致“立法院”陷入癱瘓。學生訴求與民進黨高度一致，要求馬英九對話並道歉、退回《服貿協議》、召開“公民憲政會議”，並呼應民進黨制定“兩岸協議監督條例”要求，意識形態十分明顯。蘇貞昌、蔡英文、謝長廷、游錫堃等民進黨重要人士先後到“立法院”靜坐聲援。蘇貞昌要求民進黨公職人員二十四小時分班包圍“立法院”。蔡英文則要求馬英九直接出面對話，讓《服貿協議》進行實質審查。民進黨籍高雄市長陳菊、臺南市長賴清德也出面支持學生行爲。同時，堅持《服貿協議》應退回委員會實質審查，部分民進黨“立委”提出要刪除有關洗衣、美髮美容、電信、廣告服務等開放項目，制定“兩岸協議監督條例”，由“立法院”全面監督兩岸簽署相關協議。

針對事態，馬英九本擬於3月21日舉行“行政院”、“立法

院”協調會解決，但王金平公開拒絕參加馬英九邀請的“院際協調會”，並聲明馬英九身兼黨主席，“應傾聽民意，促成朝野共識，儘早解決爭議”，在《服貿協議》審議程序上，稱國民黨黨團主張在“院會”逐條審查表決不符合程序。“行政院長”江宜樺3月22日下午與學生對話，但無結果。馬英九3月23日召開記者會，重申堅持通過《服貿協議》立場，不認同學生占領“立法院”行爲，稱“將必須依據憲法捍衛民主與堅持法治”。

3月23日晚，臺灣反《服貿協議》抗爭群衆攻入臺灣當局“行政院”，造成警民衝突。次日凌晨警方採取清場行動，衝突導致至少近百人受傷送醫。29日，馬英九召開記者會，正面回應學生訴求，承諾會將《服貿協議》監督條例法制化。反服貿團體30日走上街頭重提退回《服貿協議》等4訴求，馬英九堅持不會撤回兩岸《服貿協議》。4月10日反《服貿協議》的學生團體正式退出議場。11日“立法委員”恢復在“立法院”開會，但兩岸《服貿協議》案被擱置。

25.《服貿協議》什麽時候才能生效？

關鍵取決於臺灣方面的立法程序何時能通過。反服貿運動使執政的國民黨將《服貿協議》審議程序立場由“立法院”存查退到了在“院會”進行實質逐條審議表決，甚至可能要求兩岸重開談判，首開兩岸相關協議在島內通過程序上的惡例。大陸方面國臺辦表示，兩岸協商中沒有已簽協議重新談判的先例，兩岸《服務貿易協議》是一個已經簽署的協議，也是兩會受權簽署的協議，兩會受權協商所達成協議的權威性應該得到維護。

在島內反服貿團體要求下，2014年4月3日臺灣“行政院”提出“臺灣地區與大陸地區訂定協議處理及監督條例”草案。“陸

委會”發佈新聞稿稱未來將分四階段向“立法院”及社會大衆進行溝通以及咨詢，即行政機關在辦理兩岸制度化協商時，應分別依“協商議題形成階段”、“協商議題業務溝通階段”、“協議簽署前階段”、“協議簽署後階段”等四個階段，向“立法院”及社會大衆進行溝通以及咨詢，所得意見作爲未來談判參考。由於“兩岸協議監督條例”以一定形式在島內“立法”成爲兩岸《服貿協議》審議通過的前提，加之目前“兩岸協議監督條例”多達9個版本，且民進黨公開極力阻擋進程，近幾個月內還看不到兩岸《服貿協議》有在島內通過生效的可能。

大陸篇

1. 簽署《服貿協議》對大陸經濟發展的意義是什麽?

（一）大陸經濟升級可借鑒臺灣經驗。大陸經濟的產業結構調整升級，臺灣確實有許多值得借鑒的經驗可以分享。從以往發展經驗來看，兩岸互補性非常強，合作空間巨大。未來兩岸產業合作試點還會進一步創新模式，擴展領域。傳統合作領域和部門要進一步擴大，主要從原來通常意義上的產業合作，擴展到聯合技術開發，聯合共同標準的制定。因爲同是中國人，本來就是一個很大的市場，如果有共同標準，一定也會成爲世界的標準，還可以共同打造產品品牌，這些都是雙方可以做的。這樣能夠促進兩岸的產業合作鏈條。

（二）推進兩岸經貿合作，健全機制厚植共同利益。隨着ECFA的簽署，兩岸貿易投資已經形成良性互動局面，未來要按照十八大報告提出的兩岸推進“深化經濟合作，厚植共同利益”的要求，並且按照“十二五”規劃提出的“建立健全兩岸經濟合作機制”的內容，加大推進兩岸經貿合作。因此兩岸要更加務實和積極推進經濟合作，首先要推進ECFA後續商談，後續還有兩

個子協議還在商談中，即兩岸貨物貿易協議、爭端解決協議。

（三）兩岸產業合作需要簽署更具體的經濟協議。在新興產業領域，如環保、信息技術、生物技術、新材料、新能源等方面要加強產業的合作，還可通過新的方式，比如說相互資源整合來推動產業合作。在服務貿易領域，像批發零售、連鎖經營、物流、金融、電信、醫療這些方面，通過《服務貿易協議》推進在服務領域深度的融合和合作。

2.《服貿協議》對兩岸服務貿易發展的意義是什麽？

第一，爲兩岸之間最終實現服務貿易自由化奠定了基礎。《服貿協議》簽署後，雙方將在 100 多個服務行業進一步擴大開放，包括放寬市場准入條件、取消股權限制、放寬經營範圍和經營地域、下放審批權限及爲市場准入提供便利等等。《服貿協議》還規定雙方可在互惠互利的基礎上，就服務貿易的進一步市場開放展開磋商。這些都爲兩岸逐步減少或消除雙方之間涵蓋衆多部門的服務貿易限制性措施，促進服務貿易自由化奠定了基礎。

第二，有助於加速兩岸服務業融合、互補，共同提升兩岸服務業的國際競爭力。在臺灣，2012 年服務業占其 GDP 的比重約 72%，就業人口比重也長期保持近 60%，是臺灣經濟增長的核心動力。在大陸，2012 年服務業占 GDP 的比重約 45%，“十二五”規劃已將推動服務業大發展作爲產業結構優化升級的戰略重點，服務業發展空間廣闊。《服貿協議》簽署後，雙方將在 100 多個服務行業相互開放市場，大陸擁有廣闊的市場資源，臺灣擁有先進的服務管理水平，兩岸服務業的相互開放有利於優勢互補、共享商機，共同提升國際競爭力，是一件互利雙贏的好事。

第三，有助於擴大兩岸民衆的受惠面。從 ECFA 早期收穫實

施情况判斷,《服貿協議》不僅有利於兩岸業者受益，也有助於民衆享受更多便利優質的服務。ECFA 早期收穫優惠措施僅涉及 20 個服務行業，但自 2010 年 10 月實施以來，臺灣已有 226 家企業或機構受惠，大陸也有 82 個赴臺投資案件獲得批准。《服貿協議》將在早期收穫基礎上更大範圍地開放市場，爲兩岸服務業合作提供更大程度的優惠和便利，無疑將進一步擴大兩岸民衆的受惠面，增進兩岸同胞福祉。

3.《服貿協議》對推動兩岸經濟合作的作用有哪些?

兩岸簽署《服務貿易協議》後，將對兩岸經濟一體化，兩岸第三產業的深度合作帶來更大的推動，富有戰略意義。一個國家、一個地區的合理的經濟結構必然是第三產業比例越占越高，這也代表國家和地區的發展水平和質量。兩岸在服務產業發展方面差距較大，此次兩岸簽署《服務貿易協議》，不僅推動兩岸服務貿易的交流和合作，同時更爲兩岸企業的長足發展提供更大的平臺，推動兩岸經濟結構調整。兩岸簽署《服務貿易協議》後，對兩岸經濟一體化，兩岸第三產業的合作帶來更大的推動，富有戰略意義。首先體現在投資領域，該協議將可以明確未來哪些服務領域兩岸企業可以進行投資合作;《服務貿易協議》中很重要的一方面是金融，在現代經濟生活中，金融是經濟生活的核心，企業的發展靠金融支撑，兩岸的金融合作目前已走到兩岸貨幣清算機制這一階段，未來還要繼續向前走，將讓臺灣金融界爲支持臺資企業的發展不僅在投資、貿易方面，同時還在資本市場介入方面發揮更大的效益。兩岸簽署《服務貿易協議》作爲兩岸經濟合作框架協議（ECFA）重要的組成部分,《服務貿易協議》的內容豐富，影響面大，不僅爲 ECFA 向下的後續深入得到進一步充實，得到

完善，而且關係到雙方業者的切身利益和兩岸服務業未來的發展，對推動臺商轉型升級有積極意義。

4.《服貿協議》對大陸及兩岸民衆有什麼意義？

兩岸《服務貿易協議》的簽署，有助於擴大兩岸民衆的受惠面。從兩岸經濟合作框架協議 ECFA 早期收穫實施情况判斷，2010 年兩岸簽署框架協議時，爲了讓民衆儘快享受到它的好處，所以搞了早期收穫，早期收穫在服務貿易裏頭開放了衹有 20 項的措施，僅就 20 項措施來看，自 2010 年 10 月實施到兩岸《服務貿易協議》簽署，臺灣方面有 226 家企業受惠，大陸方面也有 82 個赴臺投資案件獲得了批准。兩岸現在簽署的《服務貿易協議》，是在早期收穫基礎上更大範圍地開放市場，涉及的範圍更廣，開放的水平更高，這些開放措施會給兩岸業界帶來更大的優惠和便利。

5.《服貿協議》對大陸及兩岸服務業有什麼意義？

兩岸《服務貿易協議》的簽署，有助於加速兩岸服務業融合，帶動出口，共同提升兩岸服務業的國際競爭力。兩岸《服務貿易協議》有一些具體條款，這些條款都是經過雙方商談以後達成的共識。臺灣服務貿易起步比較早，所以它的水平相對比較高，它的服務業占 GDP 比重現在已經達到 70%，就業人口有 60% 是在服務業；大陸方面服務業起步比較晚，現在服務業占 GDP 比重是 45%。大陸“十二五”期間，服務業比重將提高 4 個百分點，帶來 2 萬億元人民幣的增加值，增長空間非常大。大陸服務貿易進口逐年增加，逆差擴大，對臺灣服務業的發展都是有利的機遇。

協議當中也規定，比如第十六條，未來雙方可視需要，在互惠互利的基礎上，就服務貿易的進一步市場開放展開磋商。

6.《服貿協議》之前的ECFA對兩岸經濟合作是否起到積極作用？

兩岸簽署《兩岸經濟合作框架協議》(ECFA) 後，在經貿合作方面取得的具體成果，兩岸經貿關係跨入了新的時期。一是框架協議成功簽署，兩岸合作開創新局。兩岸業界有共識，認爲這個簽署標志着構建兩岸關係和平發展框架在經濟領域率先得到了突破。二是“早期收穫”的具體表現。在貨物貿易方面，早期收穫大陸對臺灣開放 557 項產品零關稅，臺灣對大陸開放 267 項，實施兩年半以來，臺灣方面享受零關稅貨物的金額達到 148 億美元，享受減免關稅優惠 50 億人民幣，大陸方面產品也享受到相應待遇，出口臺灣的產品大概 28 億，享受優惠關稅，減免關稅額是 5.8 億人民幣。三是協議簽署以後，兩岸成立了兩岸經濟合作委員會，爲兩岸經貿交流搭建了機制性的平臺，在經合會下面成立了 6 個工作組，涉及貨物貿易、服務貿易、投資保護、爭端協議商談、海關合作、產業合作。在 6 個工作組機制平臺上，雙方全方位開展交流與合作，奠定了非常好的合作機制平臺。而且就重要議題進行商談，比如今年初兩岸經貿社團互設了辦事機構，這也是史上一個重大突破。有一些雙方有興趣的試點項目合作也逐步取得了成果，比如 LED 照明、液晶面板、電動汽車、無綫城市、冷鏈物流作爲重點推動的試點項目，取得了很好成果，選定了試點城市，擬定了下一步的發展規劃。

7. ECFA 中服務業早期收穫計劃執行成果如何?

（一）金融服務業：1. 銀行業部分，截至 2014 年 4 月，臺灣當局已核准 13 家境內銀行赴大陸設立分行，其中 11 家已開業，分別是：土銀－上海、合庫－蘇州、一銀－上海、華南－深圳、彰銀－昆山、國泰世華－上海、中國信托－上海、兆豐－蘇州、臺銀－上海、玉山－東莞、臺灣企銀－上海。4 家銀行設有代表人辦事處。2. 證券期貨業部分，截至 2014 年 4 月，臺灣當局已核准 5 家投信事業赴大陸參股設立基金管理公司，其中 4 家已營業，另有 11 家證券商赴大陸設立 23 處辦事處，1 家投信事業赴大陸設立辦事處。截至 2014 年 4 月，有 16 家獲大陸證券監理機構核准資格，其中 15 家取得投資額度合計 20.2 億美元；另有 10 家境內保險業向大陸提出申請 QFII 資格，均獲大陸證券監理機構核准資格並取得投資額度合計 17 億美元。3. 保險業部分，截至 2014 年 4 月，臺灣當局已核准 9 家境內保險業赴大陸參股投資，其中 6 家已營業，另設有 14 處代表人辦事處；另已有 1 家保險經紀人公司赴大陸參股投資。4. 陸銀來臺部分，截至 2014 年 4 月，陸銀在臺設立 3 家分行，分別是中國大陸中國銀行、交通銀行及中國建設銀行臺北分行，以及 1 家辦事處，即招商銀行。

（二）非金融服務業：1.ECFA 服務業早期收穫計劃投資情形。臺灣當局統計，截至 2014 年 4 月，累積 ECFA 服務業早收計劃陸資來臺核准投資金額 1.7 億美元，累積 ECFA 服務業早收計劃赴陸投資核准投資金額 6 億美元。2. 中國大陸首家臺商獨資醫療機構、臺灣聯新國際醫療集團“上海禾新醫院”2012 年 6 月 26 日開業，上海禾新醫院是 ECFA 簽訂後核准設立的第一家臺商獨資醫療機構，投資金額約 2,357 萬美元。3. 截至 2014 年 5 月臺灣

共有 17 部臺灣電影片依據 ECFA 服務貿易早期收穫計劃，申請通過大陸廣電總局審批，其中 16 部已在中國大陸上映。

8. 大陸對臺灣談判時提出什麼要求？

大陸希望臺灣方面能夠對大陸履行其世貿組織的承諾，把所有對 WTO 承諾的待遇都給予大陸，大陸方面也在積極推進這方面工作。2009 年以來，臺灣分三批對大陸資本進行開放，現在製造業已經開放了 204 項，服務業已經開放了 161 項，公共建設項目開放了 43 項。隨着臺灣方面對大陸企業資金的開放，大陸企業赴臺投資逐步增加，現在有 140 家，有 3.46 億美元資金，涉及領域有批發、零售、通訊、餐飲，也有金融、旅游這樣一些企業。像中銀、交行這些金融企業都先後在島內設立辦事處，大陸方面非常歡迎臺灣方面的這種開放，也覺得這種開放是一個趨勢。但這種開放當然還遠遠不夠，兩岸《服務貿易協議》的簽署，兩岸是正常化和自由化同步推進，所謂自由化就是雙方在 WTO 承諾基礎上進一步開放，所謂正常化就是希望臺灣方面能夠對於大陸履行其世貿組織的承諾，把所有對 WTO 承諾的這種待遇都給予大陸，大陸方面也在積極推進這方面的工作。總體來看，由於臺灣方面開放的領域有限，時間也不長，所以大陸的企業赴臺投資還剛剛起步，也有熟悉市場、培育市場的過程，今後大陸方面會出臺一些相應政策措施，也會鼓勵和支持大陸企業赴臺投資，當然也很希望臺灣進一步開放投資領域，爲大陸企業提供更好投資環境，提供更好的服務和便利條件。

9.《服貿協議》的開放承諾何時實施？下一步是否簽署補充協議，進一步開放市場？

根據《服貿協議》第二十四條規定，《服貿協議》所列市場開放承諾將在《服貿協議》生效後儘速實施。兩岸都同意在必要的內部程序生效以後，儘快實施海峽兩岸《服務貿易協議》。臺灣簽署協議以後有一個內部審議程序，大陸方面在協議簽署以後也要進行法律法規修改，因爲畢竟開放的措施是在 WTO 承諾基礎上的開放，很多開放措施已經突破了現有的法律法規，而且大陸開放的措施又比較多。商務部將會同各有關業務主管部門儘快出臺相關配套措施。服務貿易領域寬、涉及面廣的特性決定了其開放不可能一蹴而就，是一個循序漸進的過程。根據《服貿協議》文本第十六條規定，未來雙方可視需要，在互惠互利的基礎上，就服務貿易的進一步市場開放展開磋商。

10.《服貿協議》中大陸對臺開放水平如何？

大陸開放的措施 80 多條都是在 WTO 基礎上的進一步開放，水平是比較高的，普遍優於 WTO 承諾水平。按照 WTO 的規則，雙方相互開放，應該是在各自對於 WTO 承諾的基礎上進一步的開放。兩岸《服務貿易協議》既要符合 WTO 的規則，也需要有兩岸的特色。兩岸雖然都是 WTO 成員，但是兩岸是一家人，兩岸在簽署《服務貿易協議》時，把正常化和自由化同步推進。現在的開放水平是兩岸業務主管部門經過 60 多場業務部門對口溝通以後達成的共識，採取這樣相互開放的措施，大陸方面認爲不管有沒有超過 WTO，但對於對方來講都是各自市場進一步的開放，都有利於相互投資、交流和合作。大陸方面覺得，未來兩岸

服務業還能夠進一步地相互開放，推動兩岸服務業更好地發展和合作。

11.《服貿協議》對中小企業有沒有好處?

兩岸《服務貿易協議》開放的 80 多項措施裏，有涉及像金融、電信這樣的現代服務業領域，也涉及許多貼近民生的行業。有一些行業，雖然沒有體現在《服務貿易協議》裏頭，但是就大陸而言，這些內容都已經實行“國民待遇”了，比如說在大陸的市場，經常可以看到臺灣餐飲業、美容美髮發展都比較不錯，臺灣相關的中小企業都可以進入大陸。大陸服務市場非常廣大，通過《服務貿易協議》的簽署，相信臺灣中小企業，尤其是對大陸有興趣的中小企業，一定會抓住這個商機到大陸來投資、創業，發展和壯大自己。事實上，即使是 2010 年兩岸簽署經濟合作框架協議 (ECFA) 後，也沒有出現“肥到大企業，苦到小店家”的情況。ECFA 早期收穫有 200 多家臺資企業到大陸，已經收穫到優惠措施。在 200 多家裏頭，有 180 多家都是中小企業，所以從早期收穫來看，受益的已經是中小企業。

12.《服貿協議》實施過程中如出現問題，如何處理?

根據《服貿協議》規定，經合會服務貿易工作小組將負責處理《服貿協議》及與服務貿易相關事宜，包括負責協調和解決《服貿協議》實施過程中出現的問題。2011 年 1 月，經合會在海協會與臺灣海基會框架下正式成立，負責 ECFA 的執行和磋商，以及與 ECFA 有關的其他事項。同年 2 月經合會召開第一次例會，會上成立了貨物貿易、服務貿易、投資、爭端解決、產業

合作、海關合作6個工作小組，並正式啓動ECFA後續協議的商談工作。經合會迄今已召開了4次例會，推動了兩岸投保協議和《服務貿易協議》的成功簽署，推進貨物貿易、爭端解決協議商談工作有序進行，督促ECFA早期收穫計劃有效落實並不斷擴大執行成效。

13. 對《服貿協議》解釋、實施和適用的爭端如何處理？

目前，雙方正就ECFA及其後續協議，包括兩岸《服務貿易協議》解釋、實施和適用的爭端解決程序進行磋商。在該爭端解決協議達成並生效之前，對本《服貿協議》解釋、實施和適用的爭端，可以由雙方通過協商解決，或提交經合會服務貿易工作小組以適當方式加以解決。

14. 什麽是“服務提供者證明書”？爲什麽要辦理“服務提供者證明書”？哪些企業需要辦理？如何辦理？

“服務提供者證明書”實際上就是服務貿易的“原產地證書”，是爲了防止第三方搭便車，對服務提供者資質進行審查的規定，是服務貿易通行規則之一。根據協議附件二規定，凡是計劃利用ECFA開放承諾中超出入世承諾水平的優惠措施，到對方設立商業存在的服務提供者都必須先申請辦理“服務提供者證明書”。舉例說明，如果一家大陸企業計劃利用某一ECFA優惠措施到臺灣投資，設立商業機構，該優惠措施超出了臺灣入世承諾水平，則這家大陸企業需要向大陸有關部門申請辦理“服務提供者證明書”。具體申請部門和申請流程將另行公佈。

15.《服貿協議》實施後，是否影響 ECFA 服務貿易早期收穫的繼續實施？

不會影響。《服貿協議》是在 ECFA 服務貿易早期收穫基礎上的進一步開放，《服貿協議》文本中關於兩岸服務貿易的相關規範同樣適用於 ECFA 服務貿易早期收穫開放措施。另外，根據 ECFA 規定，《服貿協議》生效後，ECFA 附件五規定的服務提供者定義將終止適用，ECFA 服務貿易早期收穫開放措施將一並適用本《服貿協議》附件二關於服務提供者的具體規定。

16.《服貿協議》文本第十七條提到“承諾表的修改”，是否意味着承諾表具有不確定性？

不是。首先，修改承諾的時間須在該承諾實施三年以後；其次，對於低於承諾方入世承諾水平的承諾衹能朝更加開放的方向修改，不得撤銷，也不受三年實施時間的限制；再次，修改承諾之前必須履行通知程序、補償性調整磋商程序等，這就意味着承諾表的修改或撤銷不具有隨意性。

17.《服貿協議》中的服務提供者能否受到《兩岸投保協議》對投資者的保護？

依據《兩岸投保協議》規定，其保護對象是兩岸投資者及其投資，不論是在農業、製造業還是在服務業領域，衹要是以 WTO 規定的服務提供模式中商業存在形式提供服務的，其本質上均屬投資範疇，此類服務提供者均可援引《兩岸投保協議》的相關規定獲得保護。

18. 如何理解《服貿協議》文本中關於資格要求、資格程序等不能構成不必要的服務貿易壁壘的規定?

爲了規範行業管理並保證服務的質量和水平，對於專業性和技術性較強的服務行業，兩岸均有相應的專業資格和程序要求，如建築、醫療、會計、金融等行業。按照《服貿協議》規定，這意味着雙方關於資格要求、資格程序的標準和規定必須公開、客觀、透明、合理。審批部門不能以申請者無法負擔的資格要求或資格程序作爲不予批准的理由。

19.《服貿協議》在島內審議受阻後，大陸暫停包括貨貿協議以及爭端解決機制在内的兩岸協商了嗎?

沒有。關於貨物貿易協議和爭端解決協議商談，兩岸有關方面，包括業務主管部門和產業界一直保持着溝通和意見交換。大陸對持續推進兩岸經濟合作制度化建設，推動 ECFA 後續協商的態度沒有改變。國臺辦表示希望繼續加強兩岸經濟合作，造福兩岸同胞，不希望這一進程受到影響。

20. 大陸方面説“要多聆聽青年的聲音”是不是爲《服貿協議》重新討論開啓了空間?

不能這麼理解。大陸一直沒有停止，也沒有拒絕 ECFA 各項後續事宜的討論。在大陸方面看來，《服貿協議》是一個已經簽署完成的協議，在臺灣方面等待履行相關程序。當然，習總書記重視兩岸青年交流，指示要採取措施加強兩岸青年交流，這在兩岸關係發展中是十分重要的。兩岸青年是兩岸關係的未來，而兩

岸關係的前途也會直接影響到兩岸青年的前途命運。所以，加強青年交流應該是兩岸關係中重要的主題。

21. 大陸如何看待臺灣的“兩岸協議監督條例”？

2008 年以來，兩岸恢復協商並已經達成了 21 項協議和多項共識，這些協議和共識爲兩岸同胞帶來了實實在在的利益，也受到兩岸主流民意的支持和國際社會的歡迎。兩岸平等協商的正常進程不應該受到干擾和阻礙。需要指出的是，“臺獨”勢力借兩岸協議監督之名，企圖將“兩國論”和“一邊一國”的“臺獨”主張塞入法條，達到其破壞兩岸協商和兩岸關係和平發展的目的。大陸反對“臺獨”的立場是堅定不移的。兩岸同胞都不會允許“臺獨”勢力以任何方式開歷史倒車，將兩岸關係拉回到緊張動蕩的老路上去，損害兩岸同胞的利益。

22. 島内反服貿事件後大陸會調整對臺讓利政策嗎？

不會。國臺辦表示，當前兩岸經濟合作面臨重要的契機，我們願意本着“兩岸一家親”的理念，首先與臺灣同胞分享大陸經濟發展帶來的機遇，在兩岸經濟合作中照顧臺灣同胞的利益，在對外開放的時候先一步對臺灣開放，擴大和深化兩岸經濟合作，促進兩岸經濟融合與共同發展、互利雙贏。

23. 大陸方面如何看待島内反服貿運動？

國臺辦表示，2008 年以來，在兩岸同胞的共同努力下，開創了兩岸關係和平發展新局面，取得一系列成果。臺海地區保持了

和平穩定，兩岸交流合作造福了兩岸同胞。兩岸關係和平發展局面來之不易，值得倍加珍惜。大陸相信，包括絕大多數臺灣同胞在內的兩岸民衆都不願意看到這一進程遭到干擾和破壞。大陸推動兩岸經濟合作和各項交流的出發點和落腳點，都是爲兩岸民衆特別是爲臺灣同胞謀福祉，也爲臺灣同胞帶來了實實在在的利益。這都是有目共睹的。隨着兩岸交流合作的深入，大陸願意進一步聽取臺灣各階層對兩岸交流合作的意見，讓更多的臺灣民衆能夠從兩岸關係和平發展中受益。

24. 大陸爲什麼稱《服貿協議》“是個好協議”？

兩岸《服貿協議》從內容上看，確實是一個互利雙贏的好協議，而且是一個最大程度地照顧了臺灣中小企業服務業者的協議。因爲在大陸推出的 80 多項措施中，更多的是對臺灣中小企業有利的。比如說，大陸開放臺灣的工程設計，臺灣的工程設計企業可能不全是大企業。大陸開放臺灣的旅行社從事大陸境內旅游，臺灣的旅行社也不都是大企業。大陸在福建開放臺灣企業獨資從事電子商務活動，臺灣的電子商務網站也不全是大企業。更何況對印刷業、美容美髮等行業來說，由於大陸市場的開放和提供的機遇，衹要他們願意，完全可以擺脫島內激烈競爭來大陸尋求發展。實際上，像康師傅、旺旺等臺資企業，在當年來大陸投資之前也是不知名的中小企業，它們的發展壯大是充分利用了大陸市場提供的機遇。兩岸《服貿協議》從內容上看，是眞心實意爲臺灣中小企業謀福祉的好協議。同時，坦率地講，互利雙贏不等於對等開放。因爲兩岸是兄弟，所以在大陸資本進入臺灣方面，大陸做了最大的克制。從 2009 年陸資開放入臺以來，據大陸統計，陸資在臺灣投資區區 10 億美元，據臺灣方面統計，區區 8 億多

美元，這能給臺灣的服務業和中小企業造成什麼樣的衝擊呢？顯然沒有。大陸的餐飲業、廚具業已經落地臺灣了，沒有人聽說過他們給臺灣的同行造成了競爭困擾。將來《服貿協議》如果生效，大陸資金去臺灣，也不會對臺灣的同行產生排擠效應。所以說，既然臺灣的大多數民衆贊成兩岸經濟合作，既然大家認爲對外開放、自由貿易也是臺灣經濟發展必須要走的一條路，那麼大家就認認眞眞的潛下心來，好好看一看《服貿協議》內容，它的通過將是臺灣中小企業的福音。

25.《服貿協議》在島内審議受阻後，大陸會調整對臺政策嗎？反服貿運動會影響兩岸政治議題協商嗎？

不會。2014 年 5 月 7 日，中共中央總書記習近平在會見臺灣親民黨主席宋楚瑜先生一行時指出“大陸推動兩岸關係和平發展的方針政策不會改變，促進兩岸交流合作、互利共贏的務實舉措不會放弃，團結臺灣同胞共同奮鬥的眞誠熱情不會減弱，制止‘臺獨’分裂圖謀的堅強意志不會動搖”。習總書記的講話面向廣大臺灣同胞，表明了大陸對臺工作的基本方針政策。首先，兩岸關係和平發展符合時代潮流，是兩岸同胞的共同選擇。事實證明，這是一條維護兩岸和平、促進共同發展、走向民族復興、造福兩岸同胞的正確道路。大陸將排除一切干擾，堅定不移地繼續推動兩岸關係和平發展。其次，這些年來，大陸採取了一系列促進兩岸關係和平發展的務實措施，增進了兩岸同胞福祉，維護了民族整體利益，今後大陸將繼續推行這些行之有效的措施，並在實踐中不斷改進完善，使更多的臺灣各階層民衆在兩岸交流合作中受益。第三，兩岸同胞一家親。雖然由於不同的歷史遭遇和現實狀況，難免有隔膜，但兩岸畢竟是一家人，血脈相連、命運與共，

沒有解不開的心結。大陸將繼續擴大兩岸社會各界各階層民衆的接觸面，加強兩岸青少年交流，爲兩岸同胞加深理解、融洽感情、增進互信創造條件。 最後，反對“臺獨”是兩岸關係和平發展的必要條件。大陸堅決反對任何形式的“臺獨”分裂活動，在這一點上沒有任何妥協的空間。

關於兩岸政治議題協商問題，大陸方面向來主張兩岸關係全面發展。兩岸可以在持續推動經濟文化等領域交流合作的同時，探討協商逐步解決政治分歧問題，從而爲兩岸關係和平發展開辟更加寬廣的道路。大陸方面也鼓勵支持兩岸的民間學者先行一步進行探討。對於兩岸之間長期存在的政治分歧問題，大陸方面願在一個中國框架內，同臺灣方面進行平等協商，作出合情合理的安排。

臺灣篇

1.《服貿協議》對臺灣服務業的整體效益與影響有哪些？

（一）擴大服務業輸出動能：提高臺商對大陸經營據點的控制力、擴大經營範圍，及通過簡化審批程序等可快速進入大陸市場，能增加臺灣業者在大陸的競爭力，擴大服務業出口動能。

（二）活絡經濟，增加就業機會：目前臺灣服務業相對大陸仍具有競爭優勢，借新增開放項目，擴大吸引陸資赴臺，增加就業機會，並通過競爭帶動產業調整。

（三）參與全球經濟整合：兩岸《服務貿易協議》臺灣市場開放承諾約有三分之一超出其在 WTO 入會承諾，有利其產業及早應對貿易自由化，爲臺灣參與其他區域經濟整合奠定基礎。

至於具體的效益部分，臺灣的中華經濟研究院進行的整體評估顯示：

（一）總體面：估計將使臺灣總體實質 GDP 增加 9,700 萬美元至 1.34 億美元，增加率介於 0.025%—0.034%。

（二）服務業進出口貿易變化：1. 兩岸服務業進出口變化：臺灣對大陸出口值成長約 4.02 億美元（37.2%）；相對於此，自大

陸的服務業進口值增加約 9,200 萬美元（9.08%），對臺灣服務業進口影響相對有限。2. 臺灣服務業總出口變化：臺灣服務業總出口可望增加約 3.78 億美元（1.61%），顯示大陸對臺灣開放服務業，可帶動臺灣服務業總出口。而在總進口方面，則因臺灣對大陸開放幅度不大，進口成長幅度相對較小，總進口約增加 6,100 萬美元至 6,300 萬美元之間（0.30%）。

（三）對臺灣服務產業影響：1. 協議對臺灣服務業產值具正向成長效益。服務業總產值估計將增加約 3.9 億美元至 4.28 億美元，成長幅度平均介於 0.10% 至 0.11%。2. 以成長幅度觀察：空中運輸服務業產值估計約成長 0.55%，產值增加約 3,500 萬美元左右，成長幅度變化最大。其次是運輸倉儲業，開放後產值約增加 6,400 萬美元，估計約成長 0.33% 至 0.34%。3. 以變化值大小觀察：商品買賣業的產值成長最多，約可增加 1.35 億美元至 1.43 億美元之間（0.17％成長率），其次是運輸倉儲業（約增加 6,200 萬美元—6,400 萬美元），工商服務業則排名第三，產值約增加 5,200 萬美元—5,600 萬美元。總體而言，兩岸《服務貿易協議》對臺灣各服務產業的總產值均具有正向效果。

（四）對服務業就業之影響：1. 兩岸《服務貿易協議》對臺灣服務業就業有正向效益。服務業總就業人數估計約可增加 11,380 至 11, 923 人，總就業成長幅度約爲 0.15%—0.16%。2. 就業人數增加數來看，商品買賣業的就業人數成長最多，約可增加 5,000 多人的就業需求。其次如公共行政、教育醫療及其他服務業，就業需求可增加 2,000 餘人。再如運輸倉儲業、工商服務業等，其就業需求可望增加千人以上。

（五）總評：評估結果均爲正面效益，但效益幅度不甚顯著。究其原因，主要在於兩岸雙方目前開放程度仍相對有限，特別是臺灣開放程度上，仍有相當多部門尚未給予等同於外資待遇，而

大陸承諾也有若干限制，效益亦自然難以彰顯。對此，仍有待兩岸未來持續協商降低貿易障礙。

2. 臺灣當局簽署《服貿協議》前對臺灣產業及就業影響做過怎樣評估？

（一）針對《服貿協議》協商內容，各主管機關在事前均利用個別拜訪、電話聯係、開會討論及委托研究等小規模、非公開的方式，與業者溝通，通過徵詢業者意見，評估市場開放可能造成的衝擊，例如涉及服務質量（如律師等專業服務）、公共安全（如工程設計）、國家安全（如第一類電信服務），均經主管機關檢查後未納入開放範圍，整體評估利大於弊後才同意完成協商並簽署。

（二）“經濟部”及相關服務業主管機關在協商過程中，已通過徵詢業者意見等非正式溝通方式，對可能衝擊進行評估。整體而言，臺灣開放程度主要以落實 WTO 承諾爲主，且開放陸資有助於活絡市場，增加外商赴臺投資誘因，擴大就業機會。

（三）針對可能受衝擊行業，臺灣除針對開放程度加以設限（如持股上限、不得具控制力等），以讓業者有時間積極整備應對競爭外，並編列預算針對不同對象進行振興輔導、體質調整、損害救濟等支持策略。

（四）“經濟部” 2009 年委托智庫進行“兩岸服務貿易全面自由化”情境下推估，結果是臺灣 GDP 增長 0.57%，投資增加 2.97%；另據“兩岸洽簽《服務貿易協議》對我總體經濟及產業之影響評估”的研究，預估可讓臺灣服務業總產值增加約 4 億美元（增長 0.11%），就業增加約 1.2 萬人（增長 0.16%）；臺灣服務業輸出大陸總值約增加 4.27 億美元（增長 39.5%），大陸服務

業輸出臺灣總值約增加 0.92 億美元（增長 9.09%）。臺灣出口增加值與增長率都比中國大陸高出三倍以上。

3.《服貿協議》生效後會發生大陸勞工赴臺搶工作的情形嗎?

（一）在《服貿協議》中，並不涉及開放大陸勞工議題，有關承諾開放自然人移動問題，仍依現行規定，並未開放大陸勞工赴臺工作。目前臺灣承諾開放的範圍，祇包括短期商務訪客、跨國企業內部調動陸籍主管及專門技術人員赴臺從事經貿專業活動，並在資格條件有嚴格限制。至於大陸投資人、主管或技術人員赴臺系臺灣比照外資赴臺規定所做的單方面規定，並未列在《服貿協議》承諾內，且在資格條件與數量上有嚴格限制。

（二）依據服務貿易特性，陸資赴臺雖帶來少數投資人及白領管理人員，但有助於創造就業機會。據“經濟部”統計，截至 2013 年 12 月底，陸資赴臺投資已有 483 件，其申請大陸籍白領管理人員赴臺數合計有 259 人次，在臺灣僱用 9,624 人。預期在《服貿協議》生效後，陸資赴臺投資增加可增加臺灣就業機會。

（三）臺灣在《服貿協議》中的開放方式是比照臺灣在 WTO 的承諾，均依現行規定，並未改變現狀。祇有符合條件的三類白領人士（即商業訪客、跨國企業內部調動人員及履約服務提供者）才能赴臺暫時性地提供服務，因此不會有大量陸籍白領人士赴臺的情形。

4.《服貿協議》中是否開放互相承認證照?

目前雙方無此安排，僅仿照 WTO 規定，設計非強制性的相互認許機制。但在臺灣當局對外說明過程中，部分業界如旅游服

務業、金融服務業等曾反映盼大陸認許臺灣專業人員資格等，未赴臺灣當局會在業界有需要并且同意前提下，才與大陸討論相互認許事宜。

5. 開放陸資赴臺會衝擊到臺灣中小企業嗎？

（一）不會。臺灣當局自 2009 年 6 月 30 日開放陸資赴臺投資至《服貿協議》簽署前，已開放 161 項服務業。依過去開放陸資赴臺經驗並無重大負面影響。

（二）《服貿協議》生效後，陸資如果提出的投資申請，會對經濟上產生具有獨占、寡占或壟斷性地位，或者對政治、社會、文化上產生具有敏感性或影響社會安全，以及對臺灣經濟發展或金融穩定，發生不利影響等可能時，臺灣仍可禁止其投資；陸資企業如果有殺價等不當競爭情形，即可依公平交易管理機制依法處理，臺灣當局也會視協議執行情形，適時強化或改善相關行政管理措施，以避免對臺灣業者產生重大的不利影響。

（三）《服貿協議》沒有開放大陸勞工，更沒有開放移民，陸資赴臺必須僱用臺灣本地的員工，對臺灣的就業市場應有正面幫助。

（四）針對可能受貿易自由化影響的行業，臺灣“經濟部”已通過“應對貿易自由化產業調整支持方案”，編列 982 億元新臺幣經費，針對不同對象實行振興輔導、體質調整、損害救濟等調整支持策略，協助傳統及中小企業升級轉型，提升產業競爭力。

6.《服貿協議》是否衹對大企業有利，中小企業却無利可圖？

（一）中小企業在臺灣經濟發展過程中，一直扮演舉足輕重

的角色，也一直面對高度競爭環境，調適能力甚強，目前許多大型企業也是從原本中小企業茁壯而成。臺灣的企業有九成八是中小企業，就業人數接近 850 萬人。推動簽署兩岸《服務貿易協議》，大陸廣大市場正好提供臺灣有企圖心的中小企業一展身手的機會。是否有利可圖，還是要看企業經營者有無雄心壯志。

（二）在兩岸《服務貿易協議》中，大陸對臺開放的項目，並非衹有金融、電信、運輸等適合大企業經營的服務業，還有許多適合中小企業經營的行業，例如：計算機相關服務、一般商品的零售、市場調查、攝影、包裝裝潢印刷品的印刷、影印、筆譯和口譯、錄音錄像帶分銷、旅行社、建築物清潔及環境服務（排污、廢物處理、廢氣清理、降低噪音等服務）等。根據以往的經驗，許多臺灣中小企業業者，赴大陸發展後，因爲有廣大的市場支持，可以發展成爲大型企業，例如：象王洗衣、都可茶飲（COCO）、85 度 C、麗嬰房、自然美等，都是中小企業獲利的例子。還有，未赴臺灣業者在福建經營電子商務網絡平臺，持股比例可達 55%，臺灣中小企業生產的農、工產品或是微型賣家販賣的小商品，都可以通過這些臺資控股的網站，把商品賣到全大陸。顯然兩岸《服務貿易協議》不僅照顧大企業，同時也爲中小企業爭取到更有利的發展條件，幫助業者到大陸做生意。

（三）至於開放陸資赴臺部分，對中小企業有利的部分，主要在於吸引外資進入臺灣市場，活絡臺灣的經濟，刺激本地消費，可爲中小企業創造進一步發展空間，包括陸資企業所需的場地、裝潢、日常消費等等可帶動本地中小型服務業的發展。其營運所需原物料或商品仍然會增加本地採購，有利中小企業的發展。以麥當勞等餐飲業爲例，在臺設立多家分店所用的食材大多在臺灣取得，並在臺僱用員工，批發零售業也是如此。

（四）陸資赴臺後，臺灣中小企業可通過與陸資合作方式，

發揮彼此強項，一方面經營臺灣市場，另一方面也可藉合作經驗，回頭合作經營大陸市場，爲臺灣中小企業發展另一種拓展大陸市場的模式。

7. 陸資赴臺投資的審查及管理機制是怎樣的？

（一）採事前許可制：大陸地區人民、法人、團體、其他機構或其於第三地區投資公司，須事先取得經濟部許可後，始得赴臺設立子公司、分公司、獨資或合伙事業。另大陸地區營利事業，也須事先取得臺灣當局許可後，始得在臺灣地區設立分公司或辦事處。

（二）直接或間接投資：大陸地區的人民、法人、團體或其他機構，除直接赴臺投資外，其直接或間接持有第三地區公司股份或出資額超過 30%，或對該第三地區公司具有控制能力，則該第三地區公司也視爲陸資投資人，須依"大陸地區人民赴臺投資許可辦法"辦理。大陸企業投資臺灣的上市、上櫃及興櫃公司的股票，如果單次或累計投資股份在 10%以上者，視爲直接投資，也須依許可辦法辦理。

（三）訂定防禦條款：針對陸資投資申請案，均對投資人相關背景進行事前查核，投資人如爲大陸地區軍方投資或具有軍事目的的企業，主管機關將限制其赴臺投資。此外，陸資赴臺投資在經濟上具有獨占、寡占或壟斷性地位，或在政治、社會、文化上具有敏感性或影響安全，或對島內經濟發展或金融穩定有不利影響，主管機關得禁止其投資。

（四）事後管理機制：1. 依據許可辦法規定，實收資本額達新臺幣 3,000 萬元以上的陸資投資事業，應於每屆會計年度終了後 6 個月內，出具會計師簽證的財務報表，並同股東名簿，報主管

機關備查。2. 主管機關爲查驗前項資料，或掌握陸資投資事業的經營活動，必要時，可以派員前往調查，陸資投資事業不得規避、妨礙或拒絕。

（五）違法違規依法處分：陸資赴臺投資如違反兩岸條例相關規定，可處以新臺幣 12 萬以上 60 萬元以下罰款及停止其股東權利，並限期命其停止或撤回投資，屆期仍未改正，可以連續處罰至其改正爲止。

8.《服貿協議》執行過程中是否有“剎車機制”？

有。依據《服貿協議》第八條，雙方若因實施《服務貿易協議》造成實質性負面影響時，可要求協商尋求解決；有違反公平貿易情事，協議也有相關規範（第七條）。雙方倘對《服貿協議》解釋、實施和適用發生爭端，可通過未來將簽署的爭端解決協議處理。

9. 按照《服貿協議》臺灣開放陸資赴臺投資的效益有哪些？

臺灣當局統計數據顯示，自開放陸資赴臺投資以來，已產生正面且具體的效果，包括：

（一）創造就業機會：截至 2013 年 12 月底，陸資赴臺投資事業已僱用臺灣員工人數計 9,624 人。

（二）增加公庫稅收：陸資赴臺投資事業 2011 年繳交的營利事業所得稅及營業稅分別爲新臺幣 2.5 億元及新臺幣 1.99 億元。

（三）促進對外貿易：陸資赴臺投資事業 2012 年的進出口金額爲新臺幣 87.55 億元，如：大陸中鋼集團在臺投資中國金貿有限公司，從事鋼鐵需求原物料批發業務，供應臺灣中鋼、燁聯集

團、長榮鋼鐵、華新麗華四大鋼鐵廠使用，並協助採購臺灣鋼鐵廠商產品銷往大陸以外的全球地區。

10. 臺灣針對可能受衝擊的產業有無配套措施?

有。（一）臺灣當局針對可能受貿易自由化影響的產業、企業與勞工提供積極、有效的支持措施，已編列 982 億元新臺幣經費，自 2010 年至 2019 年推動“應對貿易自由化產業調整支持方案”，針對不同對象實行振興輔導、體質調整、損害救濟等 3 種調整支持策略，提升其競爭力及輔導轉型。

（二）應對開放可能對產業帶來衝擊，兩岸的協議文本中也規定，如果因爲實施本協議對臺灣的服務部門有實質性負面影響時，可要求與大陸磋商，尋求解決方案。

11. 臺灣當局採取何種措施推廣服務業進入大陸市場?

臺灣當局協助臺灣服務業者積極爭取大陸市場商機有下列具體推廣作法:

1. 協助業者建構服務業輸出能量。(1) 協助掌握大陸服務業商情及商機信息:“經濟部”在臺灣服務貿易商情網增闢兩岸《服務貿易協議》商機專區，協助業者掌握中國大陸市場商機、商情、服務業發展趨勢、商展訊息與服務、研發成果等信息。(2) 提供人才培訓資源:“經濟部”針對兩岸《服務貿易協議》人才培訓，規劃會展產業、物流、美食及連鎖業辦理相關專業知識、技術等中高階管理人才培訓，與國際接軌。(3) 提供中小企業拓銷咨詢服務:“經濟部”在臺灣服務貿易商情網增闢名家專欄，提供各服務業的產業知識信息，協助臺灣服務業者掌握佈局中國大陸市場所需

的市場調查法規及兩岸投資保護協議等信息。

2. 廣邀大陸 B2B 服務業需求者赴臺與臺灣業者合作。針對有商機的服務產業，通過外貿協會在海外據點協助洽邀潛在客戶、策略合作伙伴等赴臺舉辦商機媒合會、安排實地參訪等方式，與臺灣服務業者進行商機牽媒。

3. 協助業者赴大陸佈局及設立據點。(1) 媒合投資對象：發掘投資對象，協助媒合兩岸具投資意願的服務業者，或媒合欲通過兩岸《服務貿易協議》進入大陸的非大陸外資，投資臺灣服務業者佈局大陸。(2) 辦理展團營銷活動：通過外貿協會及產業公協會籌組參展團、拓銷團及於展團活動設置體驗館方式，安排中國大陸市場服務業通路業者與臺灣業者洽談，以協助臺灣業者洽覓合作伙伴並設立據點。(3) 加強兩岸合作及策略聯盟，建立轉介平臺及通路。

4. 建立兩岸綿密交流網絡。(1) 建立與大陸公協會的交流渠道。(2) 通過大陸臺商協會引介合作案源：聯合外貿協會、產業公協會與大陸臺商協會資源，發掘投資商機，引介合作案源，或協助解決赴陸投資的臺商取得據點的相關問題。

5. 提升臺灣服務業者大陸能見度。(1) 通過舉辦論壇、記者會、研討會等方式，推廣臺灣優質服務形象。(2) 洽邀大陸媒體赴臺，期通過實地參訪深入報導優質服務產業。(3) 大陸主要公共場所（如機場、商圈等）刊登臺灣優質服務產業廣告，以增進能見度及知名度。

12. 臺商在大陸投資若遭遇障礙或困難可尋求何種協助？多久可解決？

目前兩岸已簽署《海峽兩岸投資保障和促進協議》（以下簡

稱兩岸投保協議），臺商在大陸投資倘遇有障礙或困難，可依據兩岸投保協議規定尋求解決。1. 臺商可請求進行協商、協調、協處、行政及司法救濟等多元渠道解決經營中與大陸主管部門的分歧，其中有關徵收補償金額過低的爭端，臺商可通過調解機制，由兩岸的投資爭端解決機構來協調合理的補償金額；2. 當臺商與私人、企業、國有企業或政府部門因投資發生的商務糾紛，經雙方當事人合意，可選擇兩岸的仲裁機構，在雙方當事人合意的仲裁地點進行仲裁。

13.《服貿協議》簽署後，臺灣印刷業是否會受到衝擊？

不會，對臺灣既有印刷業衝擊極爲有限。

（一）臺灣既有印刷業大多老廠土地資產豐富，且島內市場已飽和，加之現行開放陸資赴臺的條件限制投資現有企業，不得超過 50%，因此現有臺灣印刷業大廠不太可能接受陸資投資。

（二）若有部分小廠願意接受投資，因規模小事實上陸資應無興趣，經臺灣當局評估陸資將採觀望態度，投資意願低。

（三）依據臺灣過去 50 年印刷業發展經驗，印刷業並無壟斷市場的技術，且印刷產業客戶衆多及多元化，目前島內印刷大廠個別市占率祇有 1%—3%，不易形成寡占或壟斷，島內印刷產業廠家數也不會減少。

（四）印刷業以在地產業爲主，就業人數、印刷機與印刷品產值的量比例固定，開放陸資赴臺，島內印刷產業廠家數不會減少，未來島內印刷業產值應會維持穩定，不會有就業人數減少的現象。

14. 臺灣目前僅開放陸資投資印刷業，如果陸資兼營圖書、雜志出版發行等行業，臺灣如何處理？

（一）《服貿協議》僅開放陸資投資印刷業，且限投資臺灣現有事業，陸資投資總股權比例不得超過 50%。倘若陸資投資臺灣現有事業，且臺灣現有事業的營業項目包括圖書、雜志出版發行等營業項目時，該申請案將不會被核准。

（二）爲避免陸資投資印刷業卻兼營圖書、雜志出版發行等營業項目，臺灣當局除將在核准函中附加條件，明定該投資事業不得兼營圖書、雜志出版發行等行業外，未來也將針對已核准投資的事業，會同相關機關進行定期訪視與查核，了解投資事業是否正常營運、資本額是否確實到位、所營事業與實際營運內容是否相符。

（三）倘發現陸商徑行兼營圖書、雜志出版發行等行業，違反“臺灣地區與大陸地區人民關係條例”等相關規定，將處以新臺幣 12 萬元以上 60 萬元以下之罰款，情節嚴重者，命其撤回投資，逾期未改正將連續處罰至改正爲止。

15. 臺灣開放美容美髮業、洗衣業等産業是否衝擊其就業市場？

（一）《服貿協議》不涉及開放勞動就業市場。亦即，陸資赴臺投資美容美髮或洗衣業，必須僱用本地勞工爲技師，可提供臺灣從業人員更多的就業機會，對就業市場是正面影響。

（二）2009 年 6 月 30 日臺灣當局開放陸資赴臺投資，已擬定相關配套措施，其中有關人員進出部分的說明如下：

1. 陸資投資事業其投資金額達 20 萬美元以上，可申請 2 人赴臺進行經營管理，投資金額每增加 50 萬美元，得申請增加 1

人，最多不能超過 7 人。

2. 倘該投資事業如需申請主管或技術人員（白領）赴臺，其營業額須達到新臺幣 1,000 萬元以上，主管或技術人員須符合一定之資格條件（具學士或碩士學位，2 年以上工作經驗；或具有專業技術持有證明文件，並具 5 年相關工作經驗）。且已實行投資金額 30 萬美元以上，得申請 1 人，每增加 50 萬美元以上得申請增加 1 人，最多不得超過 7 人。

3. 有關後續管理部分，臺灣當局會定期或不定期針對陸資投資事業在臺的陸籍負責人、經理人、主管或技術人員進行訪視，查核是否如實經營經核准許可的營業項目，以及是否從事影響安全、公共利益或假藉名義赴臺工作等不法活動。如發現有前述情況，將依兩岸條例予以裁罰並撤銷其投資，將相關人員遣返出境。

（三）截至 2013 年 12 月底，陸資投資事業的主管或技術人員赴臺僅 259 人，陸資投資事業僱用臺灣員工人數達 9,624 人。顯示陸資企業除指派少數高階管理階層人員赴臺外，大多數員工仍在臺灣僱用臺灣人士，創造臺灣就業機會。

16. 引進大陸的中藥批發業者赴臺灣，是否會壟斷臺灣的中藥材批發業市場?

不可能。臺灣有事前審查、事後稽查管制機制。

（一）陸資到臺灣投資設立中藥批發公司，仍然需要經過臺灣“經濟部投資審議委員會”審查。

（二）不是任何大陸企業或個人都可以赴臺灣設點開店，必須依照臺灣對個別行業的規定，申請獨資、合資、合伙、設立分公司或子公司等方式，而設立各種商業據點須符合臺灣的相關管理法規，由“經濟部”會同相關主管機關進行審查。

（三）大陸企業赴臺灣投資中藥批發業當然也要符合臺灣藥事法規定，聘用臺灣中醫師、藥師或藥劑生駐店管理，且不可以從事核准批發項目以外的行爲。

（四）如果發現壟斷情形，臺灣當局可以依據“公平交易法”及“大陸地區人民赴臺投資許可辦法”第 8 條第 2 項規定處理，可禁止投資。

17. 臺灣餐飲業開放後是否會排擠島內就業？

（一）兩岸《服務貿易協議》明文規定世界貿易組織(WTO)“關於自然人移動的附件”適用本協議，也就是本協議不適用於雙方有關就業、移民或永久性居留權的措施，不涉及開放勞動就業市場。亦即，陸資赴臺投資餐飲業，必須僱用本地勞工，故可提供島內從業人員更多的就業機會，因此對就業市場影響應爲正面。

（二）2009 年 6 月 30 日臺灣開放陸資赴臺投資，已拟定相關配套措施，其中有關人員進出部分，主要系參照外國人赴臺投資訂定相關規定，以投資金額及營業額核定赴臺人數，並進行後續管理。

（三）有關後續管理部分，臺灣當局將定期或不定期針對陸資投資事業在臺的陸籍負責人、經理人、主管或技術人員進行訪視，查核是否如實經營經核准許可的營業項目，以及是否從事影響安全、公共利益或假藉名義赴臺工作等不法活動。

18. 臺灣開放多項商業服務是否衝擊島内產業？

臺灣開放多項商業服務（包括機器與設備租賃、廣告服務、

市場研究、管理顧問、設備維修、建築物清理、攝影、包裝、複製、翻譯及傳譯、郵寄名單編輯服務），均不會衝擊島內產業。

（一）機器與設備租賃服務業：此爲現行陸資開放項目，迄今並無投資案例。事實上，臺灣產業發展成熟，市場供需已呈穩定狀態，陸商赴臺將面對強烈競爭，原則上，臺灣業者受影響有限。

（二）廣告服務業：此業別原已開放陸資赴臺經營非屬從事廣告代理或報紙、期刊、廣播、電視、網絡等媒體廣告的設計、繪制、模塑、選擇場所及裝置等廣告業，迄今無投資案例，本次進一步開放一般廣告業。事實上，廣告商品要有說服力，必須有獨特的精緻文化與人文素養，且需擁有說故事能力、消費者洞察感染力，如此，廣告效果、質量及創意能量才能略勝一籌。鑒於臺灣廣告實力達成熟階段，臺灣相對大陸具有差异化利基及競爭優勢，預期陸資赴臺不至於對臺灣產業造成太大影響。

（三）市場研究服務業：此爲新增開放項目，主要影響包括：1. 臺灣相關業者約 31 家，預期《服務貿易協議》簽署後，欲赴臺投資的大陸業者增加，業者爲獲取商情，市場研究需求量將相對增加。2. 臺灣市調市場發展較早，環境較完備，臺灣業者的市場調查研究相關專業能力較相對優於大陸，大陸開放有利於業務拓展。

（四）管理顧問服務業：屬本次新增開放業別，臺灣管理顧問業者輔導工具與服務較爲成熟，對臺灣企業掌握程度高，搭配相關政策資源，短期內對島內輔導市場應無影響，預期開放陸資業者赴臺有助刺激市場良性競爭，提高產業整體競爭力與服務質量。臺灣管顧業仍相對具有競爭優勢。另本次《服務貿易協議》並未開放勞工部分，故陸商可增加本地員工僱用，促進就業。

（五）設備維修服務業：此爲現行陸資已開放項目，開放迄

今對臺暫無影響。

（六）建築物清理服務業：此爲現行陸資已開放項目。臺灣清潔服務業市場正積極增長中，市場呈大型化及客制化家事服務方向發展，開放陸資赴臺可能刺激市場競爭，且因本協議不涉及勞動市場進入問題，從業人員就業機會有可能因而增加。另一方面，大陸開放臺灣服務提供商在大陸設立獨資企業，提供建築物清理服務，對以中小型業者爲主的臺灣業者，不失爲一個發展契機。

（七）攝影服務業：此爲現行陸資已開放項目。目前臺灣攝影業 2012 年營業額不到 100 億元新臺幣，從業人口 20 餘萬人，臺灣對此項服務業發展較大陸爲早，技術較爲純熟，但因內需市場不足且下滑，在臺灣市場發展受限，未來兩岸相互開放市場後，有助此項產業拓展經營規模，提升增長動態。

（八）包裝服務業：此系新增開放項目。臺灣業者包裝技術專業能力、產業知識、從業人員的勤奮特質都可能優於大陸廠商，且包裝服務業跟廠商的契合度必須很強，對產業的習性要非常熟悉，臺灣既有市場不容易被外來廠所取代。

（九）複製服務業：此爲現行陸資已開放項目。由於複合打印機發達及無紙化發展，致複製服務規模萎縮，未具市場發展性，預期大陸投入臺灣市場意願不高。臺灣複製服務業具有客制化及客戶信任度的優勢，若進入大陸市場，可借服務業科技化方式提供大陸市場更完整的服務。

（十）翻譯及傳譯服務業：此爲現行陸資已開放項目。翻譯及傳譯服務本來就已經跨越疆界，行之多年，臺灣業者與大陸業者早有合作交流（例如延攬當地翻譯師等），開放市場可促進兩岸業者更緊密的合作，對臺灣並無影響。

（十一）郵寄名單編輯服務：此系新增開放項目。臺灣個人

資料保護工作嚴謹，搜集臺灣廠商名單及地址，須經合法程序及公開信息系統中取得，陸資業者提供服務時仍需遵守臺灣有關個人資料保護規定，以保障消費者個人資料安全，並與臺灣業者良性競爭，刺激服務創新與效能。

19. 開放大陸赴臺投資營造業對臺灣營造業的影響有哪些？臺灣當局輔導本地營造廠商的應對措施？

（一）對臺灣營造業的影響

《服貿協議》不涉及材料及營造業勞工輸入，不會有劣質材料輸入及影響相關從業人員的工作權益。因島內業者資金取得不易、公共工程預算逐年降低，考慮未來開放大陸以合資方式投資島內營造業，有利於提升服務質量，不會對島內營造服務業產生衝擊。

（二）臺灣當局應對措施

1. 儘速完成檢視營造業法及其子法等相關規定，保障島內營造業者工作權益，陸資赴臺除應遵守相關限制條件外，尚須符合營造業法等相關規定的要求，減少投資爭議。2. 將積極輔導業界轉型並協助爭取大陸認定臺灣人員資質及工程實績並協助本地廠商開拓大陸市場。3. 輔導臺灣營造業在簽署《服務貿易協議》市場開放陸資後，讓兩岸做到優勢互補、相互提升，促進兩岸營造服務業的國際化，爲業者帶來更大商機。預估能增加產業投資規模，進而提升競爭力，現在營造服務業多屬傳產，未來在功能提升後，可轉型升級進而再輸出。在資金進入、及國際化的推動下，產業環境將可同步調整，進而提升競爭力，改善勞動力。4. 加強相關配套審核措施，例如：(1) 參股股權比率依營造業等級分別訂

定。(2) 參股比率不得大於原最大單一持股的原始股東。(3) 參股須經董事會會議同意。

20. 兩岸《服務貿易協議》簽訂後，對臺灣觀光旅館業的效益與影響評估怎樣?

(一) 正面效益

1. 臺灣連鎖旅館可拓展大陸市場：臺灣業者較大陸多具有旅館經營管理及人事培訓的經驗，大陸開放承諾後，臺灣業者可考慮大陸地區內需市場大，評估是否在該地區設立新據點。2. 利用大陸資金，提升旅館的數量及質量：應對臺灣觀光旅游業的蓬勃發展，住宿的質量及數量都亟須提升，借由開放陸資投資，臺灣業者可與大陸合作，引進大陸雄厚資金，提升既有觀光旅館的軟、硬件服務質量，或興建新的觀光旅館。3. 開拓陸客住宿市場：由於大陸地區人口衆多，且近年經濟增長快速，對於世界各國旅游市場來說，均爲重要客源。臺灣業者可與大陸合作，利用大陸對大陸游客需求取向的了解及在大陸地區內部通路的訂位優勢，開拓陸客住宿市場。

(二) 可能產生的負面影響及應對

1. 僅開放觀光旅館，以降低一條龍營運模式的影響：目前大陸業者在世界各國多採一條龍的營運模式，可能藉由在臺設點營運的陸資飯店，與大陸旅行社合作，承攬大部分的陸客團生意，影響臺灣旅館業的經營。爲降低此負面影響，臺灣旅宿業目前對大陸僅開放觀光旅館業，由於觀光旅館業須符合一定的建築設備標準，其住宿質量及房價相對較高，且半數以上多爲島內、外連鎖飯店，有自有的營運策略及資金來源，不易配合大陸的一條龍

營運模式。2. 不致衝擊既有的就業市場：一家觀光旅館的營運需要大量的基層員工，而臺灣當局並未開放大陸人士赴臺工作權，大陸業者僅得派少數業務主管人員赴臺，故開放陸資投資新設觀光旅館，將不至於衝擊既有的就業市場，反而將爲臺灣創造就業機會。

21. 如何確保大陸赴臺設立檢測試驗室的公信力及檢測結果可靠度?

臺灣當局推動的財團法人全臺認證基金會 (TAF)，在島內已認可 1,648 家試驗室，且定期對其認可的試驗室執行查核，以確保其作業符合相關標準程序。爲提升試驗室的公信力及檢測結果可靠度，臺灣當局將持續推動認證體系，並建議業者如有檢測需求，應優先選擇通過 TAF 認證試驗室。此外，相關單位認可或委托其他試驗室執行強制性檢測業務時，均會先經過評核，應可有效確保試驗室檢測結果品質。臺灣當局表示將持續加強試驗室管理，避免陸資試驗室挾其龐大資金，低價搶市的情形發生。

22. 臺灣開放海運承攬運送業及海運輔助性服務業內容對業者的可能影響有哪些？

影響有限。

（一）海運承攬業方面：因現階段開放大陸以合資形式與臺灣業者合作經營，並設投資比例限制，臺灣業者對合資企業仍具控制能力，影響應有限。

（二）海運輔助服務業方面：爲避免開放陸資投資港埠服務業

對既有經營業者造成衝擊，已訂定限制條件爲，開放的港埠服務業項目需屬 BOT 特許公司可經營業務範圍、限制於投資新建的商港區域，不得擴及既有依商港法投資興建或租賃經營的港區，並排除內陸貨櫃集散站範圍、限制陸資持股比例須低於 50%，不得超過其他非陸資最大股東的持股比例，且對投資事業不得具有控制能力，避免陸資掌控經營權，影響港埠正常運作。

（三）有關海運既有就業市場方面：因臺灣當局未開放大陸人士赴臺工作權，大陸投資業者僅得派少數業務主管人員赴臺，實際碼頭工作權屬本地居民，不致剝奪港區既有勞工的工作權益。反之，開放陸資投資經營的目的爲擴大島內市場版圖並強化競爭力，爲臺灣創造就業機會。

23. 開放大陸業者赴臺經營運動場館業可能會帶來哪些衝擊？

衝擊有限。運動場館業是爲從事室內（外）運動場館經營管理的行業，如球類運動館、室內外游泳池、拳擊館、棒球打擊場、健身中心等，島內現況以撞球場、健身中心和游泳池爲大宗。臺灣現已訂定“健身中心定型化契約應記載及不得記載事項”、“體育場館業發行商品（服務）禮券定型化契約應記載及不得記載事項”和“游泳池管理規範”等，對運動消費市場已訂定相當周延的法規，加上臺灣人民消費保護意識高漲，臺灣市場對陸資企業較不具吸引力，衝擊應屬有限。相較之下，大陸市場及經濟規模皆大於臺灣，且人民健康意識抬頭，運動消費市場大有可爲，兼以臺灣業務服務水平高於大陸，開放市場將對臺灣業者機會更多。

24. 臺灣有無開放出租車相關行業？

沒有開放。臺灣“交通部”主管的“出租車客運業”及“出租車客運服務業”等二項業別，均屬須經公路主管機關核准的特許經營行業，現行法令並未開放外國人及陸資赴臺投資，且本次兩岸《服務貿易協議》簽署的項目也未納入出租車相關行業，臺灣當局並無任何開放計程車相關行業的計劃或措施。

25.《服貿協議》對臺灣服務業發展有哪些機遇與挑戰？

（一）兩岸《服務貿易協議》對臺灣服務業的機遇：1. 大陸目前對外資限制較多，而臺灣具競爭優勢的產業，大陸在開放內容上均超出其 WTO 承諾水平。2. 臺灣業者能享有協議中的提高持股比例、擴大業務範圍和貿易便利化等措施，可增加其在大陸的掌控力與競爭力。3. 臺灣刻正推動“三業四化”（製造業服務化、服務業科技化與國際化、傳統產業特色化），加以製造業在大陸已深耕良久，臺灣服務業拓展中國大陸市場，將有助發揮整合製造業的相輔相成效果。4. 臺灣服務業具創新、精緻、專業等特質，發展經驗早於大陸，適逢大陸“十二五”計劃開始積極推動擴大內需，着力民間消費、發展服務業以及城鎮化策略，臺灣將可利用市場開放商機積極佈局。5. 吸引歐、美、日等外國企業或資金和臺商合作，以臺灣作爲進入大陸市場跳板，並成爲亞太營運的樞紐。

（二）兩岸《服務貿易協議》對臺灣服務業在大陸市場的挑戰：1. 大陸市場龐大、市場信息複雜且不夠透明，臺灣服務業者以中小企業居多，若須以合資、合作進入市場，需補強市場佈局信息能量。2. 大陸幅員遼闊，風土民情與地方規範存在差异，臺

灣服務業者須清楚自身定位，並選擇相應的地區與進入策略，在一綫城市飽和，二綫、三綫城市興起之下，對於二綫、三綫的地方認知與在地性尚有加強空間。3. 協議雖開放部分服務貿易便利化措施，但面對大陸的投資或設立據點等相關規範，臺灣服務業者需設法全盤了解掌握。